教育行旅四十春

基础教育演讲精选

JICHU JIAOYU LUNZHU JINGXUAN · JIAOYU YANJIANG SISHI CHUN

徐海元　著

SPM 南方传媒
全国优秀出版社
全国百佳图书出版单位
广东教育出版社
·广　州·

图书在版编目（CIP）数据

基础教育演讲精选 / 徐海元著 . — 广州 ：广东教育出版社，2024. 4（2024. 5重印）
（教育行旅四十春）
ISBN 978-7-5548-5943-8

Ⅰ . ①基… Ⅱ . ①徐… Ⅲ . ①基础教育 — 文集 Ⅳ . ① G63-53

中国国家版本馆 CIP 数据核字（2024）第 048375 号

基础教育演讲精选
JICHU JIAOYU YANJIANG JINGXUAN

出 版 人：朱文清
责任编辑：汪楠芳　叶楠楠
责任技编：佟长缨
装帧设计：苏永基
责任校对：叶广芊
出版发行：广东教育出版社
（广州市环市东路472号12-15楼　邮政编码：510075）
销售热线：020-87615809
网　　址：http://www.gjs.cn
E-mail：gjs-quality@nfcb.com.cn
印　　刷：广州晶贵印刷有限公司
（广州市番禺区石基镇石基村前锋北路光启道1号）
规　　格：787 mm × 1092 mm　1/16
印　　张：14
字　　数：280千
版　　次：2024年4月第1版
2024年5月第2次印刷
定　　价：48.00元

目 录

contents

第一编

教育管理实践

JIAOYU GUANLI SHIJIAN

新班主任的“第一把火”

“开始少说话，多板脸，到第四十九天再露笑。”我刚接手一个成绩不好的班时，一位老班主任对我说。是啊，“新官上任三把火”，那么，“第一把火”到底应该从哪烧起呢？经过一番认真的思索，我做出了决定：在和学生正式见面的时候，进行一场小小的演说。全文如下：

同学们，我对在座的诸位并不了解。为了避免先入为主的偏见，我不曾向你们初一时的班主任了解过任何同学的情况；现在和将来我也不想从他那儿得到有关你们的过去的情况。因此，你们初一时的表现——好或差——从今天起，就随着前班主任的告退而成为不可复返的历史。因此，现在的我对你们的了解，犹如面对着六十三张白纸。然而，白纸最适合画最新最美的图画。在新的学期里，我希望每个同学都能用自己的行动，在自己那张白纸上画出一幅美丽的图画。对此，我充满自信。（台下有交耳者，有面呈舒色者，有容露振奋之状者）

同学们，作为班主任，我真诚地希望自己能成为你们可亲近的大朋友和严厉的老师。作为大朋友，你们的愿望、意见和要求，你们的快乐和不满等等，都可以坦率地对我说；作为老师，我将尽最大的努力，认真地对待和答复你们提出的每一个问题，不论是生活的，还是学习的。同时，我将十分留意你们的一言一行。（台下有微笑者，有点头者）

同学们，我坚信，只要我们共同作出不懈的努力，初二（2）班就一定会变成一个全新而又美好的集体！（鼓掌）

演说的效果如何呢？学生们在日记里记下了真实的感受。刘家琰写道：“在我的想象中，徐老师一定是一个板着面孔的人。谁知，他对我们说话时是那样亲切，那样真诚……这使我想到，我应该跟以前一刀两断，踏踏实实地做一个真正的好学生。”徐小戈写道：“过去，我学习不认真，从今天起，我还能自新，还能进取。老师说，在一张洁白的纸上好画最新最美的图画。这句话增添了我必胜的勇气。”杨晓敏则写道：“老师那简短的发言词多么鼓舞人心。他多么像大仓老师①！我暗暗下定了决心。”

这就是我烧的“第一把火”，虽说它并非有扭转乾坤之力，但在当时，作为一颗定心丸和一服振奋剂，它还是起了一定的作用。

注：①大仓老师是当年小学语文第九册课本里独立阅读文《大仓老师》中的人物。

（该文发表于《演讲与口才》总第28期1986年第7期，是作者为文的一种尝试，意在既让读者有身临其境之体验，又能保留演讲的主体内容。《演讲与口才》时居十大畅销期刊之首；作者时任湖北黄冈中学初中语文教师、班主任。）

以人为本和学校发展

学校提出了“以人为本，科研兴校，扩大规模，创新发展”的办学理念，并把“以人为本”摆在办学理念的首位，体现了对“以人为本”的高度重视。毫无疑问，这一思想具有深远的历史源流、鲜明的时代特征、丰富的现实内涵和迫切的实践要求，将对我校实现新的目标发挥重要而深远的作用。

一、人本思想的历史源流和时代特征

人本思想在中国源远流长。

《尚书》的“民为邦本”，《左传》的“重民轻神”，《孟子》的“民贵君轻”以及《内经》的“人为万物之灵”“人与天地叁”等等，都是这种思想的反映和传承。特别是《左传》和《孟子》，更是将民本思想推向高峰，《左传》说：“民之所欲，天必从之。”《孟子》说：“民为贵，社稷次之，君为轻。”

人本思想泽及后世。

周秦以后，虽然宗教流行，我国却始终未陷入全局性宗教迷狂，这与“重民轻神”的传统有关。自秦汉起君权日趋强化，但仍有一种平衡的力量与之对应，这就是“民贵君轻”思想。而自秦汉至明清两千年的专制帝国时代，之所以几度政治清明，国力昌盛，则是与民本思想的作用分不开的。西汉实行“与民休息”“轻徭薄赋”的重民政策，出现了“文景之治”；唐太宗力主“国以人为本，人以食为本”，出现了“贞观之治”。唐太宗任人唯贤、善于纳谏，以“君，舟也；人，水也。水能载舟，亦能覆舟”为喻来指导为政治国。

到了近现代，民主革命的先行者孙中山先生，穷毕生心血，取中西文化精华，创立了“民族、民权、民生”为核心的“三民主义”，结束了中国社会长达数千年的封建专制统治。

中国共产党继承和发扬了古代人本思想的光辉传统。

中国共产党自诞生之日起，就把全心全意为人民服务确立为党的根本宗旨，十分重视人民群众在推动社会发展中的巨大作用。毛泽东同志说：“人民，只有人民，才是历史的创造者。”要求共产党人完全彻底地为人民的利益而工作。邓小平同志要求全党把“人民拥护不拥护”“人民赞成不赞成”“人民高兴不高兴”“人民答应不答应”作为衡量党的一切工作的重要标准。江泽民同志指出，人民是我们国家的主人，是决定我国前途和命运的根本力量，“始终代表最广大人民的根本利益是中国共产党全部活动的出发点和落脚点。”

二、人本思想的现实内涵和实践要求

探讨人本思想的现实内涵和实践要求，应该把它放在关乎学校生存、发展这一背景下。

人类的教育活动，在经历了自然经济时代和农业经济时代后，以生产的规模化为主要特征的工业经济时代迫切需要大批有知识、会操作的技术工人。于是，像批量生产产品一样以班级授课制为主要形式的学校便成为历史的必然产物。而在知识经济时代，经济效益的最大化则主要依靠对知识的创新及其在经济活动中的运用来实现。由此，今天和今后的学校，在对人才的培养上便有了新的含义和要求。因此，关于学校生存和发展的问题，我们可以得出这样的结论：第一，社会对大批人才的需要，是学校存在的前提；第二，社会对大批优秀人才的需求，是学校生存和发展的基础。也就是说，唯有一定数量的学生，学校才能生存；唯有优秀学生数量的不断增加，学校才能不断发展。从这一意义上说，是学生决定了学校的存在；是有了学生，才产生了教师这个职业；是学生给了教师饭碗；是学生的成人成才，才使教师这一职业显得无上光荣。

在这种背景下，以人为本的现实内涵和实践要求，应该包含以下内容：

所谓以人为本，就是重视师生在促进和推进学校发展中的巨大作用，把师生的发展作为学校发展的根本，把师生的发展作为学校全部工作的出发点和落脚点，以尊重学生和教职工的主体地位为前提，以了解学生的身心发展和教职工的身心需要为基础，以调动学生的学习积极性和教职工的工作积极性为手段，进而推动学校创新发展，促进学生全面健康成长，实现学校新的目标。

三、人本思想的贯彻要求和落实途径

贯彻落实人本思想要符合以下要求，遵从以下途径。

第一，要树立三大意识。

首先，要树立以生为本的意识。“皮之不存，毛将焉附”。没有学生，学校不能生存；没有充足的生源，学校不能形成规模。我们始终要考虑所做的工作是不是能够按时代的要求、国家的要求、家长的要求来培养学生，稳定生源，扩大生源。

其次，要树立以才为本的意识。教学质量决定着学校的发展。学校要不断发展，必须保证育人质量的稳步提高，最大限度地满足家长送子女接受良好教育的需要，最大可能地培养数量可观的优秀学生和拔尖学生。课程改革、课题研究、常规管理、学科活动，都要注重是否有利于学生成人成才，尤其要注重学生创新意识、创新思维、创新能力、实践能力的培养。要为学生的一辈子着想，而不是只顾眼前一阵子，要一切为了学生，为了学生的一切，为了一切学生。

再次，要树立以师为本的意识。教职工是学校的主体，是学校的强大支柱，是育人育才的主力军。教职工思想稳定了，境界提高了，素质过硬了，干劲增强了，学校的生存和发展就有了可靠的保障，学校的正常运转就有了蓬勃的生机。我们想问题，做决策，搞管理，办事情，凡是涉及教职工的，要尽可能地尊重、理解、关心他们，充分发挥教职工在推动学校发展中的重要作用。

第二，要弘扬一种精神。这就是全心全意的服务精神。为谁服务？谁去服务？要为教育教学服务，要为教职工服务，要为全体学生服务。领导是服务，管理是服务，教书育人是服务，教学辅助和后勤保障更是服务。服务是辩证的，是相互的。我为你服务，你为我服务，职工为教师服务，教职工为学生服务，领导为师生员工服务，全校师生员工又共同享受因大家的服务而取得的物质和精神文明成果。服务的原则是学生的成长成才高于一切；服务的精髓是奉献；服务的要求是竭尽所能为学生的成才和教职工的教书育人提供便利。

第三，要把握一个关键。教育质量和办学水平的提高，关键是要有一支品德高尚、业务精深、素质全面的教职工队伍，尤其是教师队伍。教师是教育教学前沿的排头兵，直接肩负着教书育人的责任。其人品、言行，无不在学生的心灵上打上烙印。以人为本，如果不能造就一支精良的教师队伍，学生的成才就会搁浅，学校的发展就会缺乏后劲，人本思想的贯彻就会落空。

第四，要坚持一条路线。“从群众中来，到群众中去”，这是已经被中国革命和建设的无数实践证明了的行之有效的正确路线，过去是，现在是，将来也是。实行了，就能科学决策；反之，就可能决策失误。管理者的决策权，其实很大程度上是选择权，也就是把群众的各种意见和建议集中起来加以鉴别、取舍、综合，最后选择上策。党政管理是如此，办厂办企业是如此，治校办学也是如此。教职工身上蕴藏着巨大的智慧和创造力，教职工是推动学校发展的依靠力量。进行教育教学管理，无论是基层的，还是中层、高层的，都应该坚持走群众路线，认真倾听教职工的呼声，注重采纳教职工的建议，重视集中教职工的智慧，充分发挥教职工的创造力。

这是我们贯彻人本思想的客观要求和必由之路。

（2001年5月29日，作者在湖北省黄冈中学办学思想研讨会上的发言，时任湖北省黄冈中学党政办公室主任。）

办学目标和实现途径

目标是方向，理念是旗帜。

著名教育家苏霍姆林斯基说："领导学校，首先是教育思想的领导，其次才是行政上的领导。"这次学校在全体教职工中开展办学目标、办学理念研讨交流活动，旨在通过广泛深入的研讨交流，使全体教职工进一步明确我校的中长期奋斗目标，进一步明确我们当前和今后一个时期的任务，并以大家形成共识的办学理念引领和指导校内各项工作，为逐步实现学校的目标任务而团结奋斗。从研讨交流的实际情况看，安排是科学的，研讨是深入的，交流是广泛的，效果是明显的。可以说，这次研讨交流活动为全体师生员工同心同德、奋力开拓学校的各项事业奠定了思想基础，注入了精神动力。

因为大家对办学理念已经谈得比较多了，所以我主要从四个方面就办学目标及其实现途径谈点个人体会，供大会参考。

一、办学目标的完整表述

我校办学目标的完整表述应该是，"全面贯彻教育方针，全面实施素质教育，用五到十年甚至更长的时间，逐步把我校建设成为南沙区一流、广州市知名、珠江三角洲地区有特色、有影响的现代化中学"，或简述为"创建南沙一流、广州知名、珠三角有特色有影响的现代化中学"。

二、办学目标的六个特点

第一是长期性。不是一年两年而是五年八年十年甚至更长，需要几届领导班子和全体师生员工，持续不断地团结奋斗。

第二是阶段性。不是一蹴而就，而是分阶段台阶式地逐步实现，先是实现区内一流，然后是市内知名，再到珠江三角洲地区有特色有影响，每个阶段大约三到五年，前一个阶段是后一个阶段的基础，后一个阶段是前一个阶段的提高，而基础阶段的用时可能更长。

第三是艰巨性。以学校近两年发展变化所取得的成绩来看，我们已经是南沙区一流、广州市知名的中学了，因为一流不等于第一，知名也等于著名。虽然这种看法有充分的合理性，还可以找到很多的佐证材料，但我们学校毕竟原来基础薄弱，许多方面还不完善，也缺少更全面的成果呈现形式，比如集中反映教育教学质量的高考成绩、学科竞赛水平、教育科研业绩等，而且由于快速甚至是高速发展，特别是大量新进教师的引入和高中的新办，整间学校在价值取向、教学规范、教育文化背景、学校传统文化与外来文化、惯性管理与先进管理等方面都需要一定时间的磨合。这一磨合的过程，实际上是需要付出代价的扬弃过程，如果又好又快，则是学校发展的推力；反之，则可能成为学校发展的阻力。

第四是时代性。从2006年起到2015年这十年间，学校确定的发展目标基本上与南沙经济社会发展速度同步：到2015年，南沙基本建设成为“两个适宜”的现代化生态型滨海新城；而我们的目标定位和发展速度既是学校自身快速发展的迫切需要，也是南沙经济社会发展和南沙百姓渴求优质教育资源的时代要求。

第五是区域性。我们的目标如果能够如期实现，十年后还是区域性名校，虽然这种知名度已经超越了市界、省界，但仍然不是全国性、国际性的，只是向全国性和国际性迈进了一步。十年后呢？十年后的二中一定会有更高的奋斗目标。

第六是特色性。没有特色就不会有品牌，没有品牌也不会有影响力，所以，还有一个如何形成办学特色的问题。有特色，才会有影响力；有特色有影响力，才会最终走出狭小的区域。特色的形成需要我们依据学校的实际并结合外界的各种条件，或者说需要天时、地利、人和，去思考、去寻求、去整合、去突破、去打造。

三、办学目标的评估指标

办学目标的提出不只是停留在口号层面，更重要的是如何实现。实现的过程不应该是盲目的、片面的、静态的，应该是清醒的、全面的、动态的，这就涉及一个应该从哪些方面去衡量是不是一流、是不是知名、是不是现代化、是不是有特色有影响的评估指标问题。这种评估指标可以自己建立，也可以综合参照省、市一级学校和规范化、示范性学校的标准。总之，它应该是切合我校实际的，是科学规范的、要求比较高的、标准比较全面的评估体系。这种评估体系不是外界强加的，而是自我加压的；也不是只涉及一两个方面，而是涉及方方面面或重点突出主要方面；更不是评估指标建立后就完事了，而是要在评估指标建立后一项一项地去落实、去整改、去推进。

四、办学目标的实现途径

要台阶式地逐步实现办学目标，其途径应该从以下六个方面入手。

一是确立标准。也就是建立评估指标体系，从低到高，逐渐提升，这是前提，也是最基础的工作。

二是培育文化。学校文化才是学校的核心竞争力和软实力。学校精神是学校文化的核心，全校师生员工共同遵循的价值取向是学校文化的内核。2006年开办高中时，我们提出学校精神的四句话，即“艰苦创业的奋斗意识，创新发展的开拓精神，竭心尽力的奉献品质，勇攀新高的卓越追求”，应该在相当长的时期内适用；当然，随着形势的发展，内涵要不断丰富，对我们这样一所从薄弱初中扩建起来不久的，新进教师急遽增加的，具有多民族、多地域、多元文化特点的完全中学，还需要倡导和形成“兼容并包，优势整合”的思维品质！

三是加强管理。特别是教育教学的常规管理，要逐渐走向科学的、民主的、规范的管理，要尽快摒弃粗放的、随意的、无序的管理，对常规德育和教学而言还应该有一个目标管理和精细管理。

四是建好队伍。主要是三支队伍：思想政治工作队伍，包括师德教育和学生德育；行政管理队伍，重点是提高行政干部对新理念新课程新技能的学习力和对工作的执行力；专业教师队伍，教师的专业化程度越高，教育教学的实效性就越强，班主任工作其实也是专业性很强的德育工作。三支队伍都要进一步实现四个提高：提高师德修养，提高学历层次，提高专业程度，提高管教能力。

五是创新发展。这是如何解放思想和改变思维方式的问题。二中的基础实际和生源实际告诉我们，因循守旧、人云亦云只能是守摊子；而形势一旦快速发展，可能连摊子都守不住了。创新发展的方向应该是解放思想，变换思维定式，避免千校一面，追求特色打造，形成自主品牌。

六是改善条件。主要指逐步完善办学硬件和逐步提高教师待遇，这要依据政府的重视程度和财力情况而定。

（2008年1月2日，作者在广州市南沙第二中学办学目标办学理念研讨会上的脱稿讲话，时任广州市南沙第二中学校长；会后根据录音和讲话提要整理。）

新起点 新作为 新发展

一、三年来学校工作回顾

从2006年6月到2009年6月，是学校新一届领导班子紧紧团结和依靠全校师生员工进行二次创业、奋力开拓创新、实现跨越式发展的三年，是全校上下大力推进学校文化内涵不断丰富、教育管理不断加强、教师队伍不断壮大、办学条件不断改善、教育教学质量和效益不断提高的三年。

（一）大力培育先进文化，学校文化不断丰富新的内涵

1. 确立新的办学理念

学校文化是学校的软实力和核心竞争力。未来学校的竞争，归根结底是学校文化的竞争。出类拔萃的学校都有强而有力的学校文化。依据2006年在初中基础上新办高中的现实状况和未来几年的发展趋势，经过深入调研和征求意见，学校从教育哲学的高度确立了“育人为本，文化强校”的办学理念，以此引领和指导学校各方面的工作。

2. 明确新的办学目标

学校依据原有基础、全体师生愿望和南沙经济社会的发展要求，确定了今后一个时期的办学目标，明确提出“全面贯彻教育方针，全面实施素质教育，用五到十年甚至更长的时间，逐步把南沙二中办成南沙区一流、广州市知名、珠江三角洲地区有特色有影响的现代化中学”。为使办学理念、办学目标深入人心，学校于2007年年底和2008年年初在全体教师中开展了广泛深入的研讨交流活动，收到预期效果。

3. 提炼新的学校精神

学校精神是学校文化的核心，集中反映了学校的价值取向。办学规模的急速扩大，多元文化的交锋碰撞，多种价值的磨合激荡，要求学校必须有一种主流文化、主导价值引领和规范师生的行为模式。2008年年初，我们提炼出新时期的学校精神应该具备“二次创业的奋斗意识、创新发展的开拓精神、竭心尽力的奉献品质、兼容并包的宽广胸怀、志在高峰的卓越抱负”，并采取多种举措努力使之内化为师生的自觉行动。

4. 建设新的显性文化

显性文化是学校文化的物质实体，是学校精神的外显形式。我校建成完全中学后，为使显性文化和隐性文化与时俱进、相得益彰，2008年上半年我们在师生员工中开展了校道楼宇命名和校徽方案设计征集活动，命名后的校道楼宇富有文化内涵，得到广泛应

用的新校徽方案更具有广州地方特征、南沙地域特点、二中校园特色。我们的显性文化成为学校文化的一道靓丽景观。

5. 拓展新的文化阵地

培育先进文化，需要耳濡目染、潜移默化式的熏陶。学校创办的南沙二中校报、南沙二中之声广播站、南沙二中网站和新建的宣传栏、电子显示屏等，成为培育先进思想文化、宣传学校文化建设、引导先进文化发展、展示教育教学成果的新的阵地和窗口。此外，学校还以成立志愿者协会、学生社团和举行文艺汇演、倡导就餐文明等方式促进学校先进文化建设。

三年来，我校的思想文化建设成效显著。2009年《消费日报》报道了我校进行思想文化建设所取得的突出成绩，中央电视台、红旗杂志社、求是杂志社、人民网等权威媒体也给予了高度关注。2008年，我校校报荣获第三届全国中小学优秀校内报刊评比最佳校报一等奖。在高中连续三年秋季开学遭遇特殊困难时，领导班子谋事在先，科学决策，全体教师日夜奋战，同克时艰，确保了学校和社会稳定，表现了可贵的二次创业精神；在极少数人私欲膨胀、借机滋事，企图搞乱学校、阻止学校发展时，全体教师深明大义、顾全大局，表现了令人钦敬的爱校如家、和舟共济的主人翁精神；在得知汶川大地震发生和初二年级一名学生罹患重症时，全校师生共施援手、同兴义举，捐助总额近20万元，表现了高尚的人道主义品质；在连续数年大量引进的教师中，多数人还处于全新的适应期时，他们以学校发展为重，克服种种困难，屡屡创造新的业绩，表现了突出的追求卓越的专业理想；在学校数十次承办区内外重大活动时，全体教师克勤克能、恪尽职守，表现了良好的团队协作精神，为促进南沙经济社会的发展尽到了自己的责任和义务。

（二）大力建设教师队伍，师资力量不断得到新的壮大

1. 改善队伍结构

学校通过公开招聘教师，于2006年引进9人，2007年引进43人，2008年引进28人，加上2005年为高中开办而引进但一部分教师于2006年才进校上岗的29人，四年间，我校共引进在职骨干教师和优秀大学毕业生共109人，其中高级教师27人，一级教师13人，硕士学位或研究生学历和双学位教师20人。大批教师的引进，不仅使我校教师队伍的数量迅速增加，而且使我校教师队伍的结构在职称、学历、年龄、性别、地域来源和文化背景等方面发生了根本改变。目前，在全校持有教师资格证的161名教师中，高级职称30人，中级职称52人，硕士学位或研究生学历和双学位20人，一支由5个民族组成，来自16个省份、直辖市和自治区、68间中学、55所大专院校，具有多民族、多地域、多元文化特点的力量雄厚的教师队伍已经形成。

2. 引领专业发展

面对短期内数量激增的教师队伍，学校以校本培训、学习交流、强化科研等方式不断引领教师的专业发展，不断增强教师的自我造血功能。学校坚持召开每周一次的校长办公会议和全校政治业务学习会议，每月一次的行政例会和班主任工作例会，既研究工作又进行学习培训；坚持邀请专家学者到校举行专场报告会；坚持对青年教师进行岗前培训和每学期举行青年教师优质课比赛，不断推荐优秀教师参加校外培训和教育教学比赛；坚持组织骨干教师举行校内示范课，坚持抓好教师继续教育，不断规范职称评审前的校内要求；坚持组织教师外出学习考察名校经验和邀请名校教师来校交流。学校鼓励教师结合教育教学实践开展校本研究，资助教师承接各级教育科研课题，重奖教育教学科研成果。

3. 倾注人文关爱

学校坚持在重大节日慰问全体教职工和在教师生日之际表达美好祝愿；学校坚持在教师生病住院或遭遇家庭不幸时前往探视，表示慰问；在风雪之灾阻断返乡之路时，学校多次看望留守的外省教师及其家属；对新近调入的教师，学校克服困难妥善解决他们的住宿问题；对公招录入的在职教师，学校尽一切可能协助解决其家属正式调动或上岗安置问题；对刚刚入职的大学毕业生，学校关心他们的情感婚恋问题，要求和支持团委组织青年教师与校外企事业单位开展联谊联欢活动；对教职工子女在读小学、初中和高中，实行一定的奖励和减免学费政策，对教师子女为儿童的进行六一慰问；积极鼓励工会和体育科组组织教职工开展文娱体育健身活动。据不完全统计，三年来，学校共解决了80位老师的过渡性住房问题，协助解决了12位教师家属的正式调动问题，提供了5个校内岗位安置教师家属，直接为教师办理落户和公医手续64人次，慰问教师所支出的费用高达数万元。

三年来，我校的专任教师人数由55人增至164人，在岗高级职称人数由1人增至30人，职前本科学历、双学位、研究生学历或硕士学位人数从无到有，累计134人次，荣获市级及以上表彰奖励的教师由2人次增至10人次。截至目前，我校已成为南沙区教师人数、高级职称人数、职前高学历人数、区级学科教研会会长人数以及市区两级入库专家人数最多的学校。三年来，我校教师1人被评选为南粤优秀教师，1人被评审为广州市中小学优秀校长培养对象，2人被评为广州市优秀教师，1人被评选为广州市名班主任培养对象，6人被评为广州市优秀班主任，5人被评为南沙区优秀教师，5人被续聘和新聘为区学科教研会会长，10人成为市区两级入库专家，20人成为区政协、文联、科协、民委的委员或代表和书画家协会、政协理论研究会等协会、学会的理事或会员。三年来，我校教师在校外教育教学比赛交流中，荣获各级各类表彰奖励138人次，在市级以上正式公开出版的报刊上发表论文42篇，参编著作8部；教育科研课题从无到有，教师承担或参与国家级和省、市、区级教育科研课题14个，其中国家级两个。2008年，胡露茹、崔柳谊老师指导学生参加中国地理学会举办的第二届“地球小博士”全国地理科技大赛，荣获全国优秀指导教师一等奖、全国优秀辅导员；马媛老师参加中国教育学会中学语文专业委员会举办的全国语文教师读书竞赛荣获初中组全国“读书百杰”；罗全凤老师代表广州市参加广东省教育厅举办的全省“聚焦课堂，提高中小学生思想道德素质”教学交流评选活动，以“模拟人才招聘会”荣获德育课程系列高中组二等奖（全省7人，广州市1人）；倪俊老师油画作品《静物》入选广东省美术家协会和广东省教育协会联办的广东省首届教师美术作品展。2009年，我校教师辩论队参加广州市中小学教师辩论比赛，不仅荣获中学组南沙区冠军，并以校组队代表南沙区战胜了以市组队的代表队而取得进入广州市冠亚军决赛的资格。

（三）大力加强教育管理，教育质量不断跃上新的台阶

1. 健全组织机构

2006年9月，我们充实了教务处，增设了办公室和团委；2007年9月，我们将德育处和教务处合并为教导处；2008年在基层设置了代工会组长，先后成立了党支部和团委，选举产生了组成人员；2009年进一步调整和充实了各中层处室，成立了教工会并召开了一届一次教代会。不断健全的组织机构，为学校加强教育管理，推进民主办学，实现直属和高中开办后的平稳快速发展，提供了重要的组织保证。

2. 完善规章制度

高中开办以后，为使规章制度能够适应学校发展的需要，2006年暑期学校进行了一次较大规模的建章立制工作，并在此后不断地加以调整、充实、修订，基本形成了一套切合我校实际的管理规章制度，如南沙二中办学章程、学期教学质量奖、班主任量化考核方案、教育科研奖励条例、学生宿舍管理规定、学校安全应急预案、大宗物品采购规定等，为进一步规范教育教学和管理行为提供了必要的制度保证。

3. 强化激励机制

为鼓励教师专心从教和学生潜心向学，学校又先后制订了《校内人事制度改革方案》《校内津贴分配实施方案》《高中招生奖教奖学方案》等。《校内津贴分配实施方案》历经十余次征询研讨，实施后提高了广大教师教书育人的积极性；由于客观形势的变化，学校重新制订了《校内浮动津贴量化分配实施方案（过渡案）》提交本次大会讨论，希望各位代表发表意见。

4. 坚持德育为首

学校始终把德育工作放在首位，较大幅度地提高了班主任津贴，充分肯定班主任等德育工作者在学校工作中的地位和作用，坚持构建学校教育、家庭教育、社区教育和自我教育的德育网络，坚持落实班主任工作例会制度和德育论文评比活动，坚持开展好国旗下的讲话、主题班会和社会实践、军事训练活动，坚持对学生进行以弘扬民族精神为

核心的社会主义、爱国主义、集体主义教育，坚持进行法制法纪和安全卫生教育，坚持进行良好文明行为习惯的养成教育，坚持开展安全逃生演练和心理健康咨询活动。

5. 狠抓教学管理

按要求开齐课程开足课时，为实施素质教育提供课程保证；紧紧围绕课堂教学质量的提高，认真执行集体备课、推门听课和集中评课的规定；坚持定期和不定期地抽查教学常规落实情况，及时反馈评教评学意见；坚持组织好各级各类各科的检测和考试工作，及时进行质量分析，为改进教学方法、提高教学质量提供依据；坚持开展教学研究，及时表彰奖励教研成果，鼓励教师主动申报各级教育科研课题；坚持开展第二课堂活动，坚持每学期认真开展校内学科竞赛，引导学生主动发展、特长发展、全面发展；坚持抓好实验、图书等教学辅助工作，围绕教学中心开展相应活动。

三年来，我校的德育质量不断提高，学生犯罪率为零纪录，20名学生被评为广州市三好学生、优秀学生干部和广州市优秀共青团员；学校先后被评为“广州市绿色学校”“广州市安全文明校园”，获得“首批广州市家长学校示范点”称号；在2008年南沙区中小学国旗护卫队培训活动中，我校荣获先进集体和汇报表演高中组第一名。

三年来，我校的教学质量不断提高，频出亮点。2007年、2008年，连续两年荣获广州市个人七科总分南沙区第一和物理、化学单科满分；2007年我校中考平均分以8分之多超过广州市平均分，2008年12名学生的总分超过700分、56名学生的总分超过636分。2009年，首届高三11名学生参加广东省美术联考10人通过本科资格线，10人参加重点院校和专业院校组织的美术单考8人通过广州美术学院专业录取线、1人通过华南理工大学专业录取线；5人参加体育术科专业考试4人过200分，1人以261分居广州地区并列第四、南沙区第一；在广州市组织的高考“一模”考试中，9人进入全区理科前10名，3人包揽预测重点线的理科前3名，2人进入文科前10名；在“二模”考试中，2人获文科第一第二名，4人获美术类文化课前4名。三年来，在区级以上科技创新大赛、学科竞赛、征文比赛、文艺表演比赛等活动中，共有208人次荣获表彰奖励（不含集体类获奖项目），获奖总数超过我校自2000年迁建以来各级各类获奖人数的总和；2007年，我校荣获第八届全国少数民族体育传统项目运动会开幕式拉拉队比赛第三名、中学组第一名，广东省和广州市校园青春健身操现场会两次在我校召开；2008年，卢鉴辉在第25届全国中学生物理奥赛广州市赛区中以三等奖成为南沙区唯一的获奖者，也打破了学校历来无人在奥赛中荣获市级奖励的纪录，同年，陈欣燕、何志锋等8名学生参加中国地理学会举办的第二届“地球小博士”全国地理科技大赛荣获一、二、三等奖，我校4名学生代表广州市参加在上海举行的校园环保酷派行动全国总决赛荣获优秀奖；2009年，我校学生参加全国中小学生英语综合能力竞赛，多人荣获广州市一、二、三等奖，并有黄素欣、卢冠如代表广州市参加全国总决赛。三年来，我校先后被评为“南沙区英语特色学校”“广州市体育传统项目学校”“广东省青少年体育俱乐部”“广东省学校体育场馆向社会开放试点学校”、教育部十一五规划课题研究“实验基地”和“实验学校”等。

（四）大力改善办学条件，办学条件不断满足新的需要

2006年7月至今，我校从18个初中教学班发展到现在的初中、高中各24个共48个教学班，在校学生人数从不足千人增加到现在的2500多人，在岗教师从55人增加到现在的164人。迅速扩大的办学规模，迫切需要与之适应的办学条件。在完成一期二期工程、投资总额达7000多万元的基础上，2006年上半年，在上级部门的大力支持下，学校以高中筹备组为主体力量为高中的开办做了大量的前期准备和基础工作；9月高中开办后，到三期工程完工和教育教学设备设施配套完成，总投入近3600万元。

2006年9月，投资2400万元的师生饭堂和5栋学生公寓竣工，可同时容纳1200名学生就餐和入住；2006年全年，完成了高中理科实验室、厨房设备、宿舍生活设施和音乐、美术、卫生器材配套，完成了电脑室、语音室、电子阅览室、校园网、电教平台、广播系统、安防系统等信息化建设，总金额超过500万元。

2007年完成了历史室、地理室、宿舍床柜、防盗网、金属门、教师办公桌椅、办公电脑、图书、书架、教室装修和车行入口改造，总金额超过200万元。2008年完成了增配11间实验室、仪器室、体育器材、宿舍床柜、饭堂餐桌、教师办公电脑、电教平台、教室改造、报告厅装修、停车篷等建设，总金额超450万元。

如今，教育教学设备设施按省一级学校标准配置的南沙二中，规划科学、分区明确，装备先进、设施完善，办公楼、教学楼、艺术楼、图书实验楼、塑胶运动场、体育馆、师生饭堂、学生宿舍等一应俱全。南沙二中背靠荔枝山，坐拥荷香池，园内生机盎然，繁花似锦，园外文卫发达，交通便捷，东对金隆小学，西接文体中心、三甲医院、区图书馆，南毗滨海花园，北邻地铁站口，已实实在在地成为南沙新区的一间至美至雅的完全中学、滨海新城的一颗璀璨闪光的明珠、基础教育的一扇对外开放的窗口！

在短短的三年时间里，南沙二中以超常、跨越的态势实现了办学层次、管理体制、办学规模、教师队伍、办学条件、办学质量和办学效益的历史性突破和根本性变化。三年来，南沙二中虽然经历了高速发展和急速转型过程中难以避免的风风雨雨、坎坎坷坷，但全体二中人依然坚韧地奋力向前：三年间，我校先后被聘为第八届中国西部教育顾问单位，被确定为教育部十一五规划课题研究实验基地、全国十一五规划课题研究实验学校、广东省学校体育场馆向社会开放试点学校、广东省青少年体育俱乐部，被评为广东省中小学校本培训示范学校、广州市一级学校、广州市绿色学校、广州市安全文明校园、广州市义务教育阶段规范化学校、广州市体育传统项目学校、首批广州市家长学校示范点和南沙区英语特色学校等。学校集体和师生个人取得的教育教学实绩表明，在短短的三年时间里，我校已在众多领域名列南沙前茅，有的还在广州市和广东省已占有一席之地，并开始试步走向全国。这些成绩实属来之不易，是各级领导亲切关怀、各级

政府大力扶持的结果，是南沙区教育局正确领导、加倍呵护的结果，是南沙社会各界共同关心、竭力支持的结果，凝聚了全校师生员工为之不断追求、不懈奋斗的心血、汗水和智慧。在此，我代表学校向始终关心、爱护、支持南沙二中发展的各级领导、各级部门和社会各界致以崇高的敬意！向长期以来为南沙二中的发展做出了突出贡献的历届领导班子成员、历届师生员工和离退休人员表示衷心的感谢！

在充分肯定成绩的同时，我们也清醒地认识到在飞速发展和不断前进的过程中存在一些突出问题和困难：以价值观为核心的学校精神在学校文化建设的磨合中尚未完全成为全校师生员工共有的稳定的价值取向，以专业发展为主导方向的教师队伍建设在新课程改革的教育教学实践中还不能完全满足快速提高教育教学质量的需要，以实现高效教学为目标的课程设计和课堂教学在落实全面贯彻教育方针、全面实施素质教育过程中尚未形成广泛的自觉的教育教学实践，以特色打造为发展突破口的学校品牌在学校领导和管理中还需要创造多种条件加快形成和更加鲜明。对此，我们必须高度重视当前存在的问题和困难，必须科学谋划今后的治校方略，必须采取更加有效的举措积极应对，认真解决。

二、今后三年学校工作设想

今后三年，是我校为全面实现中长期办学目标进一步夯实基础、进一步争取阶段性办学成果的重要的三年。虽然我们的办学形势将更加严峻，遇到的困难和挑战可能更多，但只要我们积极作为、自加压力，敢于负重前进、善于迎难而上，就一定能变压力为动力，化挑战为机遇，进一步充分发挥自身优势，继续推进学校各项事业的全面、协调、可持续发展。

今后三年学校工作的指导思想和目标任务是，以全面贯彻教育方针、全面实施素质教育为指针，以育人为本、文化强校为理念，以近期创建省一级学校为契机，以文化育人、多元推进、特色突破、品牌塑造为方略，以教育教学为中心，以优秀教师群体形成和教育教学改革为重点，为奋力实现把南沙二中办成南沙区一流、广州市知名、珠江三角洲地区有特色有影响的现代化品牌学校这一中长期办学目标而奠定更加坚实牢固的基础。

（一）推进文化育人战略，加快实现学校文化管理

学校文化是学校物质文化、制度文化和精神文化的总和。学校文化管理是学校办学理念、办学目标、物质文化、规章制度、学校精神等诸方面的整体化、系统化建设。推进文化育人战略，就是运用学校文化管理的模式，从精神文化、制度文化、物质文化诸方面对全校师生员工进行正确引领和正向影响，逐步使全体师生员工形成适应学校发展要求的、共同遵从的、比较稳定的价值取向和行为模式。

1. 建设精神文化，弘扬学校精神

以体现办学理念和办学目标为宗旨，组织人力、邀请专家、发动师生，从学校历史的现实和未来发展的层面，对学校精神的内涵和特质进行再思考、再挖掘、再提炼，加快形成符合我校特色、适合我校特点、体现我校特征的校训、校歌、校风、教风、学风、人风，并有计划、有步骤地通过多种形式推进对学校精神的宣传、倡导、实践和弘扬，如举行系列专题报告会、开展系列演讲和辩论比赛、定期评选和树立践行学校精神的优秀师生等。

2. 建设制度文化，规范师生行为

在多年探索、试行、实践的基础上，学校将规章制度汇集成册，编印成教师读本、学生读本。作为校本培训的必选教材，为师生的教学行为、言行规范提供准则和依据。以校内人事制度和收入分配制度改革为契机，把教师职业规范纳入适度量化之列，通过量化评分逐渐走向定性评价，从定性评价中发现和培养优秀教师；以在学生中开展系列“新星”评选活动为抓手，发挥学生榜样的示范带动和辐射作用，及时树立和表彰学生标兵，引领学生行为更加文明规范。

3. 建设物质文化，塑造学校形象

在校徽等形象识别系统确立后，进一步设计校牌（胸牌）、校旗等形象识别标志，评选校景、校树、校花等形象代表，精选师生共同奉行的教育格言、教育楹联悬挂于墙壁，铭刻于木石，努力使校园的花容树姿、水态物景、墙体立柱乃至标准字、标准色等，成为蕴含和体现学校精神、办学理念、文化特质的载体，成为会说话的可以进行文化濡染熏陶的使者。

4. 开展文化活动，优化文化环境

文化活动是实施文化育人的重要载体和有效措施。积极开展办公室文化、课室文化、宿舍文化、餐饮文化、门卫文化创建活动。创造条件使文艺汇演、师生田径运动会等逐步形成为学校的文化艺术节、体育文化节、书香文化节、礼仪文化节，在师生中开展校训、校歌（词曲）、校旗、“三风”（校风、教风、学风）等征选和二中礼仪形象大使评比活动，提供机会让礼仪形象大使参与学校的重大接待工作。

（二）推进教师专业发展，加快打造优秀教师群体

优秀教师群体是办好学校和实现办学目标的关键。现代教育、基础教育新课程改革和学校的快速发展，迫切要求我校教师队伍必须朝着以专业化为主要方向的目标发展。教师队伍的专业化程度越高，教师群体的专业素质就越优秀。推进教师专业发展，就是要通过建设以校本培训为主要模式的学习型组织，从专业态度、专业技能和专业知识诸方面促进教师队伍趋向整体优化，最终形成专业化程度高的优秀教师群体。

1. 发展专业态度，激活专业发展动力

教师专业态度发展的主要内容是树立崇高的专业理想和培养高尚的专业情操。专业理想是教师对成为一个成熟的教育教学专业工作者的向往与追求。专业情操是教师对教育教学进行理性价值评价时的情感体验。具有崇高专业理想的教师会对教育教学工作产生强烈的认同感、事业感和投入感；具有高尚专业情操的教师会对教育教学工作产生强烈的自豪感、责任感和使命感。学校要通过多种形式加强师德教育和开展专业理论学习，促进教师提高爱岗敬业、爱校护校的师德水平和专业理论修养；在此基础上，通过分析著名教师的成长个案，激活教师的专业发展动力，引导教师制订自我生涯发展规划，加快适应学校发展、顺应时代要求的步伐，逐步实现向开放型、科学型、研究型的教师身份转变。

2. 提高专业技能，增强专业发展实力

教师专业技能是教师在教育教学活动中运用专业知识、专业经验、专业理论取得教育教学成效，达成教育教学目标的技巧和能力。教师的专业技能愈高，其发展实力愈强，教育教学的成效和目标达成度就愈好。学校要利用自身的资源优势，通过开展专业技能演练、观摩、研讨交流活动，逐步形成教师间相互促进、共同提高的良性局面。要坚持开展以年级班主任和学科备课组为单位的实战观摩、评议交流活动，要组织开展以优质主题班会和高效课堂教学案例为重点的典型引路、个案分析、总结提高活动，要把实施导师制青年教师培养工程与观看实况录像、邀请名师示范结合起来，要把单纯开展青年教师优质课比赛转变为全面开展青年教师教育教学技能和综合素质比赛。

3. 拓宽专业知识，挖掘专业发展潜力

教师的专业知识，不只是单纯的学科教学知识。教师所从事的是一项远比操纵机械、制造产品要复杂得多的专业活动，具有开启心智、唤醒心灵、激发潜能的特点。德育和教学的低效或无效，往往是相关知识的缺位和整合不够所致。教师的宽厚的专业知识是普通文化知识、学科教学知识、教育科学知识的综合。教师的专业知识越宽，其发现问题的灵敏度、分析问题的深度、解决问题的向度就越高。教师专业知识的拓宽，除了以教师自我发展需要的自学和学校组织的学习等方式实现外，学校还将采用对行政干部进行轮岗、换岗和对班主任、任课教师进行学段大小循环的办法，促使教师在教育教学及其管理实践中不断加宽加厚不同学段、不同体系的专业知识。

4. 学习激励并举，激发专业发展活力

不论是就个人还是就组织而言，未来唯一持久的优势，是比竞争对手更具有不断学习、终身学习和学习得更快更有成效的能力。教师的专业发展既依靠基于个人发展需要的自觉学习，更要依靠基于教师团体发展和学校整体发展需要的学习型组织的建设。我校建设学习型组织，要把个人自修与集中培训、理论研讨和实践操作、校内培训与校外考察结合起来，要把读书交流和专家引领、学历提高和课题研究、技能提升和情操修炼结合起来。对此，学校要通过组织领导、计划安排、专家指导、条件改善、制度建设、奖励实施等予以保证。

（三）推进教育教学改革，加快提高教育教学质量

改革是发展的动力。特别是像我们这样一所在初中基础上急速扩展而成的完全中学，在办学层次、办学规模、办学条件、师资结构、文化背景等方面都发生了根本变化的情况下，必定会不断面临许多新的问题。这就要求我们必须同心同德谋发展、谋改革，必须改善心智模式，打破思维定式，克服组织屏障，变革习惯做法，始终如一地牢牢把握现实校情和未来发展趋势，紧紧围绕教育教学中心，以办学理念为指导，以办学目标为指引，从人事管理、德育管理、教学管理等方面奋力推进教育教学改革。对此，全校教师既要有面对改革的思想准备、心理承受能力，更要以主人翁的姿态成为改革的参谋者、参与者和促进者。

1. 优化人力资源，为推进改革提供组织保证

要依据学校现有规模和实际发展的需要，进一步加大人力资源整合优化力度，创新选人用人机制，按照公平、公正、公开、竞争、择优的原则，进一步调整、充实和优化领导班子、中层，真正把那些愿干事、能干事、善干事、业绩优、懂管理、有思想、能创新的优秀中青年教师选聘到合适的校级领导岗位和中层管理岗位上。在学校形势发展需要和条件成熟时，试行中层处室轮岗制、级组长负责制、班主任和学科教师大循环制，试行中层副职兼任级长、组长和以教研组为办公主体、党政工团四位一体落实在基层的基层管理体制。

2. 创新德育管理，为提高质量发挥保障作用

教学质量不高或提高不快，往往是德育管理的缺席。高效优质的德育管理，在优化校风学风和提高教学质量上具有保驾护航的作用。学校要依据学生的生源特点、家庭状况和身心发育规律，认真研究分析德育的针对性、实效性和时代性问题，切实制定不同学段和不同年级的德育工作整体实施方案；在狠抓德育常规管理的基础上，要创新德育工作者和年级班级德育工作评价方法，加强班主任培训，提高班主任待遇；要认真办好家长委员会和家长学校，充分发挥家长参与学校管理的作用，不断提高家庭教育水平；要加快形成以班主任为主、以全体教师为辅的全员德育局面，形成学校教育、家庭教育、社区教育、自我教育良性互动的德育工作网络；要为优秀德育工作者的成长、先进年级班级和优秀学生、优秀学生干部的涌现提供沃土、创造条件；要创新主题班会、升旗礼讲话形式，积极开展社会实践活动，真正把社会实践活动落到实处；要广泛开展学生社团活动，让学生在参与学校文化建设和管理中进行德育体验；要以新中国成立60周年大庆和迎接广州亚运会为契机，开展系列德育活动；要加强对学生的安全教育和安全管理，加强养成教育，试行诚信管理手机制度。要努力实现德育工作从经验德育向科学

德育、从应付式德育向预防式德育、从灌输式德育向体验式德育、从处罚式德育向激励式德育、从活动和手段的单一性德育向多样性德育的转变。

3. 深化教学改革，为全面提高质量探索新路

思路决定出路。深化教学改革，要从课程设计与实施、教学组织与管理、课堂教学改造和教学辅助服务等方面入手。要充分发挥我校的师资优势，加快构建必修课、选修课和活动课三课并举的课程体系：必修课以开齐开足国家规定课程为目标，选修课和活动课以编制符合我校学生认知特点、具有我校教学特色的校本课程为主。要组织学有专长、研有专攻的骨干教师、双学位教师、硕士学位教师编写校本教材，开设校本课程，供不同年级的学生在第九节课或周末活动中选修。要把学生的社会实践活动纳入活动课程管理，从组织领导、安全管理、活动内容、活动形式、活动特色和活动时空上与常规教育教学对接，形成各年级各具个性的常态活动模式，避免活动的随意性、单一性和空洞化，积极推动走进教育基地、大型工厂企业和大专院校。面对短期内难以改善的生源状况，要以超常的思维在教学的组织与管理上谋求非常之举，要以分类指导、分层教学、个案辅教的实招在重点提高优秀率和大面积提高升学率上实现新的突破；要开辟多元化升学渠道，与国外教育机构开展合作，为学生求学、升学提供更多的选择。要多元化开办特长班，调集优质资源开展特色教学，进行特长培养，打造优势、特色、品牌学科。失去了有效高效课堂，就失去了提高教学质量的主阵地和主动权。要转变课堂教学观念，树立改造课堂、决战课堂、决胜课堂思想，摒弃无效低效课堂教学，采取引领、示范、指导、反思、提高和督促检查并举的办法向课堂教学要质量。要重视教学辅助部门服务教学的作用，现代教育技术中心要对网络实行规范的控制管理，保证为教师提供教育教学中的快捷上网和维修服务；心理咨询和卫生保健要主动贴近师生、走进课堂、深入师生的身心；图书借览要为营造校园书香文化提供指导、提供服务，要创新方便师生的多元借览管理形式；实验室管理要创造条件为学生开展探究式实验提供服务；综合档案管理要提高规范标准，争取升级达标；安全保卫要创新管理模式，提高人员素质，确保校园一方平安。

（四）推进办学条件改善，加快提升教育服务水平

以创建省一级学校为契机，持续推进办学条件的改善，进一步净化、绿化、美化校园，加快提高后勤保障质量。

1. 争取政府投入，完善设施设备

因学校的快速发展，教育教学设施设备不能及时地完全满足需要。教师办公场所、学生活动场地和学校规模、教育目标不相适应，已明显制约了素质教育的实施和各项教育教学活动的开展。要争取政府把以师生科技文化活动中心为主的四期工程建设纳入财政预算，为师生开展科技、文化、健身等活动提供必需的专用场地，并把心理咨询室改

造、综合档案室升级、校史陈列馆建设、学校大门改造、运动场看台扩建、师生餐厅二楼装修、大门围墙贯通、靠山围墙加高和学府中路、思齐路、人行天桥的文化廊道建设等列为附属工程。

2. 重视开源节流，优化校园环境

在争取政府投入之外，学校要不断加强内部管理，最大限度地开源节流，科学合理地调配资金，最大化发挥有限资金的效能，规划建造若干个校园景点，精心栽培品类众多的花苗林木，使二中校园不仅整洁美观，绿意盎然，而且可以移步换景，四季有花，成为师生更加热爱向往的自然景观和人文景观相映成趣的教书育人之处。

3. 加强后勤管理，提高服务质量

总务后勤部门要牢固树立为师生服务、为教育教学服务的思想，进一步转变服务观念，进一步创新服务方式，进一步提高服务质量；要完善师生用餐环境和条件，确保二楼餐厅发挥作用，要创新菜式，提供更多的适合不同口味的品种；要实现从被动服务向主动服务的转变，及时发现水电使用、设施设备运转等方面的问题并迅速进行维修、维护，让师生把更多的时间和精力集中在教育教学上。

4. 加强财务管理，提高教师待遇

严格执行财务制度，严格遵守财经纪律，严格遵循收支程序；定期向教代会报告财务收支情况，自觉接受内部审计和民主监督。转变福利待遇观念，树立在岗学习、培训、进修是最好待遇、最长久福利的思想，科学进行财务预算，合理调度资金，让教师通过工作绩效来实现收入的增长、待遇的提高，让收入的增长、待遇的提高体现在培训进修的增多、工作质量的增加和工作绩效的增长上，确保教师队伍的整体福利待遇较快回升，稳步提高。

二次创业不寻常，百战历练倍艰辛。过去的三年，我们艰苦拼搏，毅然而行，爱校如家的师生员工经历最多、体味尤深，虽然有过令人痛惜深思的插曲，但更多的是披肝沥胆后的巨大变化、快速发展、飞跃进步；今后三年，我们仍将昂首开拓，奋力前行，团结一心的全体师生员工愿景更美、期盼更多、作为更大。我们深信，全体二中人一定能够为加快实现学校的中长期目标而共同开创出一个更加广阔的发展空间、一份更加骄人的办学业绩和一幅更加辉煌的教育画卷！

（2009年6月19日，作者在广州市南沙第二中学一届二次教代会上的工作报告，时任广州市南沙第二中学校长。）

集纳教师智慧　提高办刊质量

因为要将《天河教育科研》办刊座谈会的新闻稿及时上传至“天河教育”在线网站，当天下午，我校分管宣传的副主任突然走进我的办公室，说：

“您上午讲了什么呀？我中途去接电话，处理一件急事，等我再进会议室的时候，会议已经开完了。”她看着我，停了一下又说，“会后老师给我发短信：‘您的主任很厉害，开口就是好文章，几乎不需要整理！’”

“你怎么说？”我赶紧追问了一句。听到他人夸奖或者是贬损自己，就想问个究竟，这是人性的弱点。

“我很骄傲地回复：‘当然啦，不是猛龙不过江！’”看得出她脸上的自豪神态。

我微微一笑，淡然道：“其实没有什么。会前有些调研和思考，会中注意倾听发言，一边听一边把大家的意见、建议和自己的思路整合在一起，迅速列出一个简要提纲，讲话时再即兴发挥，如此而已。实际上，还是临场发挥得更多。”

她接口道：“也是。但是，您还是太谦虚了，一般人哪里能够做到您的程度？难怪中山大学陈昌贵教授一提到您就赞不绝口，说您的每次讲话都是完整的美文，又抑扬顿挫，是他见过的绝对一流的口才！”

我心里明白，这自然是前辈的褒奖，我没有那么神。

不过，个人觉得，所谓好的讲话，首先要有深刻独到的思想，其次要有清晰完整的思路，再次要善于拉近主讲人与听讲人之间的距离，最后才是文采以及重音的处理、声调的把握、节奏的掌控等等；没有深刻独到的思想内容、清晰完整的思路结构、贴近听众心灵的沟通，再好的文采也不会激起听众思维的火花，不会给听众留下准确、深刻的记忆，对现场听众来说，这一点尤为重要。

为方便与同行交流，特将这次讲话整理为文，以求教于同行。

各位老师，刚才我们给优秀组稿学校和优秀编校个人颁发了荣誉证书。在此，我代表《天河教育科研》编委会向荣获表彰的集体和个人表示祝贺，并向长期以来坚定支持《天河教育科研》的集体和个人表示衷心的感谢！

今天聆听了大家的发言，我有三点强烈的感受：

第一，这个会开迟了。因为大家的意见很中肯，给了我们很多启示；如果早开，刊物质量一定会更好，刊物影响力一定会更大。

第二，这个会开得好。人人都发言，人人有建议，虽然有的建议不是我们不想做、不愿做，而是我们无法做、无能力做，比如转为公开出版发行等。但是，无论是能做的还是不能做的，都是有益的。这表明大家都在关心她，希望她越来越文质兼美。这是我们办刊的动力和信心：有这么多的一线教师和教研员呵护她，我们没有理由不把她打扮得越来越漂亮！

第三，这个会今后要坚持开。召开这个会的初衷，是来自一位教研员在即时通信群里与我聊天的动议，我觉得有创意，就采纳了。刚才各位的发言验证了它的可取之处，明年要继续坚持，今后要长期坚持。不仅要坚持，而且要创新，要提高颁奖层次，要扩大获奖面，要调动更多的一线教师为办刊献计出力。

怎样进一步提高我们刊物的编撰质量呢？综合大家的意见和建议，我提出四点思考。

一是明确定位。我们的刊物是谁在编，编给谁看，编辑的主要内容是什么，编印的目的和意义在哪里，这些问题必须想清楚。《天河教育科研》是教研室受区教育局的委托，以编发教育科研论文为主要内容，面向全区一线教师和其他教育工作者提供发表交流教研科研工作的一个纸介平台。因此，我们的刊物定位可否概括为专业、专注、专一。

所谓专业，就是要做到论文编发“四不错”：论文观点不能错，支持观点的教育理论和事实不能错，进行教育科研的实验方法不能错，语法字词标点符号不能错。这个要求是不是高了点？不高。刊物虽是内刊，却是在广州市新闻出版部门备案有刊号的；字词错误率控制在万分之一以内，这是报刊编印出版的基本要求；再者，教研室、科研办是业务指导部门，我们能够而且应该做到专业，如果不能做到专业，则是无论如何都说不过去的。

所谓专注，就是要面向学校、瞪大眼睛注视一线丰富生动的教育教学实践，以及来自教育教学实践的对实际问题的发现和思考。

所谓专一，就是要把教育教学改革、课程改革、课堂教学改革和教学研究、教育科研成果及其应用等，始终摆在稿件编发的重要位置上，使其成为每期内容的一条主线、一根主轴。从另一个角度讲，也可以用三个字概括：实、精、活。实，就是要关注实践，关注实际，关注实效，让一线教师读而解渴，真正能够解决教育教学中的实际问题，或者是从中受到启发。精，就是要努力成为精品，像论文，是论文，是有见地、有创见的论文。活，就是要内容和形式不拘一格，经验总结、教育叙事、案例分析也是教学研究和教育科研的一种，同样可以发表，有学术含金量的论文当然很好，但是一线教师不是大学教授，我们的要求可以略微放低一点；我们还可以适当编发一些教学研究、教育科研成果突出的人物专访，让他们引领一线教师成长；此外，也可以每期拿出百分之五左右的版面或者用补白的方式刊发教研科研动态，以此促成学校间的相知交流，从而潜移默化地营造一种氛围，也使我们的刊物有点色彩、有点灵动、有点韵味，避免总是板着面孔示人。一份期刊如果读者寥寥，或者读之无味乏味，那就基本上沦落到了自娱自乐的境地了，不仅耗人、耗力、耗物、耗钱、耗时间不说，还会严重伤害编者和作者的自尊。

二是提高能力。提高能力的前提是分清责任，责任不清，能力无处展示，能力提高也没有方向。主编、副主编要提高策划能力，特别是专题策划能力、审读能力、指导能力；编辑部主任要提高组织协调能力，其角色类似办公室主任，是刊物组织内的大管家，综合协调能力要强；责任编校要提高学科专业审读能力、文字修改能力，还要有识文荐稿、准确校对的能力，我们现在大多数稿源来自各学科教研员所掌握的一线教师的文章，因而教研员把住了第一道关，刊物质量就有了坚实的保障。那么，学校的教科研管理人员，还有我们今天邀请来座谈的作者呢？我以为，除了自己带头写稿、投稿外，应该还有荐文、荐人、荐刊的能力，要把好的论文推荐给我们，把想写、能写的教师推荐给我们，把《天河教育科研》刊物推荐给教师，推荐给国家、省级和市级同类刊物。

三是完善机制。要逐步形成论文写作培训机制、组稿征稿机制、下联上传机制，要像前不久我们所做的、现在还没有结束的、与全国部分中文核心期刊开展论文写作培训一样，一批一批、一个班次一个班次地办下去，办成常态，扩大培训面，让想写不会写的教师愿意写也会写，让想写会写的教师更愿意写更会写；要以刊物的名义通过开展系列主题征文比赛的方式组织稿源，稿源充足是提高刊物质量的基本保证；要与各校的校刊校报保持联系，从中发现优质稿件、优秀撰稿人，还要与市内外教育期刊的编辑部加强联系和合作，把我们的优秀稿件和作者推荐给他们。

四是扩大影响。连学校教育科研部门的教师都不知道天河区内有这么一份期刊，说明我们的工作还不到位，还存在缺陷。今后我们要增加印数，要增强与学校和市内外期刊编辑部的常态联系，定期向他们寄送刊物；如果人手不够，可以考虑将学校的教科研负责人或校办校刊编辑部负责人聘请为特约编辑，这一做法一定益处多多，收效多多。

我相信，只要我们同心同德、群策群力地把工作做实、做细、做活、做到位，《天河教育科研》的质量和影响力一定会跃上一个新的台阶！我们要有这样的目标和雄心：把《天河教育科研》的内刊层级办出公开出版发行层级的质量来！

（2013年12月18日，作者在《天河教育科研》办刊座谈会上的即兴讲话，时任广州市天河区教育局教研室主任兼《天河教育科研》主编；会后根据记忆和讲话提要整理。本文是作者为文的新尝试，试图将真实场景和主体演讲结合起来，努力让读者既有身临其境之感，又能体会主体演讲的真容要义。）

加快推进教育现代化

2013年6月4日，雨。

下午2:30，武汉市推进教育现代化项目组一行，在广州市教科所负责人和天河区教育局领导的陪同下，来到了第二站，考察了天河中学。

天河区是代表广州参与国际竞争的国家中心城市功能区，是广州市经济总量最大、经济增长最快的区，是全国乃至全球经济活跃程度最高的区，从2007年起生产总值连续六年位居广州市十二个县市区第一，2012年达2394.81亿元。

天河中学就坐落在广州市天河区最具现代化气息的珠江新城。这里是三大国家级中央商务区之一，144家世界500强企业在这里设立了183家企业或机构，总部企业高达300家。触目所及，几乎都是设计新颖、造型各异的高层和超高层建筑；驱车其间，仿佛置身于万国建筑博览会。建筑风格别具特色、现代设施齐备完善的天河中学犹如珠江岸边的现代书院，舒展在耸入云端的现代建筑的环抱中。

宾主在天河中学四楼会议室落座后，客人观看了天河中学专题片，学校和教育局分别介绍了学校和天河区推进教育现代化的情况。在介绍快要结束时，会议主持人悄声征询说："徐主任，也请您谈谈教研室在这方面的做法。"我点了点头，小声道："主要谈谈认识吧。"

刚才，局领导和学校书记分别详细介绍了相关情况；我因为调入天河时间不长，所以只能结合教研室的有关情况说说自己的认识，供各位专家参考。

"化"是什么意思呢？我的理解是，"化"是一个过程，一个逐渐变化、进步、提高的过程，一个与时代和经济社会发展协调同步的进程；所谓教育现代化，其实就是一个传统教育向现代教育、教育的传统向教育的现代逐渐变化演进的过程，是与社会发展和时代特征合拍共振的过程。因此，我所理解的教育现代化，如果用一句话定义，就是现代或当代教育在演进的过程中要不断地充分吸纳并呈现知识经济时代的要素和特征，因为社会的发展已经从农业经济、工业经济、资本经济演进到了知识经济社会。在这个前提下探讨教育现代化，可能我们的认识会更全面一些，我们的行为会更科学一些。这是我想说的第一点。

第二点，教育现代化是不是应该包含以下几个方面的现代化呢？

一是教育思想现代化。在当下的中国，就是要树立素质教育思想。素质教育是相较于应试教育而提出的，两者的定义和内涵至今在教育界和学术界还争论不休。在我看来，这种争论是没有特别实际意义的，两者的根本区别不过是要培养什么人和把人的发展置于什么位置的问题。我理解的素质教育或许比较简单和肤浅，就一句话，教育要以人为本，要把人的培养放在中心和主体位置上，追求人的全面发展，要让学生能够适应当代社会和时代进步的需要；具体到学校就是要以生为本、以师为本，把师生的发展放在大环境下学校发展的中心和主体位置上。当然，教育思想现代化还有其他的含义。

二是教育视野现代化。人类的视野是逐渐开阔宽广起来的，随着科学技术的进步和交往的扩大，人类经历了内陆文明、海洋文明等阶段，如今已是地球村文明，或者叫全球化、一体化，你中有我我中有你，谁也离不开谁，所以现在都在讲、都在追求基础教育国际交流与合作，前一个星期，天河区还在同广州市的其他县市区进行较量，竞争三个试验区，天河区以毫无悬念的绝对优势赢得了第一名。一年前，国际交流与合作还只能在高等学府进行，现在已经可以在中小学进行试验了。这说明了什么呢？说明教育要有国际化视野，国际化视野是教育视野现代化的最重要的特征之一。天河区有一间中学就把国际理解教育成功地申报了广州市的高中特色课程。何为国际理解教育？用费孝通先生1990年在多位国际知名学者人士为其举行的祝寿会上的一句名言作注解，是能帮助我们加深理解的。这句名言是“各美其美，美人其美，美美与共，天下大同”，意思是异质国家或民族既要欣赏自己创造的文明，也要学会包容地欣赏别的国家或民族所创造的文明，如果还能进一步将多种文明交融结合在一起，人类社会就能进步到一个“和”的境界，从而实现人类社会的共同远景。这是我从一个特定的角度体会的意义，费老之言其实内涵极为丰富。当今时代的教育，如果没有视野的现代化或者说国际化，何以能培养出具有中国灵魂、世界眼光，能够走向世界、参与国际竞争的现代中国人？

三是教育管理现代化。从学校层面上讲，教育管理科学到今天已经上升为学校文化管理的境界，再也不是过去的威权管理了，主要依赖于校长的行政权力和校长的人格魅力的管理，就是所谓的“人治”；也不是我们一些校长至今津津乐道的所谓科学管理，迷信于规章制度效能的管理，就是所谓的“法治”。科学管理是工业时代把人视同机器管理的产物，已经在信息社会和知识经济时代显现了诸多弊病；能够顺应当今社会和时代发展要求的，是学校文化管理。学校文化管理的要义是基于师生的全面发展，始终把师生的全面发展居于首要的中心的主体地位，重视学校精神的提炼和塑造，特别是学校精神的内核——价值观的追求，这种管理并不排斥威权管理和科学管理；相反，它要吸收其合理的成分，还要在整合时实现超越。文化管理才是与教育思想、教育视野现代化相一致的现代教育管理。

四是教育课程现代化。要引进和消化国际教育课程，以全球为背景，以未来为指向，以人的发展为根本目的，构建经过融合的多层次的课程体系，如国家课程、地方课程、校本课程等；关于这一点，我还有不同于他人的理解，可能是谬论，也可能是创见。现代人站在当今时代高度上重新审视我们的历史文化和国学经典，从中发掘和编著出新的能够慰藉和养护现代人灵魂的教材，也应该看作是教育课程现代化的一种做法；为此，天河区在全区范围内推行中华文化经典工程，将其纳入校本课程体系，可谓开风气之先。

五是教育装备现代化。这是教育现代化的物质条件和技术手段，比如实验室、电脑、监控系统、电子交互白板等等，为教育现代化提供物质和技术保障。

六是教育手段现代化。将电脑、网络等现代教育技术广泛应用于教育教学，实现教育手段的现代化，像我们教研室依托现代教育信息技术创建的网络教研平台——“天河部落”，就极大地缩短了教研员与一线教师开展教研的时空距离，也为学校的科组建设开辟了新的途径。

座谈结束后，一位校长拉着我的手说：“讲得真好，我在脱产攻读博士，研究方向就是今天的话题，真诚希望得到您的指教。请您把电话号码和‘天河部落’的网址告诉我，我一定与您联系！”另一位副局长握住我的双手不放，一边摇一边说：“老乡啊，我们的骄傲！回武汉时一定要电话联系我们，我们要请您回去做报告！”

我想，刚才的发言基本就是即兴发挥，一定没有他们所说的那样精彩吧。于是，自我安慰地笑了笑，同样摇了摇他们紧握的双手。

雨，还在下。

望着他们离去的背影和远去的车辆，我在问自己：

“此行，他们满意吗？”

（2013年6月4日，作者在天河区推进教育现代化座谈会上的即兴发言，时任广州市天河区教育局教研室主任；本文是作者为文的新尝试，试图将真实场景和主体演讲内容结合起来，努力让读者既有身临其境之体验，又能体会主体演讲的真容要义。）

研究 服务 引领 创新

广州市天河区教育局教研室成立于1985年，现设高中组、初中组、小学组（含幼教）、科研办和办公室、总务处等六个中层部门；在岗教职工37人，其中财政核编33人，在岗在编32人，领导职数4人（教研室主任一名、党支部书记一名、副主任两名），具有中学高级职称的教师24人，荣获“南粤优秀教师”和“广州市优秀教师”称号的教师共9人，广州市基础教育系统新一轮百千万人才培养工程首批教育专家和名教师培养对象各1人，参加国培省培的教师6人。

近年来，教研室以《国家中长期教育改革和发展规划纲要（2010—2020年）》文件为指导，以区教育局提出的“以人为本，深化改革，科学管理，优质发展”为目标，以“共强、共优、共荣”为强室优教理念，以“研究、服务、引领”为己任，以持续促进区域教学质量提高为中心，以推进质量强教、教育科研、教育建模、经典教育四大工程实施和学科教研组、学科教研基地建设为抓手，不断推进教研文化管理，不断提高教研队伍素质，不断加强区域教学服务和引领，不断创造新的教学研究成果，为构建与天河经济社会发展相匹配的现代化、国际化、优质化、高位均衡化的区域教育体系做出了应有的贡献。

一、深入推进教研文化管理，以共同愿景激发工作动力

教研文化管理是对经验管理和科学管理的整合与超越，它是通过对教研活动施行计划、组织、激励、领导和创新等职能，从而协调自身拥有的各种文化资源的过程，目的是同步和谐地实现个人和组织的共同发展、全面发展、长盛发展，核心是教研文化的价值追求，它是工作的灵魂和发展的动力。

（一）发挥组织文化功能，实现教研管理的同频共振

天河区总面积137.38平方公里，常住人口140万。辖内普通中小学127所，其中，公办70所、民办47所、企事业办10所；幼儿园181所，其中，公办58所、民办123所；特殊教育学校5所，其中，公办1所、企事业办4所；公办中等职业学校1所。2013年全区共有中小学学生148 274人，幼儿39 901人，教职工15 845人。在127所普通中小学中，小学103所（不含九年一贯制学校），其中，公办51所、企事业办9所、民办43所，小学总数超过全区普通中小学总数的81%。天河区也是经济社会现代化、国际化程度较高的都会中心区。

天河区的这种学校构成、经济社会状况要求教研室必须具有与之相适应的组织管理形态。为此，教研室先后进一步调整和明确了党政班子成员和中层部门的职责分工，充实了中层管理队伍，将小学组从义务教育组单列出来，设置了高中组、初中组、小学组和科研办四个业务部门，构建了室级领导和中层部门各负其责的管理格局。为使各项工作既职责分明又协同发展，教研室坚持小事通气、大事商量、要事集体研究决策，坚持广泛征询、充分听取全体教职工的意见和建议，坚持常规管理各负其责、重大活动通力协作，坚持做到民主谋事、团结共事、和谐干事，最大限度地发挥教研组织文化的同频共振效应。

（二）倡导教研价值追求，共绘教研长盛发展愿景

学校教学质量状况，是教研室生命价值的重要呈现，是教研员事业高度的重要表征。自觉地对教学进行科学研究，尽智尽力地为教学提供专业服务，始终如一地以领跑的姿态行进在教育科学思想的前沿领域，引领学校的教学优质发展，是教研室的中心工作和主要职责。相互尊重、相互理解，彼此沟通、彼此激励，共同促进、共同发展，能够有效地增强团队的向心力、凝聚力和战斗力，能够产生个体之和大于整体的和谐团队效能。

2013年3月，教研室在总结2012年工作、制定2013年工作计划时，以多种形式在不同层面从不同角度发动教师研讨，集中教师智慧，采纳教师建议，先后对《教研室工作报告》数易其稿，大小修改70多处，最后以接近全票的赞同票获得六届四次教职工大会的审议通过，从而共同确立了教研室“研究、服务、引领”的新定位、“共强、共优、共荣”的强室优教新理念和教研人“求精准、做精彩、出精品，忘我精神、务实精神、引领精神、创新精神”的价值追求，共同制定了教研室今后五年的发展规划。

（三）重视制度文化建设，落实集体教学调研新规范

教研文化管理，可以而且能够超越规范，在制度力不能及的地方，最终能够发挥效能的是文化。但是，可以而且能够超越规范，并不是不要规范；恰恰相反，没有制度的长期规范执行，文化也难以上升为内化了的强大力量。教研室的工作特点虽然相当离散，但仍然在重点工作和关键节点上具有严谨科学的内在规律。怎样做到离散而不散漫、严谨而不机械、科学而不盲目、精准而不粗放，这是教研文化管理需要面临的现实问题。

我们首先对过去的教研规章制度进行了梳理，然后对会议制度、考勤制度、考务制度等必须坚决执行的规章进行了修改，特别对能够集中体现教研服务和指导水准的集体教学调研进行了深入的研究，综合和提炼各地多年来的实践经验，最终出台了《天河区教育局教研室集体教学调研规范》，从集体教学调研的主题、内容、重点、程序、环

节，观课议课的过程、方式方法，调研报告的撰写、调研回访的时间安排，调研的前期准备、后期处理等方面提出了明确要求，很大程度上克服了过去集体教学调研在某些环节上存在的盲目性和随意性，进一步提高了集体教学调研专业水准的针对性和有效性，为教育局了解学校教学状况、为学校不断优化教学管理提供了重要的参考依据。

二、用心倡导教研业务修为，以专业发展引领队伍建设

（一）实施研训结合，提升专业发展的思想高度

坚持专题研修和专业自修相结合、理论研讨和实地考察相结合、集中研训和引导自学相结合、撰写体会和经验分享相结合。有计划、有系列、有针对性地选择和安排学习、研修、培训内容，不断厚实思想理论功底，不断开阔专业发展视野，不断深化对教研定位和强室优教理念的认同，不断提高教研指导和引领能力。

近两年，我们先后组织全体教师参加高水平的菜单式集中研修培训，中国人民大学、北师大、华东师大、成都师大、重庆教科院、浙江省教研室等高等院校和科研院所知名专家、学者的报告，进一步开阔了教师的理论视野，启发了教师的理论思考，优化了教师的思维品质，提升了教师专业发展的思想高度。

（二）打造耕读特色，夯实专业发展的学养厚度

耕是教研实践，读是学习研究。耕读活动是把日常的教研实践和常态的研究学习结合起来，从而不断夯实教师专业发展学养厚度的一种过程。

教研室除组织教师每学年参加一次集中封闭研训外，还坚持每月安排半天开展集中耕读活动，就教育热点焦点问题展开专题研讨；党支部坚持在党员中开展“耕读服务、引领进步”特色创建活动，成立两个“耕读服务”小分队，以高中党小组“三先”（先学一步，先提一步，先干一步）和义务教育党小组“三走”（走进学校、走进课堂、走上讲台）为思路，倡导和践行“三先三走”的读书引领、教研实践、服务基层的活动，被教育局党委评选为第一层次资金扶助特色党支部。

再如结合教研实践，选择《学与教的心理学》（皮连生著）中的有关章节，组织教师从认知心理学的角度对学科的教学常规、教学目标、教学内容以及学生的认知规律等做深入研讨，从而运用认知心理学理论推进有效教学的研究与实施。在市建模推广会议之后，我们举办“瘦狗岭品茶论道”，组织教师畅所欲言，从建模历史背景、原则路径和学科特点、教师个性、学校基础等方面全面分析现状，探讨建模优劣，在建模工作顶层设计上进行了一次较高水平的理论碰撞和思想交锋，为阶段性推进天河区教育建模工程打下了坚实的思想理论基础，创设了良好的舆论氛围。

（三）鼓励综合修炼，拓展专业发展的能力宽度

坚持通过多种途径、运用多种形式、采取多种方法，鼓励教师不断加强个人综合素养和能力修炼，坚持创造条件助推教师加快成长为在区内外有影响的学者型、专家型教科研人员，坚持倡导教师不断厚实思想理论功底、教研科研功底、语言表达功底、总结提炼功底、服务引领功底，引导教师在一学期内有效解决学科教学指导的一个疑点、难点或焦点问题，两年在核心期刊上至少发表一篇教研或科研论文，三年建设一个区级以上优秀学科教研组或学科教研示范基地，四年主持或参与完成一项市级以上科研课题，五年引领一名青年教师成长为区级以上教学名师和公开出版一本学科教研或科研著作。

曾经代表广州市先后荣获广东省小学语文教师专业素养大赛特等奖的肖彩芳、许涓老师得到了教研员刘江明、陈燕老师的长期跟踪培养；年轻的教研员徐攀老师综合实践活动开展得有声有色，三名教师分获广州市中小学综合实践活动教学基本功和技能竞赛暨第二届十佳综合实践活动指导教师评选活动小学组和初中组第一名、高中组第三名，并同时荣获“十佳教师”称号；其个人结合学科专业创作的电影剧本《走出丛林》，取得广电局电影摄制许可证。其他教研员也大多一专多能，身兼数职。全体教研员指导天河区教师参加中国梦·园丁美广州市首届中小学青年教师教学基本功和教学技能大赛，获奖人数和综合排名均居广州市各区之首。

三、全力推进四大工程实施，以多种途径促进质量提升

2012年，天河区全面实施十大教育工程，教研室承担了质量强教、教育科研、经典教育、教育建模等四大工程的实施和推进任务。

（一）推进质量强教工程

按照规范性、合作性、实效性、整体性原则，建立专职兼职研究队伍，引导区内校际联盟合作，促进教研整体优势形成；搭建教师专业成长平台，开展青年教师教学基本功大赛，筑牢教师专业发展基础；升级学业质量监控系统，开展以教学数据分析服务教学研究和教学管理的经验交流活动，发挥教学质量过程监管先进学校的示范、辐射和带动作用；改进集体教学调研策略，及时摸清毕业年级教学研究状况，做到早调研、早发现、早诊断、早建议、早整改，充分发挥教学调研意见和建议为学校调整优化教学管理的参谋导向作用；优化区域大型集体教研活动，坚持初中、高中助强扶弱同步推进，初中重点帮扶薄弱学校达到广州市学业水平考试平均分数线，努力实现高中教学质量的大面积提高和义务教育阶段教学质量的高位均衡。

近五年，天河区高考、中考成绩持续上升。2013年高考本科以上上线人数净增201人，占全市增量的24.2%，增量、增幅均为全市第一，完成广州市预测目标的达成度全市第一；区属公办高中近65%的学生可上本科，97%的学生可上大学。2013年中考创历史最

高水平，高分段大幅增长，单科满分20人次；750分以上59人，占全市19.7%；700分以上占全市14.2%；区属公办中学平均分高出全市45分；近50%的学生可上国家级示范性普通高中。

（二）推进教育科研工程

颁行《广州市天河区教学成果奖励办法（试行）》，加大教育科研成果奖励力度；举办课题申报、开题、结题的系列培训，持续推进课题研究按照计划实施；召开年度获奖教学成果推介会议，助推科研成果及时转化应用，激励教师积极参加教育科研；探索建立借智借力合作机制，与高等院校、科研院所联合开展教育科研合作；探索科研成果推广应用与名师工作室建设有机结合的工作机制，孵化更多具有生产力的科研课题；完善《天河教育科研》办刊机制，群策群力提高刊物质量，实现季刊向双月刊的转变，扩大教研科研成果发表平台，努力实现年度编印30万字；耦合“天河部落”四大系统功能，定期发布“天河部落”精华英文版，提升网络科研和国际交流水平；组织教育科研骨干赴台访学培训，促进两岸学术交流；坚持推进“依托教育信息化促进区域教育均衡发展”国家体制改革试点工作。

各级课题立项超额完成区“十二五”规划任务，在2013年度广州市教育科学十二·五规划的96个基础教育立项课题中，天河区独揽18个，遥居十二区之首，斩获课题立项总数、资助资金总额、面上一般课题立项数、能效专项课题立项数等四个第一；科研成果荣获广东省教学成果奖一等奖2项、二等奖1项，广州市教学成果奖6项；荣获广州市教育局教研成果一等奖的市特约教研员天河区有10人；广州市教育系统协同创新学术团队首批基础教育系列项目验收，天河区立项2个，居全市各区之首，验收成绩居全市第一；教研室组织参加“全国中小学交互式电子白板学科教学大赛暨新媒体新技术教学应用研讨会”成绩优异，连续六年荣获优秀组织奖。

（三）推进经典教育工程

按照自主性、选择性、人文性、实践性原则，颁行区域推进经典教育工程行政文件，实现全区域全学段经典教育全覆盖；构建专兼结合的教师队伍，分期分批进行经典教育师资培训；开发经典教育地方和校本教材，纳入课时计划开设课程；举办经典教育活动现场研讨会，适时推出经典教育精品课例；紧密结合德育活动，创新经典教育方式方法，开展经典教育展演活动；组织教师参访交流经典教育经验，鼓励教师参加经典教育进课堂研讨展示活动；编印区域推进经典教育工程研讨文集，拓宽区域经典教育共享平台。

天河区区域经典教育特色在两岸四地广受高度关注。五山小学坚持开展国学教育的成功经验，在台湾地区激起热烈反响，其“三环七步”国学课堂教学模式已经成为国内外同行学习借鉴的经典教育模式之一，被广东省推荐参评全国教学成果奖，学校自行创编和公开出版的系列国学读本成为全国少工委向全国推荐的“红领巾”少儿国学教育基本教材；其广州市教育系统协同创新学术团队国学教育项目在首批项目验收评分中荣获优秀等次。

在今年第三届全国优秀传统文化进课堂教学研讨大会上，天河区三所学校开展经典教育的经验被列入大会交流，天河区成为大会力主推荐宣传的先进区，南国学校则荣获征文评比四个特等奖。2013年4月，天河区承办全国教育科学十二·五规划课题教育部《传统文化与中小学学生人格培养研究》开题报告会暨天河区中华文化经典教育研讨会，经典教育展演成为同行津津乐道的话题，国家督学郑增仪、总课题组和与会代表对整个活动给予高度赞赏，《南方日报》等媒体进行了深度报道。今年9月，教育部《传统文化与中小学学生人格培养研究》总课题组在北京召开全国实验区传统文化教育研讨会，天河区作为区域推进中华优秀传统文化教育的先进区、示范区和创新区在大会上进行了专题介绍。2013年9月，天河区所有高中又将从台湾引进，中华书局编校、改版、印行的供高一高二年级使用的《中华文化基础教材》纳入国学教育选修课程，成为大陆地区较早推广使用这套教材的先行区。

（四）推进教育建模工程

按照客观性、灵活性、创新性、应用性和可操作性原则，制定教育建模实施方案，邀请专家进行方案论证和建模指导，编印教育建模理论学习读本，组织学习教育建模核心思想和价值追求；开展学校教育建模和教师课堂教学建模两个层面的模式创建、推广应用；推荐教育建模成效突出的学校和教师代表接受上级教育部门的表彰；引导知模、用模、建模和脱模，努力形成具有校本特色和文化特征的教育教学模式，带动区域教育教学改革的整体发展，促进区域办学质量和教学质量的提高。

广州市第四十七中学校长和书记带领40名教师参加广州市教育局“教学新模式推介会”，会后举行以“建模提质”为主题的全校学习动员活动。华阳小学创建的“以学定教单元整体教学”模式成为市教育局面向全市推荐的五大教学模式之一；体育东路小学的“小学数学协作学习”教学模式荣获广州市教学成果奖一等奖；棠德南小学“‘341’阳光体育锻炼”成为现场会面向全市力推的教学模式；东圃中学的“一堂一案·自主发展”教学模式为其学校教学质量的明显提高做出了富有成效的努力；天河中学、75中学等学校也正在不断探索教育建模工作。

四、不断追求教研工作创新，以特色打造开创教研新局

（一）拓展常态教研空间，实现网络教研平台创新

具有鲜明原创性的“天河部落”网络教研平台历经多年打造，成为天河区久负盛名的网络教研名片之一。2013年11月，为进一步创新教研信息化工作，我们邀请了全国相关领域著名专家召开“天河区区域教研信息化系统整合高端征询会”，尝试在已有实践的基础上，实现“天河部落博客”“天河区中小学学科质量监控系统”“天河区Moodle课程平台”和天河区“学习研究诊断平台”四大系统的耦合。

专家组充分肯定了天河区在我国教研信息化推进、互动教学实践中的先行探索价值，认为新的耦合设想方案反映了天河区在长期教育信息化实践历程中的积累，反映了天河区在深化课程改革、推进区域教育信息化向纵深发展的超前思考、战略眼光与新的探索创新；同时希望新的耦合设想方案要准确把握国内外教育改革和发展的大趋势，进一步聚焦课程改革，聚焦学与教方式的变革，把课程改革、教师专业发展与平台建设相结合，选择与设计天河区利用信息技术深化教学改革的突破口与新路径，加强与国家级、省级平台的互联，全面提升教师的教学能力，促进学生的健康发展，促进教育公平和质量提高。专家组的意见和建议为天河区教研信息化迈上新的平台提供了新的发展方向。

（二）拓展资源共享空间，实现区域集体教研创新

2006年以前，天河区各高中学校之间在毕业班教学的研究阶段，资源相对独立，信息相对封闭，区域教学成绩提升不明显。为尽快改变这一状况，2006年4月，在各校毕业年级集体教学研究的基础上，组织全区毕业年级教学资源集中分享活动，启动了以校际合作分工、片际竞争求精、毕业班教师全员全程参与为主要特点的区域集体教研活动，努力拓展区域集体教研空间，实现区域教学资源共享。至今，我们在毕业年级区域集体教研的范围、时间、频次、主题、内容、流程上不断创新完善，尽力改变各校单兵作战的现状，最大限度地集中一线教师智慧和力量，加强校际合作，促进校际交流，推动全区高中教学质量的整体均衡走强。

与此同时，我们将高中毕业年级校际的集体教研模式有选择地运用于初中学段。2012年11月，我们将中考总平均分没有达到广州市平均分的五所初中组织起来，既邀请专家举行学科教学报告会，又召集初中校长和教学副校长举办教学沙龙，此举收到良好反馈效果，得到与会学校和教师的普遍好评。

（三）拓展学科教研空间，实现学科组团教研创新

策划、参与、支持学校开展片区教研自组织活动和片区教研组组团发展项目，建立了“一二二”片区学科教研组团发展格局。“一”是一个方案，《天河区中小学区域性学科教研组建设项目实施方案》，以教研组建设为核心，把教师形成珠，学科串成线，学校连成片，打造有特色的学科组团。“二”是两门课程和两个平台，“天河区学业质量监控系统”操作培训课程和“天河区组团式发展教研组长高级研修班”课程、《天河教育科研》纸媒平台和天河部落网络平台，为教学研究和教师专业发展服务，形成基于“学业质量监控系统”和“天河部落”的区域系统生长教研模式。

自活动和项目开展以来，89中、47中、体育东路小学、柯木塱小学、天河实验一小等中小学赴深圳学习交流，参加了国际学校联盟项目，47所学校将近100个学科组根据项目实施方案进行了自查自评，形成了IE团队、北约、东盟、东方红、熊猫队等十个片区组团学习模式，打造了中小学校际联盟、中小学单学科联盟、中小学多学科联盟、中学科组内校际联盟、小学科组内校际联盟、小学与幼儿园联盟等六种组团特色。

（四）拓展师生发展空间，实现竞赛内容形式创新

在继续做好市级以上各级各类竞赛动员报名工作的基础上，我们整合创新地在中小学师生中开展天河星空·智慧杯系列教学竞赛活动，以智慧天河之意分设教师和学生两个系列，教师系列按照青年教师教学基本功、教师优秀教研论文、教育教学科研成果、学科教研示范基地等进行奖励，学生系列则主要以PISA形式测评学生在数学、阅读、科学等方面的综合素养，为天河区师生成长发展提供广阔空间，努力打造天河师生成长发展的“星光大道”。

2012年，我们在赴香港考察学习PISA测评经验后，历时大半年认真筹划，慎重而稳妥地完成了命题、组考、阅卷和总结工作，成为大陆地区为数不多的引进、消化、吸收和借鉴PISA测评学生人文和科学素养的先行区。

新的学年即将到来，天河区教育局教研室将在天河区教育局的领导下，在广州市教育局教学研究室的指导下，在兄弟区教研机构的帮助下，继续认真总结教研实践，全面查找教研差距，持续争取各方支持，努力克服诸多困难，不断改进、完善和创新教研工作，为打造与天河经济社会相匹配的优质教育体系做出新的更大的贡献。

（2013年12月27日，作者在广州市、区两级教研室联合调研天河区专场报告会上的演讲，时任广州市天河区教育局教研室主任；本文于2014年元旦期间整理完成。）

天河经典教育的回顾与展望

——天河经典教育的昨天、今天和明天

以2012年2月天河区经典教育工作动员大会的召开为标志，天河经典教育就像一艘航行在优秀传统文化教育大海上的旗舰，劈波斩浪，昂首向前，为天河经典教育的续航开足了马力，焕发了活力，积蓄了无限潜力。两年多来，天河经典教育做了什么，取得了哪些成果；还面临什么困难，又具备哪些优势；今后应该朝什么方向发展，如何发展等等，这都是需要我们深知和明确的。

我今天试图回答大家关心的三个内容。

第一个内容：天河经典教育的昨天

我想从主要做法和主要成果两个方面，谈谈昨天的天河经典教育。

一是天河经典教育的主要做法

做法有很多，但总结起来，主要做法有八点：

一是思想引领，行政推动；二是领导挂帅，组织保证；三是顶层设计，规划先行；四是队伍建设，培训学习；五是课程开设，课时保证；六是自主探索，百花齐放；七是点面结合，建模创新；八是经费支持，交流提升。

关于“思想引领，行政推动”。2012年2月天河区召开动员大会，同时出台了《天河区传统文化经典教育实施方案》；2013年12月又颁布了《天河区传统文化经典教育高中阶段实施方案》；与此同时，作为一项工程，经典教育的经费预算都纳入了区级财政统筹，学校层面就更不用说了。据不完全统计，区级层面每年的经费支出都在一百万元以上。

关于“领导挂帅，组织保证”。经典教育被列为天河区教育局的十大教育工程之一，局长亲自挂帅，成为一把手工程，局长以下是分管局长主抓，思政科、中教科、小教科、教研室、进修学校、财建科等多部门协作。学校层面则是校长重视，副校长分管：一种是教学副校长分管，一种是德育副校长分管，责任都一样。

关于“顶层设计，规划先行”。2012年上半年，也就是动员大会之后，教研室起草了实施方案，经过多次修改后于2012年下半年邀请专家进行论证，并于当年年底通过局长办公会审议；此后，教研室每学年都依据总体方案制定具体的工作进度表来安排全年的经典教育工作。

关于“队伍建设，培训学习”。队伍建设主要是建设三支队伍。第一支队伍是区校两级管理团队：区级层面从局领导到中层到工作人员；学校层面从校级、中层到基层。第二支队伍是区校两级研究团队：区级层面主要是教研室语文学科教研员；学校层面主要是一线语文教师。第三支队伍是学校骨干教师团队。从2012年2月至今，教研室和进修学校一起先后组织了八个批次的骨干教师参加培训；去年暑假又对中小学校长进行了一次全员培训。在两年多的时间里大力开展了九期培训。除此之外，还有其他多种形式的培训，如编选印发经典教育学习资料，包括大家现在看到的厚厚的两大本教师版、学校版资料汇编；又如提供参加课题研究实验的平台，天河区成为教育部十二·五规划课题《传统文化与中小学学生人格培养研究》总课题实验区，很多学校还承担了这个总课题的子课题实验研究任务。

关于“课程开设，课时保证”。课程开设条件首先要有教材，其次要有课时。关于教材，目前应用的共有两类：第一类是选用由出版社正式出版的；第二类是学校根据校情自己组编的。关于课时，调研结果显示，每所学校基本保证了每周一个课时，全学期共16个课时。相对而言，小学、初中更有保证一些；初中的高年段和高中学段由于其他原因，课时无法完全保证。但从全区看，已基本做到课时有保证。

关于“自主探索，百花齐放”。两年多来的经典教育实践，大体可以称为自由探索期。这个时期，就某一所学校而言，其开展的经典教育项目也不是单一的；就全区范围看，无疑是百花齐放，而非一枝独秀。但凡先秦儒学、诸子百家，国学精粹、外国经典，诗词歌赋、琴棋书画，民风民俗、武术茶道等等，都基本上融入了经典教育，并且都取得了不同的成效。

关于“点面结合，建模创新”。主要是通过选点指导、课题立项、创新模式来实现对区域经典教育课堂教学的引领。已经取得的成绩有：五山小学原创“三环七步”教学模式荣获广州市教学成果一等奖和国家教学成果奖提名；昌乐小学的“君子三幕剧”课型模式、113中学的MOODLE国学课程等也很有影响；还有剪纸文化、脸谱文化等等，这是学校层面的建模创新；教师个人层面，如林美娟老师的经典吟诵、李淑君老师的“三乐课堂”（我乐读、我乐悟、我乐背）、李淑筠老师的“晨读对韵”、肖彩芳老师的“水”主题经典教育等，都是富有特色的经典教育范式。

关于“经费支持，交流提升”。从区域层面讲，经费支持主要体现在对老师的培训和支持教师参加交流学习上；从学校层面讲，则是学校自己安排一定的经费鼓励教师参与对外交流和通过多种形式宣传推介学校开展经典教育的情况。

二是经典教育的主要成果

我们也可以从八个方面对主要成果进行概括。前三个成果是，深化了思想认识，指向了教育本质，嵌入了文化基因，这些似乎是看不见、摸不着的隐性成果，但我们又能实实在在地感知到，并坚信其重要意义和深远影响；后五个成果是显性成果，包括开启了教育先河、锤炼了师资队伍、扩大了区域影响、积累了基本经验、夯实了续航基础。

关于“深化了思想认识”。经典教育的目的是什么呢？是精神养育，这与教育部提出的立德树人任务是完全一致的，是要养护人的精神、纯净人的心灵、润泽人的生命、完美人的品格。各位校长、教师对经典教育的思想认识，现在比动员大会之前已是深化了许多。

关于“指向了教育本质”。教育的本质是什么呢？柳恩铭局长曾经不止一次说过，“教育的本质是精神活动”。两年多来，全区各校的经典教育实践，无论以什么面目出现，也无论是选取什么项目，最后指向的都是精神活动，也就是教育本质的回归，回归到了教育原点，重视学生完美人格的培养。

关于“嵌入了文化基因”。我们可以相信，也完全能够预见，今天的天河经典教育所做的一切将不会白费，一定会在学生的精神成长中烙上深深的印记，一定会在生生不息的代代相传中接续中华民族的精神血脉。对此，我们可以让时间来见证，让时间来做结论。今天，我们已经将优秀传统文化的基因嵌入了学生的血肉和心灵！

关于“开启了教育先河”。这就是天河区影响深远的“六个一”。第一个将经典诵读上升为经典教育；第一个实施行政推动区域全覆盖；第一个将经典教育纳入课程管理；第一个实现校长、教研员、语文教师全员培训；第一个建立专项经费保障机制；第一个区域使用引进、修订、审定的《中华文化基础教材》。在这个深入人心的“六个一”之外，我觉得还有一个，那就是具有鲜明原创性的五山小学“三环七步”经典教育教学模式。该模式在申报教学成果奖评选中，连过广州市、广东省的评审关后，入围了教育部的教学成果奖评选，尽管最终没有捧得奖项，但这个教学模式在全国可能是独一无二的。

关于“锤炼了师资队伍”。锻造了三支队伍，一是管理团队，二是研究团队，三是教学团队。虽然只历经了两年多的时间，但是已经硕果累累。前不久，全国首届中华优秀传统文化教育2014年度人物评选结果揭晓，柳恩铭局长、林美娟老师作为天河区的杰出代表，分别获得了卓越贡献奖和教学人物奖；许凤英校长等二人获得管理人物奖和教研人物奖提名。本次活动共设四个组别，每一组别提名八人左右，只有五人获奖，获奖者共二十人；天河四人被提名，获奖两人。如果以县市区来统计，天河所占比例是全国最高的；如果单从广东省来看，天河区则占全省的50%，可谓二分天下有其一。

关于“扩大了区域影响”。经典教育已经成为天河基础教育的新名片，这是大家公认的。下面，我们按照时序一起看一看几件大事。2013年4月，天河区承办教育部十二·五规划课题《传统文化与中小学学生人格培养研究》总课题组开题报告会暨天河经典教育研讨会。这次的天河区经典教育展演活动，至今还影响着当年全国参会的学校和区域。有一次我在深圳开会，沈阳教科所的一位同志见到我虽然不记得我，却记得那个晚上我们的经典教育展演，她说：“太棒了，真是震撼！”2013年9月，副局长代表天河在国家教育行政学院向全国同行介绍天河经典教育经验。2014年7月，第十届穗台校长论坛在广州举行。为了向台湾同行展示广州的优秀传统文化教育，市教育局挑选了两所学校作为现场展示研讨场所，中学点选了广雅中学，小学点选的就是天河区五山小学。2014年9月，市教育局开设“共筑广州教育梦·好教育进行时”讲坛，第一讲选定的就是天河区的《让教育回归本真　让教育提升生命》，主体内容是天河区经典教育的理论和实践，反响非常热烈。2014年10月，发生了两件意义重大的事情：一是柳恩铭局长80万字的专著《论语心读》由中华书局出版，成为局长个人和天河经典教育的重要成果；二是柳恩铭局长荣获首届中华优秀传统文化教育2014年度人物卓越贡献奖，林美娟老师荣获教学人物奖，许凤英等人被提名。

关于“积累了基本经验”。基本经验是什么呢？可以用七句话加以概括。提高思想认识是前提，加强组织领导是保障，确保课程开设是基础，纳入经费计划是支撑，打造骨干团队是关键，指向心灵养护是核心，致力人格培养是方向。骨干团队主要指骨干教师，没有一支能够承担经典教育任务的骨干教师队伍，经典教育就无法走进校园，无法通过教学深入学生的心灵。

关于“夯实了续航基础”。事实证明，两年多来我们已经在思想、组织、队伍、作风、教材建设以及认识提高、机制完善、管理提升、团队协作，教研介入、教学创新、建模显效等方面，为天河经典教育的续航奠定了全面而厚实的基础。

第二个内容：天河经典教育的今天

今天的天河经典教育面临什么困难和具备什么优势呢？

我先说一说困难。

第一，思想认识高度还不够。虽然已有认识，但就部分学校、部分老师而言，还没有深化，高度不够。第二个困难是师资力量还不够雄厚。第三个困难是教材质量还不够齐整。有的校长可能比较清楚，少数学校开展经典教育，就是临时用油印的或者复印的册子做教材。第四个困难是教育特色还不够鲜明。百花齐放当然灿烂，但是如果聚焦不明确，就很难形成主体鲜明的区域特色。第五个困难是教育测评难度比较大。有些学校已经进行了教育测评的探索，比如五山小学的课堂教学就有自己的评价标准。但是，这个标准是否适合其他课堂的经典教育教学，是不是适合全区所有的学校，还需要进一步思考和研究。

有的校长和老师说，经典教育有什么用呢？没有什么用，影响精力，影响教学，高考、中考也不考。此言谬矣！

高考、中考中传统文化内容的比重，今后还要加大，这是已经明确了的。“在新修订的初中语文教材中，国学篇目所占比重约增至35%”，这是语文出版社社长王旭明在2014亚洲教育论坛年会上向记者透露的。这套新修订的教材已送教育部审批，如获通过，将于2015年9月进入学校课堂。从2015年9月起，北师版小学一年级《语文》教材古诗词将增加到22篇，整个小学阶段将不少于100篇。很明显，新修订的中小学语文教材和各级考试会有更多的国学经典内容。

思想认识高度不够的第二种表现是课堂教学向度不明，体现在将经典教育课堂当成语文课堂，或者处在两难境地：经典教育课究竟是德育课还是语文课?

经典教育课既不完全是语文课，也不完全是德育课，应该是语文课和德育课兼而有之的课程；或者说，它的载体和途径是语文，但教学目标是完善人格。如果课堂上用大量时间去整字词句，你就可能演绎为一堂语文课了。课堂教学这条路应该怎样走？如果有机会可以去北京通州区观摩，他们在经典教育课堂教学上的探索，目前是走在前列的。

第二，师资力量还不够雄厚。

首先，是教师的教育背景、教学经历、专业基础和专业能力的差异，主授教师本身的综合素养达不到经典教育要求的层次；其次，其他教学任务也很重，精力无暇顾及经典教育，因而对经典教育的投入不多，影响了教育教学质量；其三，有些学校本来教师编制就紧缺，再加上经典教育任务，找合适的老师就更加困难。

第三，教材质量还不够齐整。

教材质量存在三个问题：一是已有的不纯，看起来全国出版的教材很多，但仔细比较，质量参差不齐；二是选用的不精，对教材的使用，没有经过认真地筛选，用起来总觉得不顺；三是自编的不正。有一次到学校去调研，发现学校精选汇编了古今中外的经典美文供师生阅读，装帧印刷也不错，结果我拿回去连夜翻阅，还没有精读，只是翻一翻，就发现排版和字词句都存在相当多的问题。这样的读本怎么能让师生阅读呢？虽然没有正式的书号，没有正式出版，但不等于不对读本的质量进行严格把关啊!

第四，教育特色还不够鲜明。

教材内容缺乏聚焦点，有三种表现：要么是没有特色，人家怎么弄，我也怎么弄，反正在弄就行，既不结合校史校情，也不论上级要求如何；要么是特色偏离，只要沾上经典教育就行，至于目的和意义，姑且不论；要么是特色平平，看起来开展了经典教育活动，也结合了校史校情等，但弄来弄去，也没有自己学校的个性。总之，少数学校是关注形式多，研究内容少，研究本质少，研究特色少，研究创新少。

第五，教育测评难度比较大。

至今几乎没有一个比较接地气的、能够准确测评教育效能的、可以分阶段分年级分类别进行测评的评价标准，或者同一内容没有学段层次标准、不同内容没有不同标准，又或者虽然制订了标准但实际测评起来比较困难。这是目前我们也是全国教育界共同面临的难题；如果没有一套适切的评价指标和机制，就难以正确引导经典教育向前发展。

除此而外，局部存在非主流困难，包括学校内部分工交叉、中学课时不能保证、教育内容良莠不齐、所选篇目偏难偏深、教学策略陈旧保守、项目选择偏离区域特色等。

尽管在经典教育的实践中我们还存在诸多困难或问题，但办法总比困难多，出路总比问题广，能力总比局限强。古人曰：天行健，君子以自强不息。我们更要看到天河在困难中推进经典教育所独具的优势，如果看不到这一点，我们就会放大推进的难度，削减续航的信心。

天河的优势在哪里呢？我用三个词概括，就是：天时、地利、人和。

天时。从教育部颁布《完善中华优秀传统文化教育指导纲要》到习近平总书记发表关于中华优秀传统文化教育的系列讲话，已实实在在地表明，国家层面在全国范围内倡导经典教育的时机已然到来，氛围正浓，是大势所趋，是潮流所向，可谓正当其时。

地利。行政推动区域经典教育，不仅全国不多，而且时间上也抢先于人，天河见微知著，有先见之明；更何况，天河上下一心、开风气之先，区校联动、快人数步，校际争流、比学赶超。

人和。全区教育系统从机关到基层，从局长到科长，从校长到老师，早已达成共识、形成合力，一个天高任飞、海阔鱼跃的经典教育局面正风生水起地不断展现在我们面前。

这些是我们独具的优势，也是其他区域难以企及的最大优势！只有正视这些优势，我们才能不畏困难，才能在前进中排除干扰、解决问题，才能在经典教育的续航中找寻到新的对策，看到新的充满希望的明天！

第三个内容：天河经典教育的明天

明天的天河经典教育，应该朝什么方向发展？有哪些使命？怎样完成使命呢？

其一，响应中央号召、持续全面推进，总结经验做法、夯实发展基础，正视现有困难、研究相应策略，发挥天河优势、擦亮天河品牌，嵌入文化基因、接续中华血脉，这就是我们的努力方向和使命。

其二，今后怎样推进？我把2012年到2017年共五年的天河经典教育划分为五个阶段，这五个阶段分别是宣传发动、自主探索、调整统合、特色彰显、成熟提炼阶段。

应该说第一、第二阶段的任务已经基本完成，现在要进入调整统合阶段，这个阶段大约需要半年时间；半年之后，我们要逐步进入特色彰显、成熟提炼阶段，也就是要一直持续到2017年9月左右，要对目前已有的和后面将有的成果进行系统的梳理和提炼，提炼出天河经典教育在理论和实践上的系列成果。当然，系列成果的出现并不意味着天河经典教育的终结；恰恰相反，天河的经典教育又将站在一个新的起点上进入一个新的境界，迈向持续创新阶段。

其三，天河经典教育的续航策略有哪些？主要有八项策略。

第一项是进一步升华思想认识。升华不是深化，升华是要求站在一个新的更高的层面上认识经典教育的意义和作用，要从教育本质、民族复兴、学校发展、学生成长等层面去思考和认识经典教育。

第二项是进一步理顺组织领导。区域层面，探讨在经典教育的组织领导上怎样分工合作协同才合适，教育局将会有新的思考和调整；学校层面，依照教育局的方案进行相应调整，目前有的学校是教学副校长分管，有的是德育副校长分管，有的是教育科研副校长分管，这种管理线路不能与区域层面形成有效的对接，因而难以取得很好的管理效能。

第三项是进一步聚焦经典主体。天河经典教育的主体是什么呢？应该是以先秦儒学为代表的中华优秀传统经典和具有中国特色、中国精神的中华文化瑰宝。如果我们没有一个明确的主体，天河的经典教育就难以形成自己的特色。如何聚焦？提供三个字参考：第一个字是"转"，学校原定的经典教育项目如果定位不合适，要考虑转型、转项目；第二个字是"强"，正在做的已经有相当基础的经典教育项目，要考虑下力气做强；第三个字是"优"，在做强的基础上把它做优，做出质量，做出特色，做成标杆。

第四项是进一步壮大骨干队伍。骨干队伍是由语文学科教研员和教师组成，壮大骨干队伍的办法是培训、交流、研修，想方设法夯实主授教师的经典文化根基；在保证主授教师不少于学校规定的基本课时量的情况下，适当削减其他工作量，让其有足够的时间和精力开展经典教育；此外，还可以通过多种方式在表彰和推荐等方面予以适度倾斜，以此肯定和激励他们的事业追求。

第五项是进一步整合经典教育。整合的对象主要是项目、内容、教材和课时。项目整合要考虑区域意向和校史校情，乃至社区资源。内容整合则要考虑是否要优先选择以先秦儒学为代表的优秀传统文化经典，以及如何与现代化学习内容相结合。教材整合要选择正版的、权威的、适合学生年龄特点的教材，教研室将考虑向学校推荐一批基本教材供师生选择使用。目前我们所用的编写得比较好的教材主要是中国国学文化艺术中心、中华书局主持编写或出版的，当然还有我们五山小学自己编写的已经正式出版的一套，还有语文出版社、安徽人民出版社近期出版的国学教材。至于课时怎么整合，建议：一是与德育活动整合，巧用主题班会、综合实践、思品与社会；二是与语文教学整合，对与现行中小学课本篇目重合交叉的，可以考虑在课时上予以增减统筹。

第六项是进一步实行课题带动。这里我特别强调一点，最近已经有权威机构把优秀传统文化教育研究以总课题立项的方式延伸到学前教育，目前全国已经有部分区域和十多所幼儿园成为总课题组的实验基地。我们也可以考虑加入好的层次高的课题研究实验。

第七项是进一步应用集成创新。所谓应用创新，就是将他人的理论、成果和经验在自己的实践中验证、运用，进而创造出自己的特色。所谓集成创新，就是结合自己的情况，综合各家各派之说，创立一种新的理论、经验、方法或成果。前不久，我去北京参加在人民大会堂举办的首届中华经典吟咏艺术节开幕式，开幕式上大连市有组建的两个吟唱团展演，我觉得值得我们借鉴。另外，有的机构正在将经典教育与现代信息技术融合，准备开发线上视频，让一线老师在网络上就可获取经典教育资源或接受在线培训。这些都是新的思考、新的路径、新的做法，值得我们好好研究。我们五山小学的“三环七步”课堂教学模式是原创性的，是在经典教育领域另辟蹊径、独树一帜的；假如我们不能全部原创，至少可以应用创新和集成创新，从而创造出独具天河特色的经典教育经验和成果。

第八项，是进一步开发测评工具。测评工具有哪些呢？主要是两个方面：一是三分法标准，分学段、分层次，分阶段、分步骤，分类别、分项目；二是三类别测评，纸笔测试、调研访谈，教学研究、综合实践，展演交流、评比评奖。教研室下一步将在这方面进行研究探索，与我们参加的广州市中小学教育教学质量“阳光评价”综合改革结合起来。毫无疑问，这将是一项任务艰巨、意义重大的创造性工作！

我相信，只要我们共同努力，明天的天河经典教育一定会比今天和昨天更加成果丰硕，更加影响深远！

（2014年11月7日，作者在广州市天河区经典教育工作会议上的脱稿讲话，时任广州市天河区教育局教研室主任；根据演示课件和演讲录音整理。）

完善特色申报　创建特色学校

为了进一步优化和完善后续的特色申报，我现在就各位校长的汇报，分别提出一些意见和建议供大家参考。

（给某某附属实验学校的建议）学校依托著名高校确立“明理至善”为特色学校创建的核心内容，当然没有什么不妥。不过，依据我对学校的了解和刚刚听完校长的报告，我始终觉得在核心内容里没有融入或者没有提出“融合”是一大遗憾。

何出此言呢?

第一，学校信息技术与课堂教学的深度融合，尤其是交互式电子白板的教学应用在全国颇有影响力，在每年中央电教馆主办的赛事活动中，在千百所参赛的学校中，你们都获奖甚众，堪称出类拔萃，很有成效，很有特色，不仅在天河区具有代表性，而且在全国也相当具有代表性。第二，学校本学期开学前，刚刚由附小和附中合并成立了附属实验学校，成为由一校两区构成的一个整体，正需要先磨合，再从磨合走向融合，最终走向教师团队的融合、办学理念的融合、师生人心的融合、教育教学管理的融合。第三，如果提出“融合”，不仅提法新颖，很有个性，而且既来源于学校的办学基础，又合乎学校合并之后的发展趋势，实在比适切于大学的“明理至善”更适切于现在的实验学校。

当然，必须明确此“融合”非彼“融合”，附属实验学校的融合教育有别于通常所指的特殊学校的融合教育，否则，会有误解。另外，如果以“融合教育”为特色学校创建的核心内容，则一定要深挖它的内涵和扩展它的外延，使“融合至善”真正成为特色学校而非学校特色。

（给某某小学的建议）学校以读书飘香、书法留香作为切入点，提出“正心教育”，无论是实际创建工作，还是上报的申报材料，都表明学校做了扎实有效的工作，也切合学校实际和具有自己的鲜明个性。如果要做进一步完善，建议两点。

一是注意并列词语的逻辑排序。申报材料在多个关键地方出现并列词语排序前后不一的情况，如“灵气、朝气、雅气”和“雅气、灵气、朝气”，“正心正笔”和“正笔正心”等，如果这只是笔误或排版错误，自然问题不大，在正式提交前改正就可以了；但如果并非如此，而是创建者们在词语排序上犹疑不决，那就表明还没有真正理清它们之间的逻辑关联。这些词语从形式上看是并列的，但何词在前、何词在后蕴含了校长办学的哲学思考，体现了校长办学的逻辑理解，所以马虎不得，不可随意而为。依据学校的创建路径和提供的申报材料进行逻辑分析，“三气”和“两正”的正确排序，应该分别是“雅气、灵气、朝气”和“正笔正心”。

二是注意深度挖掘特色内涵。比如，可不可以沿着这样的思路去延伸拓展呢？“正笔—正心—正行—正气—正人”，或者由书写之法到为学之行，再到治教之道而至成才之理呢？

（给某某小学和某某外国语学校的建议）课程结构化作为一级指标评估特色学校，在整个评估体系中占了最大比重。刚才汇报的两所学校要进一步完善课程结构，要尽量使学校的特色课程立体起来。“卓尔不群”特色课程的核心理念是“全人教育”，既然是“全人教育”，如果只有“卓思”“卓识”“卓行”恐怕还不够，应该还可以增加“卓品”“卓智”“卓体”“卓立”等，并且，如果按照这样的逻辑——“卓品”“卓智”“卓体”“卓行”“卓立”——构建课程，课程结构一定会更加饱满立体。

同样，提出“达善教育”特色的学校，其课程结构还可以进一步调整和优化。能不能按照善心、善思、善学、善行的顺序构建课程，从而最终把学生培养成为达善之人——也就是善人呢？或者，由知善而思善，由思善而学善，由学善而行善，由行善而达善，由达善而至善。此外，建议学校将“知善广场”更名为“至善广场”“达善广场”或“成善广场”；因为广场是师生活动的公开场所，如果只是定名为“知善广场”，感觉总是浅层了一些，不够高位，也似乎缺少了追求的更高境界。

（给某某小学、某某中学的建议）提出“本色教育”的学校，对“本色教育”基本内涵的阐释是生命本各异、多元促发展，这种解读当然没有什么大的问题，但是我们在文本材料和汇报中，并没有看到或者听到关于“本色教育”的多元含义，因而就汇报材料而言，感觉失之于空。

什么是人的本色呢？依据相关的科学研究，儿童阶段的本色大体是这些内容。一是本善，所谓“人之初，性本善”是也。二是本真，天性质朴真实。三是本性，天底下没有相同的两片树叶，世界上也没有性情完全相同的两个人，各有各的个性。四是好奇，儿童具有天然的探知外部世界的强烈欲望，具有亲近、热爱、了解大自然的情感，这是成人世界里最为缺少的思维品质。五是向上，人人都追求上进，愿意尝试成功，希望实现成功，在他人面前展现成功的价值。除此而外，还有一些属于人的本色的题中应有之义。假如我们能够如此挖掘“本色”的多元含义，据此构建学校的特色课程体系，以此实施对小学师生的本色教育，那么，特色学校创建是不是会更加丰满一些？是不是更符合生命的成长规律和小学阶段的教育特点呢？

提出“经典教育，积极人生”这一教育特色的学校，具有别的学校没有的优势，比如历史悠久，又源自百年书院；比如地域优越，学校近傍石溪、宦溪、莲溪等“三溪”汇成的龙溪文化，龙溪文化具有奔腾向前、无往不胜的文化特质；比如项目优秀，学校近年来在吟诵教育、书法教育、绘画教育三个方面成效不小，全市还曾经在学校召开过书法教育现场会；比如追求卓越，新班子立志把学校办成东部地区最好的初中，续写百年校史辉煌。可惜，学校提交的报告没有用好这些难得的资源和优势。

原因何在呢？一是缺少关联。我不是说缺乏关联，而是说缺少关联；不是说特色提法和校史等资源没有关联，而是说它们之间的关联还不紧密，还需要进一步厘清其内在逻辑，还要用足、用活资源优势。二是缺少聚焦。用“经典教育”四字似乎还不能完全囊括“吟诵教育、书法教育、绘画教育”这三大教育，还应该进一步聚焦其中最具特色的方面。其实这三大教育统括起来不就是央视的著名栏目“艺术人生”吗？“艺术人生”表达的意蕴是什么呢？是艺术家们对崇高艺术的不懈追求，他们用艺术点亮人生，用情感温暖人心，用追求探讨人生真谛，用创造感悟艺术精神。艺术教育，在教育体系中具有这样的功能。三是缺少提炼。创建特色学校，提炼特色教育十分重要，尤其关键，也很见功底。以“经典教育，积极人生”冠之，不仅涵盖不全，而且字数太多，句子过长，不易为人记取。因此，提炼的结果最好是个性十足、雅俗共赏、凝练简明的标签式特色教育。可不可以用“腾飞教育”或“飞腾教育”呢？

以上所言，不足为训；浅见薄识，奉送各校；不周之处，敬请指正。

（2016年9月26日，作者在天河区申报广州市义务教育阶段特色学校报告会上的综合点评，时任广州市天河区教育局教研室主任、广州市义务教育阶段特色学校认定专家；2016年10月2日根据记忆和笔记提要整理。）

走出办学困境　推进学校发展

刚才听了大家对学校情况的介绍和对学校发展的建议，启发很大，收获良多，强烈地感受到大家都有一种美好的愿望，希望学校能够真正走出目前的困境，能够真正成为阳山县首屈一指的好学校。这其实也是我们专家组一行的心愿，否则，我们不会提前结束休假赶到这里，也不会在这炎炎夏日里驱车数小时来到三面环山的阳山县。

学校今后应该如何发展呢？依据大家刚才的汇报和对汇报的综合分析，我提出以下五点建议。

一、以谋求主动发展为主导，端正治校办学心态，正视学校现实状况，树立舍我其谁的担当精神

学校的人事权、财务权等权力有限，这不只是本校的问题，也是多数公立学校存在的问题；整体生源差，留守儿童多，不只是本校独有的问题，也是地处偏远的广大农村地区学校共有的问题。2013年，我到一所城郊学校调研，听取汇报，校长首先强调的是生源差，学校面貌难以改变。对此，我一方面鼓励学校克服困难，树立信心；另一方面，也毫不客气地指出，生源差只是原因之一，却不是唯一原因，学校面貌的改变的确需要时间，却不是不能改变！如果一味强调生源，除了让外界知晓外，不仅不能解决问题，反而影响情绪，破坏氛围。入校前的生源你能改变吗？不能！好和坏你都要全单照收。入校后的生源你能改变吗？也不能！外校的好生源你不能调进来，本校的差生你也无法弄出去。

所以，我们能做的是，正视生源现状，改变我们自己，在学校权力可以回旋的道场上，主动谋求自我发展，充分发挥自身优势，凝心聚力改变面貌。我深深体会过在天壤之别的学校做教师和做校领导的滋味。因此，哪怕只是为了让老师抬头教书，昂首走路，赢得家长尊重，我们在座的和不在座的各位学校行政成员，都应该具备一种“舍我其谁”的担当气概，树立一种“我不下地狱，谁下地狱”的奉献精神！

二、以建校110周年为契机，梳理学校发展历史，明确学校发展目标，激励师生团结奋斗

本校到明年就是建校110周年了，一所地处偏远的农村山区小学居然历史如此悠久，

这让我颇感意外，这是学校发展的难得的宝贵资源。开会前，我同校长边走边开玩笑地说："你可能是这个县城里最有威望、最受尊敬的先生，全县人口不到60万，县城大约10万人，而贵校的学生总数4000人，估计您走在大街上人人都会向您点头打招呼。"这当然是一句半真半假的玩笑话。不过，它说明了什么呢？它说明，学校办学历史悠久，定然有辉煌的过去和超越其他学校的资源。这种资源十分宝贵，不要浪费，要想方设法地加以利用。

明年就是建校110周年，学校应该以此为契机，组建一个班子，从现在开始谋划校庆怎么做，重点在哪里，组织人员系统梳理学校发展历程，挖掘和提炼办学特色，共同规划中长期发展目标，并以学校的发展愿景激励全校师生员工团结奋斗。心有目标，无论身在何处都是奋斗；心无方向，即使人在旅途也是流浪！建议将筹办工作和制定中长期发展规划结合起来，把校庆活动办成办学成果的分享会，发展规划的论证会，献计献策的诸葛亮会，促进学校发展的学术研讨会，鼓舞师生团结奋斗的动员会。

三、以学校文化建设为重点，确立共同追求的价值取向，形成学校主流文化，引领学校融合发展

我刚才注意到，大家在谈校园文化时，往往将其与学校文化等同。其实，两者的关系不是平行并列的，而是包含与被包含的种属关系。学校文化是管总的，是学校全部文化活动的总和，既有静态的也有动态的，既有物质的也有非物质的，精神文化是其最重要的文化，是学校文化的核心，是师生员工共同遵循的价值追求；而校园文化只是学校文化的一部分，主要是一种空间意义上的静态的物化的文化。2015年，我到一所薄弱学校调研，校长很自豪地汇报说，学校领导班子用一年时间使学校文化建设发生了多么多么大的变化，比如有假山，有流水，有石头，有雕塑，等等。实际上，这位校长所说的，基本上是属于校园文化的范畴，而不完全是学校文化。听了校长的汇报，我当时就善意地提醒说，在比较短的时间内首先让大家看到校园面貌发生的实实在在的变化，作为新的领导班子这样做是可以的；但是，更希望在学校的物质文化建设达到一定程度的时候，要把主要精力放在精神文化建设上，要千方百计地动员和组织师生挖掘、提炼出师生员工共同遵循和追求的价值取向。学校文化的精神文化建设，才是最重要、最急切也是难度最大的；物质文化建设可以使用经济手段在短期内发生明显的看得见的变化，但精神文化建设则绝非一日之功，需要长期的艰苦的努力。

我刚才还注意到，大家谈到十年前的并校至今对学校发展的影响和各自的忧虑。本来，多元文化共存并不是一件坏事，反而能促进社会文明进步，近如深圳等。问题在于多元文化既有精华也有糟粕，我们要做的工作就是要汲取精华、去其糟粕，使富含精华的多元文化能够共生共存共融，否则就有可能相互抵触相互损耗，始终处在磨合阶段，

而非融合协调发展。如何解决好从并校的磨合到融合的跨越呢？建议学校在教师中开展专题系列研讨活动，在研讨中分辨良莠，激浊扬清，提高认识，统一思想；在厘清思想认识的基础上，制定学校的规章制度、行为规范，在执行规章和规范行为中形成学校的主流文化，以主流文化引领学校的融合发展。

四、以提高教学质量为中心，加强常规教学管理，提高课堂教学质量，实现学校良性发展

据老师们的介绍，学校曾经有过辉煌的历史，取得过骄人的业绩，后来在并校后落伍了，教学质量下降了。初听此言，似乎很消极，实则不然。我分明听出了老师们的焦虑和期待：要求进步，追求卓越，希望能够工作在一个让人骄傲、令人振奋的集体里。这是学校可以持续发展的源泉，是学校领导者和管理者取之不尽、用之不竭的宝贵资源。学校完全可以并应该成为全县质量最好的学校，没有之一！学校冠名“第一”，又靠近著名的“广东第一峰”，学校应该追求第一；学校地处县城，地缘和教育资源等都好于县内其他学校，没有理由不成为第一；学校历史悠久，师资力量相对雄厚，生源质量相对齐整，家庭教育背景相对优良，等等，都成为支撑学校争取第一的厚实基础。

当然，争取第一，不能只是停留在计划和规划中，不能只是停留在想象和口头中，需要在座和不在座的师生持续不断的艰苦奋斗，作为校长要有这个雄伟目标、长远打算，要有团结和带领全校师生员工奋发有为的干劲和精神，要有“功成不必在我”“功成必定有我”的勇于牺牲、甘于铺路的奉献精神。除此而外，要成为第一，还需要苦干和巧干。苦干和巧干的着力点在哪里呢？在教学质量的提高上，教学质量是教育质量的集中表现，提高教学质量是学校的中心工作。一是要加强常规教学管理，在常规教学管理的环节上，从严从细从实规范师生的教学行为；二是要持久全面地研究如何提高课堂教学质量，把教师的主要精力聚焦到研究课堂教学、提高课堂教学质量上，课堂教学才是呈现和承载理想课程、文本课程的实践课程，才是将国家课程、国家意志和教学质量付诸落实的最重要的环节。相信这样天长日久地去做，一定会有水滴石穿、水到渠成的效果；相信教学质量提高之日，就是其他问题迎刃而解之时，也是学校良性发展之时。资源总是向能够产生效益的地方聚集，这是经济学上的一个重要原理，这个原理也适用于办学。

五、以推进教研科研为抓手，立足岗位开展实训，突出实践问题解决，促进教师队伍专业发展

办学的关键是要有一支好的教师队伍。教育教学质量的提高，从课程角度看，关键是提高课堂教学质量；从人力资源角度看，关键是促进教师的专业发展。从根本上说，

教师专业发展的高度决定了教育教学质量的高度。

教师的专业发展涉及三个维度：第一个是专业情意维度，也就是专业精神、专业态度、专业情感等；第二个是专业知识维度，也就是本学科的知识，以及与本学科相关的跨学科知识，当然也包含教育教学理论知识；第三个是专业技能维度，包括处理教材，提取资源，进行教学设计，组织教学实施，选编习题、命制考题、开展辅导、评价反馈等等。一般情况下，多数教师在前两个维度上是符合基本要求的，学校和教师本人要做的，则主要是通过长期的实践和多种形式的培训，力图使教师在专业技能上获得新的提升。其中，最有效的培训是基于岗位、立足岗位、身在岗位的实践性研训，用校本教研和教育科研为教师插上隐形翅膀。

深入开展校本教研，就学校而言，应该上升到学校管理层次，列为教务处或教学处的学期计划或学年计划，是源于教师专业发展现实存在的问题，是基于教育教学实践问题的解决；对教师个人而言，应该是基于课堂教学改进的问题式、专题化的自修自研活动，如认真撰写教学反思和教研论文等。

教育科研呢？它是教研的高级形态，文本格式要求更规范更严格，理论依据要求更科学更充分，研究方法要求更严谨更先进，研究时间要求更长一些，等等。一线教师的教育科研，我更多的是提倡和鼓励教师进行草根式的小课题研究。小课题研究的优势在于开口小，体量轻，周期短，结题快，特别适合一线教师。最好的方法是，学校组织、教师自选，学校把日常教育教学出现的典型问题抽取出来，整理成小课题指南供教师选择，最后把结题成果汇集成册，既指导教育教学实践，又激励教师开展微型专题研究。

以上五点，是我个人的想法和建议。如果学校和教师能够长期地一以贯之地去做，我相信到时候，不论是教育教学质量，还是教师专业发展，都一定会登临一种新的境界。

最后，套用一句熟语送给大家：“虾子掉进油锅里，不想红也要红！”

（2016年7月22日，作者在清远市阳山县某学校教育发展研讨会上的脱稿讲话，时任广州市天河区教育局教研室主任；是年9月29日根据记忆和笔记提要整理。）

扎根山区办学　坚持推进课改

今天，冬日暖阳，我们接受邀请，共同参加学校教学开放日暨第三届课改论坛活动，感到特别振奋，这是大家对增城教育的关心和对学校发展的重视。在此，我代表增城区教育局教研室，对各位专家、校长和老师莅临学校传经送宝，表示热烈欢迎和衷心感谢！

整整一个上午，我和大家一起聆听了课堂教学，观看了课间操练，参加了分场论坛，见证了签约仪式，共享了经验交流，可谓受益良多。一所地处山区的乡村初中，几乎以一己之力主办今天这样的活动，是十分难能可贵的。活动的举办，至少向我们展示了如下几点。

第一，以深厚教育情怀追求事业梦想，精神可嘉。一所山村学校的校长和教师，人在山区却不限于山区，人在农村却不囿于农村。这给我们怎样的启示呢？它告诉我们，人是要有一点精神和追求的！人们对山区学校往往避之不及，逃之夭夭，但这所学校的校长及其团队，不仅不离不弃，而且坚守山区，扎根山区办学，这是需要深厚的教育情怀的。对此，我们不能不由衷地赞美：校长吴培森和他的团队，以深厚的教育情怀追求事业梦想，精神可嘉！

第二，以课堂教学改革寻求办学突破，方向明确。有很多方式、方法改变一所学校的面貌，但比较直接、快捷的办法是以课堂教学改革为突破口，首先在教学质量提升上见成效，进而带动其他方面的突破。今天的活动正是始终围绕课改这一主题展开的，可见学校领导班子寻求办学突破的方向十分明确。

第三，以小组合作学习追寻质量提升，路径可行。中外的教育实践已经证明，小组合作学习是调动学生学习积极性、促进学生主动学习、持续提升课堂教学质量的有效途径之一。校长到任该校之前，他就对小组合作学习进行了艰辛探索，不仅出版了专题研究小组合作学习的著作，而且实证了小组合作学习是提升教学质量的可行路径。今天我们欣喜地看到，学校的小组合作学习与以前相比，又有了新的探索、新的进展和新的成效。

第四，以教学开放交流谋求共同发展，经验宝贵。单打独斗，往往势单力薄，孤独难行。在一己之力难以承担课改重任的时候，巧借众人之力，善谋他人之智，不仅有益于自身发展，而且也有利于兄弟学校。校长及其团队善于继承和弘扬优良传统，影响和感召了数十所区内外的兄弟学校一起参与、一道前行，以众人之智缔结联盟，以众人之力谋求发展，这是十分宝贵的做法和经验。

各位专家、校长和老师，在共同见证和分享学校课改探索的时候，我希望学校并且建议联盟学校在共同探索中要坚持做到“三个自信”。

一是坚持课改自信，以课改成绩教育人。课改的道路从来就不平坦，课改的历程向来充满荆棘。在推进课改的道路上，一些教师可能无法跟上课改理念，认识的转变并非一时说教所能奏效，往往需要时间去逐步消化。怎么办？最为有效的办法是要坚持课改自信，以课改实绩教育人，说服人，引导人。这个实绩，就是课改后教学质量的显著提高。如果我们的课改没有指向课堂教学质量提高，没有达成学校整体教学质量提升，则课改功效和说服力就值得我们进一步思考。

二是坚持合作自信，以合作成效激励人。这里所说的合作，是课堂教学的生生合作和师生合作，也是联盟学校的校校合作和师师合作。合作之路，难免磕磕绊绊，难免坎坎坷坷，难免犹疑动摇，所以合作过程需要磨合，需要不断修正完善，需要不断坚定信念，而这一切唯有用合作的实际成效去加强激励，加快磨合，加速融合，大家才能不惧坎坷，不畏羁绊，坚持恒久前行。

三是坚持发展自信，以发展成果成就人。学校自身发展也好，联盟学校抱团发展也行，无论怎样发展，在发展的过程中我们都要善于提炼成果。提炼成果不是为了出版，不是为了评职，不是为了显耀，推进发展、提炼成果的最终指向是要成就学校品质，成就学校师生——成就教师的专业发展、成就学生的成人成才！

各位来宾，我相信并热切地期盼，只要我们始终深具情怀，坚持改革，强化质量，谋求发展，始终坚定信念，守望教育，无惧艰难，奋力前行，山区农村薄弱学校的改变之策和破局之路，就一定能够取得预想的成效和公认的成果！

（2017年12月21日，作者在广州市增城区某山区中学教学开放日暨第三届课改论坛主论坛上的脱稿讲话，时任广州市增城区教育局教研室主任；根据记忆和手稿提纲整理。）

深入研习和全面落实集体教学调研规范

刚才，高中、初中和小学三个教研部门，分别汇报了研习《增城区教育局教研室集体教学调研规范（试行）》的情况，可见各部门的研习是很认真的，有的部门还逐段逐条地过。各部门提出的补充或修改意见也是实实在在的干货，值得借鉴和吸纳。

为什么在上次学习研讨之后，今天还要组织分组研习《规范》呢？这正是我今天要讲的主题：深入研习和全面落实集体教学调研规范。一是为什么，二是现状分析，三是今后怎么做。

第一，为什么要深入研习和全面落实集体教学调研规范

首先，《规范》是实践探索和理论研究创新的成果。《规范》共八大点30条，涉及集体教学调研的方方面面，可谓既重点突出，又思虑完备，是一份质量较高的创新文本。大家可以进行文献检索，检索的结果是，网络上至今没有一份关于集体教学调研规范的文本，至今没有人把它上升为制度、机制和操作规范。现在发到大家手里的文本，是我们结合实践探索和理论研究、同时借鉴吸收了其他地区的教研经验而形成的成果，它来自实践，又高于实践，既得到了实践检验，又融入了教育理论，具有鲜明的理论性、实践性、操作性和原创性。

其次，规范集体教学调研是教研职能的必然要求。教研员有八大业务，集体教学调研是其中最重要的业务。集体教学调研是优化完善区域教研工作的主要载体，是教研机构发挥诊断、指导、服务、管理职能的最佳方式，是向局机关、向学校、向科组、向老师贡献教研智慧的重要途径。它与个人下校调研的区别在于，它是集体的行动、集体的意志、集体的智慧，很大程度上代表了教育局的教研意见，可以最大限度地做到教研全诊断、科组全覆盖、级组全覆盖，触动的不仅仅是学科组和学科教师，更是学校的中层管理人员和校级领导。为什么有的局长在调动校长之前要征询教研室的意见？为什么有的局长要把教研室看成第二教育局？不是教研室有多大权力，而是教研室的职责应该最了解学校教学工作，应该最能够为教育决策提供权威参考。我们只有把集体教学调研做规范了，才能把工作做得更扎实，才能对学校的教学指导更科学、更有益，才能为教育决策提供更全面、更客观、更权威的参考。

第二，增城区集体教学调研需要优化完善的地方

经过一段时间的观察调查，感觉增城的教研工作很努力，很勤奋，很配合，尤其是能够把撰写集体教学调研报告坚持到今天，则是其他的区级教研机构难以做到的！不过，我们还要看到，我们的教研还有需要优化完善的地方。

一是不够严格。进行调研的过程显得比较松散，比较缺乏组织计划，也缺乏对教研员的严格要求，教研员去学校调研似乎来去自由，随意性较大。如果我们自己在活动组织上就很松散，估计学校也不会把调研当多大一回事；如果学校不把调研当一回事儿，调研效用就一定会打折扣。

二是不够规范。应有的程序和环节没有到位，比如特别重要的行政反馈基本上没有，偶尔有也大抵是走过场。向学校行政反馈调研意见和建议，是一项很重要的程序，这个环节不能缺失；一旦缺失，就会使整个调研最后落空，到达不了实处。在我们调研结束前，如果我们的教研诊断、教研意见和教研建议等不能及时反馈给校长们，不能马上引起校长们的高度重视，那么，我们的教研还有什么价值和意义呢？在我们调研结束后，如果校长不能借助我们对学校的教学情况形成一个基本轮廓，进行一个深度了解，还不能得到我们对如何整改教学问题的建议，那么，前往学校集体教学调研的价值和意义在哪里呢？

三是不够深度。整体上看，流于浅层的调研比较多，除了听课调研——这当然是最重要的手段之一，但基本上就没有其他形式了，比如访谈、座谈、专访和查验教学教研管理文本等都没有。调研的深度不够，广度也需要扩展。我最近抽阅了一些书面的集体教学调研报告，感觉质量存在问题；有的报告东拼西凑，错字病句不少，内容缺乏条理，建议缺乏提炼，毫无深度可言，真的让人无法卒读，既发挥不了指导作用，也损害了自己的形象和教研室的声誉。

四是不够及时。因为离开学校前缺少综合汇总，缺少集体沟通，缺少对校情的集中研判，当天的调研工作好像总没有收尾，连最起码、最重要的调研行政反馈都没有去做，错失了与学校校长等中层以上行政人员及时的面对面的沟通，却要他们等到一两周后依靠阅读我们的调研报告才了解学校的教学情况。很显然，沟通不够及时，反馈严重滞后，无疑会影响学校对教学问题进行整改的热情。一两周后，我们的调研报告即使撰写得很好，也已经是强弩之末了，对学校整改的影响力也已经明显下降了。

各位老师，我们今天在这里指出自身的不足，并不是否定我们以前的工作，说以前的工作做得怎么不好，而是讲我们以前的工作还有需要改进和完善的地方。我们今天要求大家深入研习和全面落实《规范》，也不是要用现在的要求完全替代过去的做法，甚至以为是对过去的全盘否定。不是这样的！它们之间不是替代和否定的关系，而是修正、优化和超越的关系，是要进一步将我们今后的教研工作做得更好！

第三，如何进一步将今后的教研工作做得更好

首先，对集体教学调研要有刚性规定。

第一条，调研组出发前对成员要有明确分工。第二条，分管领导必须带队，到校后的主要工作是专访校长、教学副校长，与行政座谈和在行政反馈时主讲。第三条，必须全科参加，实行考勤制度，不得请假，不得缺席；即使因公因私请假，销假后也必须补上自己的学科调研。第四条，集体教学调研后，教研员要有学科评价书面意见，调研组要有学校书面调研报告。

其次，集体教学调研要处理好八对关系。

第一是要处理好个人调研和集体调研的关系。

两种调研都是教学调研活动，但有不同：个人调研主要针对科组和教师个体，是点上的调研；集体调研主要针对学校整体，是面上的调研。两者互不替代，都要完成，一起共存，一起构成调研的基本任务。此外，对教研员的个人下校，以后会在数量上提出每学期的最低要求，请教研员从现在起平时就要做好记录。

第二是要处理好个人事务与集体调研的关系。

毫无疑问，个人事务必须让位于和服从于集体教学调研，集体教学调研不允许个人因私请假，分管领导和主要负责人也不应该批假。因为，我们的集体教学调研早在开学前就安排到日程里了，何时到何所学校已事先明确安排了。

第三是要处理好公务活动与公务接待的关系。

到校调研是我们的工作职责，要尽力避免学校的用餐接待；如果出于尊重和热情，又加上工作时间延误，学校一定要安排工作餐，也不是不可以。但是，我们一定要注意：一是用餐不能超标；二是绝对不能喝酒，任何带有酒精含量的饮品都不要碰；三是提倡吃学校饭堂；四是在学校用餐后不能再领误餐补贴。

第四是要处理好肯定成绩与指出问题的关系。

一线工作比较辛苦，学校校长不好做，我们在行政反馈时，要特别注意处理好成绩和问题的关系。对学校的成绩要充分肯定，指出的问题要客观中肯；肯定成绩和指出问题，都要避免把话说得太满，比如“非常优秀”“非常突出”“非常糟糕”等一类的词语，既要避免，又要慎重使用。为了尽可能地保护校长的办学积极性，成绩和问题之比一般不要低于五五开，能够六四开、七三开、八二开，就尽量往好处高处走，要以肯定成绩为主、指出问题为辅；肯定成绩不能有意拔高、凭空吹嘘，要实事求是、恰如其分。如果遇到管理的确很差的学校怎么办？也要尽可能多地找亮点，而把较多的问题整合——我说的是“整合”，而非“减少”——比亮点要少，这样既肯定了成绩，又没有回避问题。这其实是九个指头和一个指头、栽花和栽刺的关系，是一个策略处理的问题。

第五是要处理好行政反馈和科组反馈、个人反馈的关系。

同样是反馈，但各有侧重、各有不同。教研员对授课教师的反馈，是点对点的反馈，要尽可能详尽，包括非典型问题都可以指出，甚至说严厉一些、批评重一些都关系不大。教研员对科组的反馈，是点对面、点面结合的反馈，应该通过个别听课了解科组建设情况，通过个别看到一般，要把重点放在科组建设的共性问题上，谈深一点，谈宽一点，谈长一点；至于授课教师的个人问题、非典型问题则不需要去谈，某种程度上还要注意在科组中激励和保护授课教师。

对学校行政的反馈，是调研组全体成员对学校行政班子成员的集中反馈，是面对面的反馈，是更高层面的反馈，是有别于对教师个人和对科组全体教师的反馈，其要求是一种概括性表述，尽可能地概括出具有普遍性、倾向性的问题，尽量不要涉及教师个体，不要涉及课堂细节，尤其不要涉及有可能影响授课教师在校工作状况的非典型问题。原因很简单，学校行政班子主要是站在学校全局、学校整体的角度看待教研员的反馈，他们需要了解的是学科教学和科组建设带有普遍性、代表性、典型性的问题。

我们常常听到一些教研员的行政反馈，总会纠结于具体老师的技能技法和无关痛痒的细节，这显然是没有区分清楚行政反馈和科组反馈、个别反馈的要求。为什么我们要把教研员的行政反馈时间限定为不超过五分钟，目的之一就是训练教研员提炼提升能力和概括表述能力，要能够在五分钟内提纲挈领地明确表述要点。

第六是要处理好整体部署与学期侧重的关系。

集体教学调研是教研室的常态常规工作，但并不意味着每个学期要平均用力，上学期和下学期、期中前与期中后如何安排呢？上学期的集体调研要兼顾各学段的每个年级，也就是尽可能地全覆盖；下学期的集体调研要以毕业年级为重点，适当兼顾其他年级，也就是要重点突出。期中前的调研要全面了解，期中后的调研基本属于回访性质，主要是检查对期中前提出的问题的整改情况。从质量均衡、城乡一体化发展的角度看，对小学、初中的调研还要适当向薄弱学校和农村学校、山区学校倾斜。

第七是要处理好概括提炼与陈述素材的关系。

这是针对撰写调研报告而言的。撰写调研报告不能一味地陈述调研素材，一味地陈述调研素材，这是思维欠缺、思想懒惰、思考浅层的表现。执笔人要学会分析、归并、整合、提炼和抽象，要让学校看了调研报告后能够记住要点。

最近我抽看了几份教研员的报告，有的实在还需要锤炼提升，报告既没有给出诊断的症结，也没有给出明确的建议，不知道在表达什么；有的还文句明显不通，错别字不少。这样的调研报告是不能提供给学校的！

无论理科还是文科教研员，能写善写应该是一项基本功，可惜有的人并没有给予足够的重视。在人的综合能力中，提炼概括能力看起来并不显赫，实则是思维的第一品质，这是北师大著名教授林崇德先生的观点，希望各位教研员在这方面要多下功夫。

顺便强调一点，调研报告属于书面反馈，书面反馈不同于口头反馈，口头反馈时能说的，书面反馈时不一定要写。调研报告是要呈送局领导审阅的，所以要注意内外有别，慎重用词。

第八是要处理好调研长度、宽度和深度的关系。

长度是指在一所学校调研的时间，一般以一天为宜，调研时通常不午休。

宽度是指调研的维度，到校调研不能只是听课，应该包括但不限于听课。最近发现我们的教研员似乎只是听课，有的学科还因为学校课程安排问题，听了一节课就走人了，就无所事事了，这是不妥当的。教研员要做的事情其实很多，比如校园观察、与科组教师座谈、纸质材料查阅、作业和课表检查等等，完全可以并应该从更多的渠道了解自己的学科教学状况；再退一步说，如果真的无事可做，还可以跨学科听课。

深度是指调研过程的深入程度和调研结果的精准度，不是在学校调研的时间长度，以为在一所学校蹲上三五天就是深度调研了，这种理解是有偏差的，是不全面的。学校工作很忙，教研室工作也没闲着，如果我们每一所学校都去三五天，我们和学校在时间上都是难以承受的。示范性高中评估是综合性强、要求高、工作严谨的评估，一般都不超过三天。我们的调研是比较单一的专项调研，是以了解学校教学和教学管理为主的调研，一般情况下是不需要三天时间的。事实上，曾经的深度调研在工作安排上是不紧凑的，在时间利用上是不充分的，各学科三天两头往学校跑，耗时很多，最后也没有什么新发现，不仅增加了学校负担，影响了学校工作，还一定程度上会影响教研员的专业发展。

我希望，我们的调研次次都是深度调研，只要事前考虑周全、认真准备、科学安排，事中紧张工作、有序推进、深入课堂、深入科组、深入到领导层和管理层，我们就一定能够发现亮点、发现典型，查到问题、查到归因，给出建议、指出路径，最终得到全面、真实、客观和精准的调研结果。

今天借学习和落实《增城区教育局教研室集体教学调研规范（试行）》之机，坦诚地与大家交流一些自己的肤浅认识和看法，其中很多是自己的切身实践和体会，但愿对各教研部和教研员的工作有所帮助，对进一步规范集体教学调研行为有所裨益，同时也衷心期望大家在调研实践中，对我们的工作提出问题，进一步提出改进建议，进一步加以优化完善。

（2017年12月4日，作者在教研室全体教师工作例会上的脱稿讲话，时任广州市增城区教育局教研室主任；根据记忆和笔记提要整理。）

明确目标任务　推进事业发展

新的学期新的开始，如何高效、高质量地开展各项工作，值得每位领导和全体人员去思考，去研究。为了在新的学期能够以更明确的方向、更清晰的目标、更饱满的精神面貌投入到紧张的工作中，中心召开本次大会，对本学期和今后的工作进行统筹部署，主体内容可简要概括为“一二三四五”，供大家参考。

一、明确一个目标

区教育局的工作思路是“提质量，强队伍，保安全”，这三者之间，提质量是核心，也是目标，更是我们教师发展中心的主业，强队伍、保安全归根结底都是为了提质量。为了更好地实现这个目标，解决教育教学存在的问题，中心班子在暑假期间经研究后，向区教育局专门提交了一份《增城区教师发展中心建设发展问题报告》，反映中心存在的教研员紧缺、场室设施设备不足、非主业业务繁重等问题。2021年8月28日，局长在党组会上明确指示，其他部门要减少对教师发展中心非主业工作的安排，要让全体教研员专心致志抓质量。这对我们既是关心关爱，也是更高的期待和要求。提质量是教师发展中心全体人员的共同目标，不只是教研部门的目标，测评部门、科研部门、培训部门、综合协调部门等都要向这个总目标、主目标聚焦。

二、完成两项任务

第一项任务是，迎接广州市政府教育督导室的教研机构建设及履职情况督导。教师发展中心在放假前已经布置了相关工作，经全体工作人员的共同努力，相关工作已基本完成。目前离督导时间还有一个月左右，我们还需要继续查漏补缺，还会进一步配齐专业教研员，配齐其他人员负责总务、教务等工作，但完成这些工作还需要一定时间。现阶段大家要少一点抱怨，多一点实干，在发展中克服困难，在前进中解决问题，坚持以督促建，以督促改。

第二项任务是，通过广东省区县教师发展中心建设认定。根据省市相关文件的规定，我们对照区县教师发展中心的建设标准还存在差距，例如要有200个宿舍床位，为培训学员设立独立的饭堂，要有专用的美术室、电脑室、音乐室、心理健康室等。目前，有些硬件我们是和区社区学院共享、共用，并不单独具备。因此，2021年12月份前要达到省文件规定的认定标准，任务还相当艰巨，还需要教育局层面高度重视，保障和加大投入等。

以上两项任务是摆在我们面前的多项任务中很紧迫的任务。

三、坚持三大追求

不管我们在哪一个部门、在什么岗位、从事什么工作，教师发展中心的每一位同志都要有三大追求。

第一大追求——追求质量提升。中考、高考成绩如果不理想，我们说话就没有底气。今年在全体教研员的辛苦工作、共同努力下，全区中考高考成绩优秀。正是基于以上原因，区教育局对我们提出的减少非主业任务、增加教研员力量等要求都给予了大力支持。中心全体人员一定要形成共识，不管是哪个部门，第一大追求是追求质量提升，特别是中考、高考成绩的提升，这是我们的安身立命之本。

第二大追求——追求专业发展。教研员是一个区域学科教师的旗帜，需要走在学科教师队伍前面，引领教师学习最新的教育教学理论和技能，引领学科教师一起向前。所以不管是否兼任中层干部，个人的专业发展都是第一位的。教师发展中心向教育局汇报，以后巡河、站岗等工作尽可能不安排教研员参加，目的之一就是让诸位能够心无旁骛，努力提升专业水平，进而提升对学校教育教学指导的针对性和实效性。

第三大追求——追求团队优秀。每个学科的中心组成员和特约教研员都是教研员的左臂右膀，但作为区域教研员，你们的队伍远不止这些。要在充分用好中心组成员和特约教研员的同时，带动区域内整个学科队伍的建设，为他们创造更大的平台。一线教师的提升和发展，绝不仅仅是写几篇论文就够了，最重要的是课堂教学质量上的提升。《中国教育报》上曾发表过一篇文章，提出教师的最大师德是什么，回答是“教师的最大师德是上好课”。作为教师，无论其他业绩有多丰富，如果上不了出彩的课，就不能称之为优秀。因此教研员要带领学科团队共同进步，给予一线教师广阔平台，引领和指导更多的教师在教育教学中勇于提升，追求卓越，砥砺精进，超越优秀。

四、关注四大变化

四大变化是什么呢?

第一大变化——“双减”政策。今年秋季是中小学全面落实“双减”有关部署要求的第一个学期，要把落实中央“双减”工作部署作为重大政治任务。各省、直辖市、自治区每半个月要向国务院教育督导委员会汇报一次，对群众反映强烈的普遍问题，将组织专家进行实地核查，并向社会公布核查情况，这个力度前所未有。在这种背景下，中小学的教学时间、课时安排、作业管理和考试管理等将发生系列变化。小学一二年级不进行纸笔考试，其他年级由学校每学期组织一次期末考试；初中年级从实际出发，可安排一次期中考试等。对此，教研员如何抓教学质量，如何开展教研活动，如何推进基础教育高质量发展，都是我们需要面临的新课题。

第二大变化——机构撤并。过去，增城区11个镇街均设立了教学指导中心。今年暑假，已将11个镇街教学指导中心整合为7个片区教育指导中心，其职能也扩容为学前教育、小学教育、初中教育和成人教育等。机构的撤并和其职能的扩容又将给我们的教研、培训、质量监测、数据统计等工作带来哪些变化呢？我们要从工作思路、工作方式、方法和策略等方面对此进行系统思考。

第三大变化——人事变化。一是教育指导中心负责人变了，主任、副主任都有相应的调整，教研员下去学校进行调研指导前，要掌握教育指导中心新任负责人的相关信息等；二是中小学副校长的调整及教育集团核心校和成员校构成关系的调整。原先设定的紧密型管理，其实际运作情况并不理想。本次调整后，原教育集团名称不变，但成员校的权利仍归属成员校，目的是充分调动成员校的积极性，激发成员校的办学活力。

这是局级层面的人事变化。我们教师发展中心也有三大变化。

首先是通过竞岗方式进行了中层岗位调整，各位要做好工作交接。第二个变化是中心领导班子成员的分工调整。第三个变化是按照文件要求，设立1：1.5的学科特约教研员，各位教研员要选好用好这批人，充分发挥他们的作用。

第四大变化——疫情防控。2020年年初，我们认为疫情可能是暂时的，但现在看来，却是反复起伏的，德尔塔等新毒株的出现给我们的疫情防控工作增加了变数和难度。面对新冠疫情这只前所未有的“黑天鹅”，我们需要思考如何在疫情防控和教育教学中取得“双平衡”和“双胜利”。

五、抓实五项创新

（一）创新质量。局长说：“讲生源不唯生源，更要突破生源，超越生源。”2021年我们的中考、高考取得了理想成绩，这会影响对2022年的中考、高考成绩要求。中考要越过广州市的总平均分；高考的目标任务则在测算和综合分析后告诉大家。这些目标在过去都是不敢想象的，但现在，我们要创造新的质量高度。

（二）创新思路。第一，“双减”政策下，在小学、初中统测统考减少、作业量减少、课时量减少、学习时长减少的情况下，如何减负增效、减负提质是摆在我们面前非常现实的课题。教研员要深入思考，采取相应措施应对变化。第二，部门之间的分工与合作。中心新增设了综合教研部，部门负责人也有了新的调整，部门之间的沟通协调要做一些新的调整。例如，我们将体育、美术、学前教育等学科成立为一个综合教研部后，它基本上就是一个独立的部门了，但在独立开展部门工作的同时，该部门的各科教研员还必须配合其他部门开展教研工作。第三，科研培训的任务分解、统计汇总工作需要创新。特别是涉及义务教育阶段，科研部、培训部不能像过去那样针对每一间学校来分解任务，现在要以片区或镇街教育指导中心为单位进行分解汇总。

（三）创新方式。区教师发展中心与教育指导中心的业务指导关系有了变化。教研员以前听课调研等都是直接通知学校，今后到小学、初中开展教研工作，首先要分别联系镇街或片区教育指导中心，但镇街或片区均有多个学校，我们的教研如何以镇街或片区的某个学校为点辐射到其他学校和老师，则需要我们进行新的思考，需要我们创新方式。

（四）创新做法。第一，初中、高中集体调研要将开学前的周程安排、提前告知转变为开学后的灵活处理、随机到校，促使学校教师的常态课成为随时可听的优良课。第二，要增加与督导室、基教科联合视导的频次，增加行政力量。第三，研训工作要以线下为主，线上或线上线下混合式研训相结合为辅。

（五）创新教务。首先，为深入推进区义务教育优质均衡发展，并结合新设的教育指导中心的职责和功能定位，需要我们创新教务，思考如何多措并举推进义务教育质量监测工作及其考务安排；其次，义务教育阶段学校教学数据的统计方式的变化，需要我们对目前的教务工作、考务工作进行创新性的思考；最后，由于学科教研活动人数、对象、范围和主体的调整，教务方式也必须进行相应的调整。

各位同事，潮平两岸阔，风正一帆悬。这是干事创业的黄金年代，也是各位老师大展拳脚的时期。我希望各位同事要适应变化，以总目标为引领，明确目标任务，坚持质量导向，以抓铁有痕的干劲、踏石留印的作为，主动、深入地思考新的教研策略，共同推进全区基础教育事业再上新的台阶。

（2021年8月28日，作者在2021学年第一学期开学工作会议上的脱稿讲话，时任中共增城区教育局党组成员，中共增城区教师发展中心支部书记、主任；根据讲话录音和笔记提要整理。）

第二编

区域教研科研

QUYU JIAOYAN KEYAN

创立东部联盟　助力优质均衡

今天是2013年5月10日。会议刚刚结束，我就合起笔记本匆匆朝区政府东大门走去。我要准时赶往坐落在广东奥林匹克体育中心附近的一所民办学校，今天将在那里举行天河东部地区教育联盟（以下简称“东盟”）成立暨揭牌仪式。

奥体中心聚集了全省最大、最齐全、最气派、最现代化的运动场馆，中心四周的绿化和生态环境也是独一无二的。广州市思源学校两个隔路相望的校区就分别掩映在花草树林深处。很明显，为承办好这次活动，思源学校做好了充分准备，大门处、校道两侧、礼堂门口都站立着穿戴整齐大方的礼仪老师，学校董事长邓先生则在礼堂门外迎候。

邓先生是具有传奇色彩的教育人，富有教育情怀和教育思考，对外界教育信息常常能够做出敏锐的反应。为做好这次东盟成立的准备工作，他从创意、联络到协调、筹办，都倾注了大量人力、物力和财力。他以唯一的民办学校负责人的身份，将其他22所公立中小学凝聚在一起，可见其影响力之大。

此前，邓先生多次同我交换过意见，还有意聘请我为东盟顾问和学术委员会主任。能够为民办学校和天河教育的发展做点力所能及的事情，我当然应该支持，乐于接受。

会议主持人是思源学校一位年轻美貌的女教师。在她宣布邓先生致辞时，身材高挑的邓先生上台后便开始讲述自己的经历、结盟的缘起，以及东盟的组织架构、宗旨和愿景。轮到我讲话时，我首先代表指导单位天河区教育局教研室和东盟学术委员会，对东盟的成立和揭牌表示热烈的祝贺，然后开始进入讲演的主要内容：

“各位来宾，天河区公办、民办普通中小学共有131所，就规模而言，东盟23所学校超过全区学校总数的六分之一，是天河区域教育均衡优质发展不可轻视的重要力量；就地域而言，东盟各学校处于广州市和天河区东进战略的咽喉之地，是打造与天河经济相匹配的优质教育的重要支撑；就历史而言，东盟各学校在组团式发展上曾经做过一些探索，发挥过相应作用。但是，我们还必须看到，各片区的组团式发展整体上还缺少科学的、长远的、系统的规划，还缺乏定期的、稳固的、紧密的联系。从这个意义上讲，东盟今天举行揭牌仪式、谋划未来走向，搭建交流平台、共商发展大计，不仅是区域联盟学校组团发展的一个创举，而且必将为联盟学校的长盛发展进行新的探索，开辟新的路径！”

我顿了顿，扫视了一下全场，然后话锋一转：

“有道是‘小荷才露尖尖角，早有蜻蜓立上头’。新生事物的成长，需要各方力量的全心呵护；民间力量的整合，需要各路才俊的倾力奉献。教研室将与其他教育机构和个人一道，凭借自身的资源优势，为东盟的长盛发展提供尽心尽力的服务……”

我正要继续说下去，台下突然响起掌声，鼓掌者是坐在嘉宾席上的省直部门的一位处长。在他的影响带动下，全场响起了热烈的鼓掌声。我感谢地点了点头，说了声“谢谢”，准备继续讲下去，掌声却更加热烈起来；我只好又感激地笑了笑，耐心地等待掌声渐渐小下去。

“我们也希望东盟各成员单位，充分挖掘自身的潜力，慷慨付出各自的精力，大胆展示各校的实力，巧妙借助外部的智力，不断激发办学的活力，认准校际之间发展不均衡的弱点，抓住学校管理、队伍建设、课程规划、教学改革的要点，突出教师专业发展的重点，寻找学校共同发展的结合点，精心打造各具特色的亮点和质量提升、品牌塑造的创新点，为天河区的区域联动发展提供新鲜经验，为促进教师的专业发展和教育质量的优质均衡而共同努力！”

我转头看了看悬挂在会标下幕布上的高大的“赢”字图案，然后大声说：

“最后，衷心祝愿东盟各校都能成为赢家，成为大赢家！”

我回到座位准备坐下时，处长迅速用左手一把拉住我，再将右手伸到桌子底下，跷起大拇指摇了又摇，小声激动地说：“讲得好，讲得好，水平高！”我微微笑了笑，又点了点头，伸出手说：“很高兴认识您，请多多指教！”

揭牌仪式结束后，已是傍晚时分，我们随着工作人员的指引步行到学校饭堂。各人按照用餐标准打了饭菜后，又不约而同地坐到学生餐桌旁，继续着关于东盟教育发展的话题。

（2013年5月10日，作者在天河东部地区教育联盟成立暨揭牌仪式上的脱稿讲话，时任广州市天河区教育局教研室主任。这是作者为文的一种尝试，试图将现实场景和演讲主体内容结合在一起，既让读者有身临其境之感，又能让读者知晓演讲要义。）

总结十年探索 加大实施力度

今天，在雨过天晴之后，在美丽而充满活力的珠江新城校区，和大家一起回顾天河区开展综合实践活动的历程，展望未来发展，这是一件很有意义、令人愉快的事情。在此，我代表教研室对各位专家、校长、老师的莅临表示热烈的欢迎，对主办这次活动的学科中心组和承办学校表示衷心的感谢！

刚才，我们聆听了先烈东小学、猎德小学和四十七中学在开展综合实践活动方面取得的成功经验。我想，这应该是我们天河区开展综合实践活动的一个缩影，在很大程度上反映了天河区近年来的有益探索。

大家知道，综合实践活动在全国范围内的开展只有十多年历史，先后经历了两个发展阶段。第一个阶段是初期探索阶段，时间在2000年前后，当时叫作研究性学习。第二阶段是相对成熟阶段，时间是2003年以后，到今年恰好十年。学科中心组把今天的活动定名为十年回顾，无疑是恰当的。天河区综合实践活动始于2003年，当时的一个标志性事件是天河区教育局教研室专门配备了一位综合实践活动兼职教研员。到了2011年，天河区教育局则设立了专职教研员。十年来，天河区的综合实践活动到底做了什么，有哪些收获，还存在哪些不足，今后应该朝什么方向发展，这是我们今天研讨的主要内容。

对于已经取得的成效，我们可以概括为以下几点。

第一，开发了校本课程资源。比如，三所学校介绍的国际理解、猎德文化、经典诵读等课程；还有，今天在台下坐着、但因时间所限而没有上台展示的学校也开发了很多课程，如渔沙坦小学的客家文化研究，其他学校的BRT设计研究、车陂涌治理问题研究、珠江新城车辆停放问题研究等。难能可贵的是，为数不少的学校还开发了校本课程资源，把这些研究成果编印成册，为进一步开好课程奠定了良好基础。

第二，构建了课程教学模式。综合实践活动有别于其他课程，它是一门综合性、经验性、实践性很强的学科，往往超越教材，超越课堂，甚至超越校园，如果组织不好，则很容易空心化。但是，天河区的综合实践活动课程管理，注重对老师组织过程的分析和评价，注重经常查看学生的成长记录袋，注重对教学的基本形态进行研究，从而保证了课程对学生潜能和探求欲望的激发。这个“基本形态”，用比较流行的说法就是教学模式。天河区的综合实践活动教学模式是五步教学，已经成为教师们遵循的基本套路。第一步是创设问题情境，第二步是提出可供研究的问题，第三步是开展探究活动，第四步是进行中期反馈，第五步是进行成果展示和评价。我们刚刚进入校园所见的，正是天河区近年来比较有代表性的综合实践活动课程成果。

第三，锻造了骨干教师队伍。一批教师在近十年的综合实践活动课程中得到了锻炼，获得了成长。猎德小学校长不仅自己教授这门课，还指导其他老师开设这门课。当然，我们并不提倡所有的校长都要这样做，带什么课是根据学校的岗位需要而安排的，但是，重视综合实践活动课程是校长义不容辞的职责。骨干教师的成长，比较典型的是综合实践活动课程老师在区青年教师教学基本功大赛中荣获“教坛新秀”，在广东省综合实践活动课程说课评比中荣获一等奖；还有多名老师位居广州市中小学综合实践活动十佳教师之列，这样的业绩，在广州市各区独占鳌头。

第四，形成了区域推动格局。截至目前，天河区已有十所省级综合实践活动样板学校，十一所市级试点学校，五所区级样板学校，还有三个综合实践活动学科教研基地。至此，天河区综合实践活动课程形成了区域推动的基本格局，这就是：省、市、区三级联动，样板校龙头带动，试点校点面结合，教研基地深入推进。

由此可见，天河区十年来开展综合实践活动课程的成绩是显著的，是令人振奋的。当然，我们也还存在不足。比如，有些学校的认识还不能完全跟上，有些学校的组织管理并不到位，全区层面的规章制度还有待补充、健全和完善。

这样看来，天河区的综合实践活动课程，今后要做一些什么工作呢？

首先，要加大提高认识的力度。要与教师进修学校进一步合作，为综合实践活动指导教师及其相关的管理人员开设一些专题培训课程。之前，我们的教研员专门开过这样的讲座，但还不够；今后要在更大的范围开展培训，通过培训进一步提高学校管理者和指导教师对综合实践活动课程的认识。

其次，要加大课程管理的力度。在一所学校，只有指导老师是不够的，还要有明确分管的中层部门和校级领导。要有这样层层传导、压实责任的机制，学校才有可能对综合实践活动指导老师予以积极的支持，尽可能地为其创造课程实施的便利条件。

最后，要加大制度建设的力度。特别是中心组成员，要全力协助教研员做好制度建设工作。制度完善了，制度成套了，实施综合实践活动课程，就能做到依章行事、依规办事，就会更加规范化和科学化。

各位专家，各位校长和老师，大家还可以结合天河区近十年的发展，总结出更具借鉴价值的宝贵经验，并对天河区今后开展综合实践活动提出很好的意见和建议。我想，这正是我们为什么举办此次论坛的最好诠释。这是我的心愿，也是今天在座和不在座的大家的心愿！

借此，我真诚预祝论坛活动圆满成功！

（2013年6月9日，作者在天河区综合实践活动课程校长论坛上的脱稿演讲，时任广州市天河区教育局教研室主任；根据讲话录音整理。）

夯实教研扶持根基 促进优质均衡发展

今年2月26日，在广州市教育研究院主持召开的全市各区教育发展中心（教研室）主任工作会议结束后，我们迅速进行了传达学习，认真进行了研究贯彻。我们一致认为，广州市教育局实施义务教育“步步高工程”，把义务教育工作重点放在发展靠后30%的学生、30%的学校、30%的学科上，这是夯实全市基础教育发展根基的智慧之举，是实现全市教育质量优质均衡发展的长远之策，是彰显全市教育系统为百姓谋取福祉、促进教育公平的民生之要。大家纷纷表示，一定要全面响应，积极作为，坚持天河区既有的良好做法，进一步夯实教研扶持根基，探索和创造非试点区教研扶持的新鲜经验，努力形成教研扶持的天河特色。

一、坚持良好做法，夯实扶持根基

近年来，天河区义务教育在迈向优质均衡发展中，采取了一些措施，取得了一定效果。主要做法有：

（一）强化质量意识，推进学校建设

天河区教育局先后两次专门颁布提高义务教育阶段教育教学质量的行政文件，两次专题召开义务教育阶段教育教学质量提升的工作会议。2012年，颁行《关于进一步加强初中建设的意见》，明确提出三个“进一步”的要求和质量目标：通过十条具体措施实现“减负提质”，力争用五年左右时间使全区所有公办初中达到或超过全市平均水平。2014年，颁行《关于进一步加强小学建设的意见（试行）》，从质量意识、组织领导、教学研究、评价监测、学段衔接等方面，明确提出五个“进一步”的要求，出台15条举措，努力实现义务教育小学学段教育质量的整体提升。

（二）研发数据平台，坚持全面监测

天河区教育局教研室聚众人之力，历数年心血，于2006年研发了具有天河特色的“中小学教育质量监测系统”。该系统以“结论源自分析，分析产生行动，行动体现价值”为指导思想，通过对本区中小学教学质量进行定期的全面监测、分析诊断和行动指导，实现“结论—分析—行动”的循环推进，为教研员的分析诊断和教学指导提供数据，为教育行政部门的教育决策提供参考，为中小学的教学改进提供建议。

（三）聚焦薄弱学校，开展集体教研

从2013年开始，每学期利用一个周末共两天时间，将中考总平均分没有达到广州市中考总平均分的学校集中起来开展集体教学研究，或者请专家现场授课，讲学指导；或者专题研究教法学法，分享教学资源；或者举办校长沙龙，共商教学管理对策。部分薄弱学校实现了达到或超越广州市总平均分的教学目标，整体提升了天河区义务教育质量。

（四）加强科组建设，鼓励组团发展

2011年，为探索科组建设的“中小学组团发展”模式，全面推动区域教研在更高层次上的发展，教育局颁布了《天河区中小学区域性学科教研组建设项目实施方案》，在全区范围内实施教研组建设达标项目。在学科建设基地学校和示范学校的创建过程中，鼓励片区学校建立校际联盟，进行资源共享、优势互补，实现组团发展、合作共赢，为共同提高区域教育教学质量提供了新的思路。

二、创造新鲜经验，形成天河特色

今天，在实施义务教育“步步高工程”的过程中，天河区除了继续坚持以上做法、进一步夯实根基外，也清醒地看到自身存在的问题：一是与传统的兄弟教育强区相比，我们还有明显的不足；二是地处偏远的城郊学校，还有很大的提升空间。广州市教育局义务教育“步步高工程”的实施，为我们弥补不足提供了新的机遇，为我们减少缺憾提供了新的空间，为我们努力迈向更高层次的优质均衡提供了新的指引。为此，我们一定会凭借“步步高工程”的东风，将天河区的区域教研扶持工作进行到底。

（一）延伸扶持学段，扩大扶持范围

过去，我们更多的是把目光和精力投向义务教育阶段的关键年级和初中毕业班中考总平均分没有达到全市平均分的学校，所扶持的学校数量有限、学段不全。这一次，我们延伸了学段，扩大了学校范围，共有12所小学和初中被列为扶持对象上报到市教育局，成为全市上报扶持学校最多的区域。其中，小学7所，初中5所，基本都是远离天河区中心城区的学校。在12所扶持学校中，面上学校7所，基地学校3所，示范学校2所。示范校为扶持重点，发挥示范作用；基地学校以英语、数学两个学科为工作重点，发挥引领作用；面上学校与示范校、基地校组团联动，参与教研，发挥能动作用。

（二）尝试两个结合，促进学区发展

2016年，天河区开始实行学区管理。学区管理模式的实施，为我们的教研扶持工作提出了新的思考。本学期开学后，我们研究并正在尝试，如何将集体到校调研、个人到校调研、教研扶持学校与学区建设有机结合在一起，如何将常规教研工作、教研扶持措

施与促进学区发展有机结合在一起。这是一个新的课题，需要全区教育系统上下努力、共同探索。

（三）着力专业发展，提升师资水平

扶贫的根本是扶智和扶志，而教研扶持的出路在扶师。没有师资队伍专业发展的整体提升，就不会有学校教育教学质量的大面积提高。开展教研扶持工作，除了多去学校座谈调研、听课指导、帮扶引领之外，还应该在其他方面有所作为。天河区教研室虽然没有师资培训的职能，但可以商请进修学校对扶持学校的教师进行菜单式定制培训，还可以邀请他们参加我们自行组织的高端培训，促进教师队伍在专业情意、专业知识、专业能力上全面提升专业发展水平。

（四）推进教研转型，走向精准扶持

教研的精准扶持必须与教研转型紧密结合起来，传统教研虽有自身优势，但显然存在诸多不足。因此，要走向精准扶持，必须大力推进教研转型，努力实现传统教研向现代教研的“五个转变”：1. 由主要依靠线下的实地教研转向以线上线下相结合为主的混合式教研；2. 由以碎片化调研为常态的浅层教研转向以课题研究和项目带动为导向的深度教研；3. 由以课堂教学评价为主导的教研转向以与广州市相关评价相结合的教育全要素评价为主导的教研；4. 由主要依靠经验、感觉、推测进行分析诊断的教研转向主要依靠技术支持的数据、事实、实证进行价值判断的教研；5. 由在重大课题研究上凭借教研室一己之力独木支撑的教研转向与高等院校、科研院所进行长期协同合作的教研。

天河部落网络教研、天河区中小学教育质量监测系统等天河区既有的教研基础优势和高等院校、科研院所众多的区位优势，为天河区推进教研转型、走向精准扶持提供了更大的实现可能。我们正在与知名的教育信息公司以及高等院校、科研院所共同研究和制定系统耦合方案，相信在不久的将来，功能升级、版型换代的“四位一体”（教育教学管理平台、教育教学资源平台、教研科研共享平台、教育教学监测诊断平台）的现代教育信息系统，必将为天河区的教研转型、精准扶持提供更加坚强有力的技术支持!

（2016年5月11日，作者在广州市“步步高工程”教研扶持工作动员大会上的演讲，后被广州市教育研究院官网登载，时任广州市天河区教育局教研室主任；收录本书时对个别词句和字符进行了修改调整。）

开展吟诵教学　推进经典教育

今天上午，银河小学师生为我们展示了高、中、低三个年级的经典诗词吟诵，银河小学、石牌小学、华成小学向我们介绍了各自开展经典教育的做法和体会，我们还观摩了银河小学的课堂吟诵教学，分享了教师们与吟诵教学同行的成长历程。可以这样说，上午的教学现场会不只是为我们展示了全区经典教育的部分成果，更是为我们奉献了展现经典教育之美的精神大餐。我相信，在座的诸位一定与我会有同样的感受，当我们穿行于校园、端坐在课室时，我们仿佛游历于中华文化经典神圣而壮美的殿堂之中，目之所及皆为银河小学吟诵教学的精彩展板和师生阳光向上的笑脸，耳之所闻都是天河师生热爱中华文化经典的吟诵之声，心之所感莫非中华文化经典润泽心灵的精神力量。

各位校长、各位老师，今天在这里召开经典教育教学现场会，不仅仅是为了肯定银河小学的做法，也不仅仅是为了推介三所小学的经验——其实，还有一些好的学校只是因为时间有限而不能一一登台展示，更重要的是为了集中展示去年以来全区开展经典教育的优秀成果，为了集中交流各校开展经典教育的成功经验，为了集中探讨怎样将下一阶段的经典教育教学工作推向深入。

下面，我讲三点建议供大家参考。

第一，要努力创造经典教育、吟诵教学的新高度

吟诵之美，是声音之美，是节奏之美，是韵律之美，也是象形之美、会意之美、文学之美和古典汉语之美、中华文化之美。这是汉字独具魅力的特性决定的。我们知道，著名国画家范曾先生、著名雕塑家钱绍武先生、著名哲学家南怀瑾先生等，不仅是各自领域的大家，而且也是我们所熟知的具有深厚古典文学和古典文化功底的大师级人物。他们毕生都对中华文化经典吟诵钟爱有加，其中一个重要原因是，他们儿时接受的吟诵熏陶始终伴随着他们的人生成长！今天，我们开展经典教育和吟诵教学，不是为吟诵而吟诵，而是要通过经典教育和吟诵教学，让学生真正感悟到、理解到、欣赏到经典汉语的韵律之美、色彩之美、馨香之美和凝练之美，让学生对汉语之美的感悟和对汉语文化的挚爱成为其生活的常态、生命的骨肉、生长的活性因子。

第二，要努力创造经典教育、吟诵教学的新境界

中华经典诗文蕴含了无数先贤圣哲穿透古今的道德宣示、经天纬地的思想智慧，这

是中华文化留给后人的历久弥新的精神富矿，是我们进行学校文化管理、担当立德树人使命的重要资源。银河小学的红棉教育、石牌小学的无墙教育、华成小学的弘文启智培魂教育，可谓各具特色又同有共性，这就是无一例外地将经典教育和经典教学作为师生品德教育的重要载体，或者说，经典教育和吟诵教学一旦与学校文化管理、师生道德修为紧紧地结合在一起时，就定然会开辟出一条新的道路，上升到一个新的境界。

第三，要努力创造经典教育、吟诵教学的新成果

今天的现场会，既是成果展示会、经验交流会，更是智慧碰撞会、创新研讨会。经典教育、吟诵教学的天地无限广阔，无限广阔的教育教学天地必将大有可为，大有可为的天地需要我们不断创造新的经验和新的成果。

各位校长、各位老师，教育是事业，事业的意义在于奉献；教育是科学，科学的价值在于求真；教育是艺术，艺术的生命在于创新。经典教育无疑是我们的人生事业、科学和艺术，相信我们学校的领导者、管理者和教师能够以奉献的精神、求真的态度、创新的思维，在经典教育中创造出独具天河特色、无愧天河教育的新高度、新境界、新成果。

（作者在天河区中华文化经典教育教学现场会上的即兴讲话，时任广州市天河区教育局教研室主任；2013年3月29日根据记忆和讲话录音整理。）

只有追求卓越　才能超越优秀

四年时间内，这是我第四次到暨大附属实验学校。与前三次相比，我今天的感觉特别强烈，这是因为本次天河区民办学校初三教学研讨交流会的会场选址十分正确。

一是学校环境优美，管理规范，教学质量优秀，办学业绩突出，是我们办会的理想场所。二是大学和中学高度重视，现场听课和参加反馈座谈的，不仅学科组长以上的管理人员和校级领导全部到场，而且大学的分管领导也专程拨冗参加，这种高度重视教学工作的做法值得其他民办学校学习借鉴。三是会务组织得力，安排周到，参加听课研讨的其他民办学校给予了高度认可。四是授课教师准备充分，授课过程认真，授课课例精彩，教学设计和课堂实施能够给人启迪，这是教研员在学科反馈时的共同评价，我在座谈、听课后的同感。

上午，我听了一节《小说人物性格分析》专题复习课，——这当然是为了教学研讨的需要而有意提前安排的教学内容，又与初中校长座谈了一节课。这节专题复习课，能够紧紧抓住考点组织教学，深入探寻学科教学规律，恰当运用教学手段和方法，先示例导引，再训练巩固，最后推出结论、总结规律，具有专题复习课的基本特征，如专题突破性、方法指导性、内容拓展性、学科规律性、考点总结性等都得到了彰显。据了解，这位教师的教龄并不长，既非自愿要求上公开课，也非学校特别挑选安排，而是两者结合后有意让他在活动中多多历练。以此可见，学校在年轻教师的专业发展上何其重视，用心何其良苦，眼光何其前瞻；从另一个角度看，一个年轻教师就能在课堂上呈现出这样不错的效果，足见学校平时教研的厚实土壤。学校近年来的教育质量和中考成绩之所以能够位居全区最前列，应该与这有相当大的关系。

学校要发展，教师要进步。开学前，大学对附属学校进行了改制，将原来的小学和中学合并成立为暨南大学附属实验学校，新学校成了一校两区的十二年一贯制的附属学校，高中部也将在近年恢复新高一招生。这是大学对附属中小学办学的重大战略调整。据我所知，学校正在展开如何发挥品牌效应、辐射优质教育资源的工作，设法用好初中品牌，启动异地合作办学，这无疑是一件好事。不过，要发挥好品牌效应、辐射好优质教育资源，首先要将本部做强做优；只有将本部做得更强更优了，走出广州市合作办学才会有更坚实的依托。从这个角度出发，初中部今后的教学管理和课堂教学要在精益求精上下功夫，尤其在学校进行战略调整和战略规划的时候，这一点特别重要。

因此，希望学校要牢固树立课堂教学的精品意识。在教学环节的推进上，更加合乎学生的认知规律；在教学细节的处理上，更加严谨一点、规范一点、艺术一点；在对待学生的学习上，教师尽量少讲一些，多引导一些，让学生多思考一些，多练习一些；在教学关系的互动上，师生的深层互动要尽可能多一些，要尽可能使课堂真正动起来，活起来，实起来。

当然，我们更希望，学校要有勇争第一的雄心壮志。学校不能只满足于当前的中考成绩，不能认为无法超越其他生源选优的学校，要努力成为无论依据什么口径统计，都是全区乃至全市中考总分和平均分最高的学校，这对其他民办学校是促进，对全区初中质量的优质均衡发展也是贡献。

只有追求卓越，才能超越优秀！我们相信学校的雄心，也相信学校能够将雄心变为灿烂的现实！

（2016年10月26日，作者在天河区民办初中毕业班教学研讨会暨大附实行政反馈座谈会上的即兴讲话，时任广州市天河区教育局教研室主任；根据记忆和讲话提要整理。）

深耕读图导学　推广优秀成果

今天，由教研室主办、增城中学承办的广东省优秀教学成果《中学地理读图导学的实践研究》推广活动，可谓高朋满座，胜友如云。在此，我代表教研室，向成果持有人邓带老师及其团队表示诚挚的祝贺，向进行成果展示的师生和提供便利的增城中学表示衷心的感谢，向来自全省各地市大中学校的一线教师和专家学者表示热烈的欢迎！

增城区位居广州市东部，常住人口接近180万。近年来，增城基础教育正大步迈向新的发展阶段。公民办普通高中11所，其中，广东省国家级示范性普通高中3所，省一级学校3所，市级高中优质学位百分之百；义务教育阶段学校137所，全部是广东省义务教育阶段标准化学校。

各位同行，增城区地处穗莞深港澳科技创新走廊的黄金区域，是著名的荔枝之乡、生态旅游示范区、新兴汽车工业基地，是全国生态文明建设示范区、中国和谐之城和中国最具幸福感城市，环境优美、空气清新，山水形胜、景点众多，如闻名遐迩的白水寨、挂绿湖和增江画廊等。毫无疑问，增城是中华大地上一幅活生生的地图，一幅立体具象、丰富生动的地图！我们完全可以想象，今天到会的各位朋友，无论是作为交流者、学习者，还是作为旅游者、考察者，都一定会为之心驰神往，由衷点赞！

为此，我们该如何读懂这样一幅活力四射、人见人爱的地图呢？

课题主持人邓带老师和她的项目组成员，从另一个角度为我们提供了答案和指引。

从2003年开始，增城区教育局教研室中学地理教研员邓带老师及其研究团队就敏锐地抓住了中学地理教学的核心内容，从一个比较独特的视角，对读图导学展开了长达15年的研究探索。他们以科学理论为指导，以教学实践为沃土，以问题解决为导向，创造性地制定了选图用图教学原则，切实丰富了读图导学课程资源，全面总结了读图导学教学策略，系统构建了读图导学教学模式，逐步建立了读图导学评价体系，为中学地理教育教学提供了一种新的视角、新的资源、新的路径、新的范式和新的评价。他们的长期研究和艰辛探索，终于绽放了鲜花，结出了硕果，研究项目先后获得广州市教育研究院教学成果一等奖、广东省教育教学成果基础教育类优秀教学成果二等奖。

各位专家、各位老师，这一成果尽管先后获得较高层次的奖励，但金无足赤，人无完人，可能还存在这样或那样的不足。对此，我们特别希望今天莅临增城指导工作的各位专家多提宝贵意见和建议，特别希望今天莅临增城传经送宝的各地各校教师在研究互鉴中多加探讨交流，特别希望这项成果在大家的关心支持下变得更加完善成熟，更加符合当下和未来教育教学发展的需要!

最后，再次感谢各位同行的光临指导，再次欢迎各位同行到增城工作、生活、旅游，再次祝愿各位同行于会议期间在春意盎然的增城生活愉快!

（2018年3月9日，作者在广东省优秀教学成果《中学地理读图导学的实践研究》推广活动上的脱稿演讲，时任广州市增城区教育局教研室主任；3月12日根据记忆和演讲提要整理。）

分享教育科研成果　弘扬教育科研精神

凤凰花开，群贤毕至。

今天，我们在这里相聚一堂，共同分享碧桂园凤妍幼儿园“阳光体育”园本特色课程开发与运用的课题研究成果，这是一件很有价值的事情。在此，我代表教研室，向亲临指导的各位领导和专家、各位园长和老师表示热烈的欢迎和衷心的感谢！

院长是广州市教育局面向全国引进的特殊人才，工作十分繁忙。昨天上午，他在主持了一档有众多教育大咖参与的互动节目后，我再次与他确认今天能否到场，他十分爽快地说：“我们明天见！”刚刚，我们聆听了他的精彩点评和悉心指导，可以说，这是凤妍幼儿园的荣幸，是增城学前教育的荣光。当然，我们由此也足见凤妍幼儿园杨园长的魅力之大！借此机会，让我们把特别响亮的掌声献给特别厚爱增城教育的院长！

各位老师，近年来，增城的教育科研工作获得了长足的发展，连续三年市级课题立项数独占广州鳌头，市级课题结题率也位居前列；去年底，增城区还有两项课题研究成果同时荣获广东省基础教育类优秀教学成果一等奖，一举刷新了增城区的历史记录，在广州市十一个区排名前四，比省内很多地级市的获奖总数还多。这是上级部门和各级领导高度重视关心的结果，是全体增城教育人和教育科研工作者艰辛付出的结晶。

今天，园长主持的这项课题，是增城区近年来众多课题研究项目的一个代表。这项研究课题，一如院长的评价——选题准，价值高，规范强，效果好。刚才，主持人的结题报告陈述、课题组成员的文献综述和论文分享、多项体育活动的实地展示，让我格外感动于课题组的研究，我想用五组反义词来表达我的感受和评价。如有不妥，敬请批评指正。

第一组是小与大。一是小女子主持了大课题。园长个子不高，小巧玲珑，精致秀美，颇有女子的温婉风韵，但主持的则是广州市级的大课题研究，广州市可不是一般的城市，而是重要的国家中心城市，是某种程度上已经超越了副省级省会城市的国际大都市。此外，该课题是三年前在全市960项申报课题和全市中小幼76项面上一般立项课题中脱颖而出的两项学前教育研究课题之一，殊为不易。二是小园所承担了大项目。凤妍幼儿园占地不大，师生人数也不多；但是，教师们的研究关乎人生成长，关乎人才成长的基础，其实是大项目，意义重大。

第二组是弱与强。请大家仔细瞧过来，课题组成员全是外表看起来十分柔弱的女教师，扛不起千斤重担。但是，三年来，她们克服困难，坚持走来，步履稳健。在我眼里，她们虽然外表柔弱，但内心强大！这种强大源于对学前教育的执念，源于对教育科研的坚守！她们不是弱不禁风的林黛玉，而是巾帼不让须眉的女英雄，是顶天立地的大丈夫！

第三组是虚与实。虚是什么呢？虚是“课程”。课程是一个比较抽象的概念，国内外学界对其有不同的认识，而园长她们却要进行园本特色课程开发，谈何容易？然而，事实表明，她们把课程开发出来了，其课程成果之一就是摆在我们眼前的实实在在的园本教材，她们开发的课程做到了有园本教材，有课时安排，有师资保障，有操作指引等等。她们把概念的课程真真切切地转化为实的成果了！

第四组是低与高。在人的一辈子教育中，幼儿教育处于人生教育链条的起点处，是低龄教育、前端教育、起始教育、学前教育，似乎不太重要；然而，越是基础的，越是重要的，越是决定着高端发展的，更何况幼儿的体能体质关乎他们未来成长！从这个角度讲，项目组所做的，虽然是最基础、最低学段的教育研究，但决定的是幼儿未来人生数十年的高端发展。

第五组是旧与新。这个“旧”，我指的是传统或者已有的经验等；这个“新”，当然是指创意创造了。凤妍幼儿园今天展示的阳光体育项目，既似曾相识又耳目一新。这说明了什么呢？说明她们的课题研究源自优良传统，来自好的做法，但又不囿于已有经验，我们看到的更多的是适合凤妍幼儿园的、适合凤妍幼儿的创新项目，她们在继承传统中创建，在坚守常规中创新，在完善做法中创造，这是项目组全体教师的创新。创建、创意、创新、创造，正是本课题研究的最大价值和意义。

各位园长、各位老师，如果说我们今天参加交流展示活动，只是为了学习某某园某某人的科研经验，或者只是为了增进彼此的了解，则还不足以体现本次活动的意义和价值。我以为，开展本次交流展示活动，真正的意义和价值是要弘扬一种精神，一种教育科研精神！

第一种精神——探索精神。在教育教学实践中，我们常常会有不如意的感觉，这些不如意和困惑如不加以解决，我们就难以继续前行。因此，需要认真思考，深入研究，用心改进。这种发现、思考、研究、解决问题的过程，是一种好奇、质疑、发现和追寻的过程，是一种教育科研的探索精神！教师一旦具备了这种精神，其对外界的敏感就会增强，对新事物的好奇就会更加强烈，对困难困惑就会以问题相待，就会将困难困惑的问题逐渐上升为课题，并展开不懈的研究探索。

第二种精神——原理精神。把问题上升为课题，还只是研究探索的前期工作，还只是准备科研的初始化工作；要真正把课题研究做下去，还必须以前人已有的科学理论为支撑。我们的研究只有建立在科学理论的基础之上，其研究的基石才是稳固的，其研究的基座才是牢固的。另一方面，随着研究的深入，我们最终要获得一种怎样的成果呢？有人说，是公开发表的论文或公开出版的著作等显性成果；还有人说，是教师的专业发展、学生的学业提升以及学校的发展变化等等。这样说当然没有错，然而，课题研究的最根本的成果是什么呢？是经过研究而透过现象发现了本质性、规律性的东西，也就是尽最大可能地去发现原理，认识和揭示了事物的本质和规律。用科学原理指导研究，又通过科学研究发现新的原理，这就是我们要倡导的教育科研的原理精神！

第三种精神——创新精神。我们甚至可以说，没有创新就没有科研，没有创新就没有价值。我们所要的是对教育教学实践具有指导意义的科研，具有能够解决现实问题的科研，具有新认识、新经验和新成果的科研。

因此，我们在评议课题研究时，要特别关注有没有“创新点”；有没有“创新点”是衡量课题研究价值几何、是否成功的重要标尺。成功的科研，其关键在于创新突破，在于对前人已有成果的丰富、完善、发展，或者填补空白，或者补充新证，或者纠正谬误，或者刷新纪录，或者另立新说，等等。

第四种精神——独立精神。这里的独立精神，主要包含两层意思：一是研究者尤其是课题主持人，要有独立思考的能力，要能分清各种理论的优劣高低，要能不被各种思潮和假说所迷惑，要能不受国内外的各种信息所干扰；二是研究者特别是课题主持人，要不受花花世界的诱惑，要能够坐下身子，静下情绪，潜下心意，甚至要守得住清贫，耐得住寂寞。唯其如此，方能以独立而坚韧不拔之志完成旷日持久的课题研究。

各位专家、各位老师、各位嘉宾，以上所言，皆为个人浅见，旨在共同勉励。

最后，希望课题组全体成员进一步深化研究，多出优秀成果；希望在座诸君共同为增城教育科研再立新功，再做贡献。

（2018年5月16日，作者在增城区碧桂园凤妍幼儿园“阳光体育”园本特色课程开发与运用课题研究成果展示会上的即兴演讲，时任广州市增城区教育局教研室主任；5月27日根据记忆和演讲提要整理。）

研讨教学建模　提高教学质量

今天，在刚刚跨入新年的好时日，来自各区的在市内外具有重要影响的名专家、名校长和名教师，亲临增城仙村中学把脉学校发展，指导课堂教学建模，既让我们深感荣幸，又让我们充分感受到了大家对广州东部增城教育的厚爱。在此，我代表增城教育局对莅临的各位嘉宾表示热烈的欢迎和衷心的感谢！

今天的活动，其实是围绕三个关键词展开的：课改、建模、提质。课改需要建模，建模促进课改，建模和课改为了提高教育教学质量。多年来，增城区不乏探寻课改、探索建模的校长和教师，增城的课改、建模主要呈现三个特点。

第一，自觉地积极探索。虽然没有区域层面的强力行政推动，但很多学校进行课改和建模的积极性很高。**第二，各校各有特色模式**。如增城中学的问题导学课堂、新塘中学的“6+1”课堂、仙村中学的三学课堂、荔景中学的互动探究课堂等等，我不一一列举了。**第三，取得了一定成果**。仙村中学的三学课堂已经产生了一定影响，校长本人的线上教学视频还登上了“学习强国”平台；学前教育方面，新塘镇凤妍幼儿园的“阳光体育”园本特色课程在省内外影响较大；学科教学方面，中学地理的“读图导学”获得广东省教学成果二等奖，高中历史的“情思教育”获得广东省教学成果特等奖和国家教学成果二等奖，这些是增城区课改、建模的典型案例。

增城区一些学校的教学建模，虽然不缺实践，不缺经验，也不缺成功的案例，但总体而言，还缺乏教育理论的支撑和内在逻辑的力量。借三学课堂教学建模研讨之机，我向增城各高中学校的参会代表提出三点建议。

第一，要遵从专家指导指引，不断优化完善教学模式。

假如时间充裕的话，今天会有更多的专家登台提出建议，但我们今天时间有限，只能留待活动后交流，或者我们再次邀请专家指导。刚才专家代表的意见很中肯，很重要，我们各所学校要认真对照，加强整改，不断优化完善自己的教学模式。

第二，要把握教学建模本质，彰显理论支撑和逻辑力量。

教学模式是在一定的教学思想或教学理论指导下建立起来的比较稳定的易于推广应用的教学活动框架或活动程序。大家要注意“教学活动框架或活动程序”这个中心词组前面的限制语，必须是有“教学思想或教学理论指导”，必须是“比较稳定”，必须是“易于推广应用”。

模式好不好，可以从几个方面衡量：一要“站得住”，就是要能够自圆其说，现在各种各样的模式很多，但底线是能够自圆其说，有一定道理，不自欺。二要“立得稳”，站得住不一定立得稳，既要站得住更要立得稳，这就要有理论支撑。胡校长刚才说三学课堂教学模式有四大理论支撑，我认为不止四种，还有一些理论是可以成为其支撑理论的，只有有理论支撑的模式才有力量，才能说服人，才能“立得稳”。三要“叫得响”，就是给某种模式取名要简洁明确，就像给心爱的孩子取名一样，要让大家叫起来顺口、响亮，比较容易流传，比较容易记住。四要“记得牢”，所谓记得牢，当然是指因为能够自圆其说，又有理论含量、逻辑力量，并且称呼起来既顺口又响亮，还有一点别致和特色，所以不仅能够容易记，还能记得特别牢靠。五要“推得开”，是指不能自己开发出来后，仅仅自己使用、自己欣赏，基本上处于自娱自乐的状态，而是还要对他人有帮助，有学习借鉴意义。那些已经形成的比较稳定的活动框架、活动程序，既植根于教育教学实践的沃土，又挺立于教育教学理论的高山之上，还能够推广应用到其他学校、其他老师，正如独乐乐不如众乐乐，一花独放不是春，百花齐放春满园。

由此可见，教学模式的本质，一方面，其源头活水来自丰富而生动的教学实践，是对教学实践进行甄别、优选、概括、提炼、加工的结果，是教育科学理论被简化了的表现形式；另一方面，它必须接受科学理论的指导，是在科学理论指导下提升了的教学实践活动，必须彰显理论支撑作用和逻辑力量，其最高表现形式是通过图表图式、框架结构、操作程序等提炼和简化表达教学实践的活动过程。

第三，要坚持探索教育教学规律，有效提高教育教学质量。

建立一个模式大约需要经过五个阶段：研模、学模、借模、用模、建模。建模后是不是就万事大吉了呢？不是！建模的根本目的不是为了建立一种新的模式，而是为了脱模。那么，什么情况下可以脱模呢？前提是掌握了教学规律。这个规律可能存在于教学程序之中，也可能存在于某个教学环节之中，还可能存在于各种教学要素的相互作用之中，只有把规律研究透了，掌握了其内在逻辑联系，我们才有可能进入一种化境，进入脱模阶段，才可以依据不同的教学内容施以不同的教学方式方法、教学手段和教学活动程序，最终达成课堂教学质量和效益的提高。

所谓建模的根本意义即在于此：促进教师的专业发展，促使教师探索和把握学生认知规律、教育教学规律，从而更加有效地提高教育教学质量。

最后，我借此机会再次感谢各位专家的莅临指导，并衷心祝愿各位同行新年愉快、万事顺意。

（2020年1月2日，作者在增城区“本原三学”课堂教学建模研讨会上的脱稿讲话，时任中共增城区教育局党组成员兼增城区教师发展中心书记、主任；根据笔录和录音整理。）

扎实做好“四防” 务求备考实效

刚才，中心负责人对增城区学校参加广州市第一次综合测试的质量状况进行了全面详细的分析，并对测试后的高考复习备考工作给出了意见和建议，希望各高中学校结合本校实际认真思考、深入研究、优化策略，不断提高复习备考效益，力争实现今年的高考目标，完成今年的高考任务。从广州市第一次综合测试后到第二次综合测试前后这段时间，我们面临的主要工作任务是组织好二轮复习备考。那么，除了刚才的报告提及的意见和建议外，我们还需要注意什么，才能确保二轮复习的实效呢？我认为一定要扎实做好“四防”工作。

一是要防“乱”，要做到忙而不乱、忙而有序。

在高考复习备考的关键阶段，忙是常态，不忙是变态，忙而混乱是病态，只有忙而不乱、忙而有序才是应有的姿态！要做到忙而不乱、忙而有序，最重要的一点是，要完善计划安排，以日定事。要依据这次本校的一测成绩，修改、完善、优化原来制定的复习备考计划，尤其是专题复习计划；各学科备课组要在全面、系统、深入分析学生应试的知识、思维、能力等情况后，调整和明确专题复习的重点、难点和盲点，在针对性和有效性上下力气，可以不面面俱到，也没有必要面面俱到，因为时间有限。从年级统筹的角度看，年级的整体安排要以日为单位，做出计划，让全体教师在计划实施中推进学科专题复习进度，避免各行其是，避免哄抢，避免抢发资料，避免忙乱无序。

二要防“盲”，要做到目中有人、心中有数。

这里的“盲”，是盲目的“盲”。所谓防“盲”，就是要防止盲目教学，教师只从自身角度思考问题，而不从学生是否掌握的角度组织复习备考。如何防“盲”呢？第一要用好三次大考数据，系统分析学情。三次大考数据，主要是增城区调研考试、广州市调研考试和本次综合测试数据，这三次大考是比较重要的考试，特别是本次综合测试，信度强，基本能够检测出目前的教学状况；进行系统的学情分析的方法是，学校校级行政干部组织高三各班，并由高三各班班主任牵头，召集本班科任教师召开一次专题学情分析会，对本次模拟线上下十分的特控、本科临界生进行逐个分析，逐人过关，逐科过检，要分析每一位临界生的个性禀赋、情感态度、思想动态、学习习惯、学习方法、学科优势和不足、存在的问题和困难及其成因等，这种以班为单位的学情分析会，一定要做好会前数据清晰、准备充分，会中详尽全面、不惜时间，会后分工明确、落实到人。唯有如此，我们的二轮复习备考才能做到目中有人、心中有数，才能做到课堂教学和课外辅导的针对性和有效性；也唯有如此，才能做到会后的手中有法，落实有效。召开这样的班级学情分析会，关键是要分析到人、到学科、到知识点和能力点，挂点行政干部则要躬身入局，现场督导，持续跟进，指导分析会不走形式，不走程序，不走过场。第二要落实目标人选和措施，就是要圈定后期重点关注的临界生，找准其培优辅差的学科和学科短板，实行定教师、定学科、定地点、定时间、定目标、定专题的“六定”措施，务求一生一案的培优辅差见实效，务求做到目中有人、心中有数、手中有法、法到有效。

三要防“空”，要手握重器、定点清除。

所谓防“空”，就是要防止“虚空”，防止采取的措施没有实际效益。二轮复习的防“空”重器是专题训练。二轮复习是否能够防止“虚空”，做到法到有效，首先是要组织好训练专题题组。因为时间有限，学情不同，各所学校的训练专题，可不必面面俱到，不必人人一样，不必校校相同，不必科科相同，重要的是题组必须针对学情，针对学生的缺漏和薄弱之处，做到弹无虚发，发必命中，中必突破。其次是要讲评好专题复习课。专题复习课的讲评，不同于新授课，不同于一轮复习课，不同于三轮讲评课；二轮复习的专题讲评，要讲清学科的本质、命题的规律、读题的方法、做题的能力、答题的技巧、一题多解的变通，要尽可能做到讲一道题，懂一组题，会一类题，让学生能够从一组题、一类题中发现和掌握共同的本质、规律、方法等。如果说一轮复习是“新闻联播”，是“地毯式轰炸”，是“横通到边”；那么，二轮复习的专题训练就是“焦点访谈”，就是“智炸碉堡”，就是“纵通到底”；三轮复习则以综合训练为主，是“纵横互通”，螺旋上升，综合赋能。所以，二轮复习的目标任务就是要做到重点突出、难点突破、定点清除，为三轮复习的综合提升做充分准备；二轮复习的专题突破如果不到位，三轮复习的综合能力提升就将变得十分困难。

四要防“偏”，要精准对标、靶向发力。

所谓的防“偏”，是指要防止学生单科冒进或单科滞后，而不顾及总分优先这一总原则。防“偏”工作要区校一起做，形成强大的合力，获得一加一大于二的功效。

学校二轮复习的工作主要是要精准分析学生、学科及其点位，比如临界学生的学科知识点、能力点情况，对单科突出的实行保温处理，对单科滞后的要立马采取补救措施。补救的方向是千方百计使学生滞后的单科赶上去，从而达到相应批次的有效分；换一个角度说，就是学科教师要提高本学科对学生升学的命中率和贡献率，而不再追求学科平均分，学校在高考结果的评价上也要看重考取大学的学科有效分的学生人数，看重学科的命中率和贡献率，而不是学科平均分。

一测后高中教研的重点是，和学校一起保证方案的落实，防止单科冒进或单科滞后，有效提高临界生的单科有效分，有效提升教师的学科押题命中率和贡献率，进而实现更多学生的总分上线。教师发展中心高中部和测评部，则要共同研定哪些临界生属于单科滞后，要让高考学科教研员对这些学生重视起来，定人、定校、定时、定向地持续跟进、督办、指导学校加大辅差力度。中心主任和分管高中的副主任在一轮复习后不再组织全科集体调研，而应该让高中部教研员精锐尽出，将其撒豆成兵，进行分组、分科、分校，以小分队、尖刀班的形式一周多次到联系点学校跟进、督办、指导，并且一周一次例会，一周一次小结，及时反馈、分析、调整联系点学校的情况。

各位校长、主任、老师，高三复习备考过程的二轮复习至关重要，希望大家在二轮复习中真正做到“四防”，务求复习效益。相信经过我们大家的共同努力，2023届增城区的全国高考一定能够取得新的成绩，攀上新的高峰！

（2023年3月25日，作者在广州市高三年级一测增城区质量分析会上的脱稿讲话，时任广州市增城区人民政府教育顾问；次日根据讲话提纲和音频整理。）

正确对待中考延迟　科学用好延期时间

因受疫情影响，广州市教育局于2021年6月14日下午宣布了广州市中考延期的决定，改变了原定于6月20至22日举行广州市中考的计划，但暂未明确延期后的具体时间，这就给各校的复习备考工作提出了新的挑战和机遇，需要我们对后期的复习备考进行深入研判和预设。

为了做好延迟期间的中考复习备考工作，我特别提出如下建议供各校参考。

一是要科学调整本校的复习备考。

首先要综合研判中考延迟的时间节点，及时调整复习备考节奏。因为中考时间延迟，我们已经不能按照原来的时间节点去推进教学进度了。而且，因为延期后的具体时间也没有确定，所以对复习节奏的调整又存在不确定性。怎么办？刚才有的学校在交流发言时大胆预测会延迟至7月中旬以后，我以为这是不可能的。中考时间不可能长期延后，也不可能无限延期，其时间确定涉及很多复杂的情况，我认为7月5日前后可能性大，甚至有可能在原定时间的一周后就开考。

其次，要合理安排复习备考时间，突出复习备考重点内容。我们对于可能临时增加的一两周时间要如何合理安排呢？建议瞄准学生前期备考复习过程中存在的问题，以周为时间节点，以半天为单位，由毕业年级来重新调整和统筹复习进度，由学科备课组依据学情来调整和统筹复习重点，依据先急后缓、先主后次的顺序，采取专题强化训练、题组小综合训练、一对一个性辅导的方式进行，充分用好因延迟而增加的时间。

二是分类调控师生的思想情绪。

疫情导致的中考延期，必然会影响师生和家长的思想情绪。这种情况下，我们在调整和统筹复习备考节奏和内容的同时，要特别关注师生和家长的情绪，重点是要调控学生的思想情绪，及时进行心理疏导。如何调控呢？

一要分类。要分别对中考生和非中考生开展心理疏导工作。对中考生还要区别对待信心不足者和考试焦虑者，对非中考生又要区别顽劣生和弃学生。

二要分解。维护学生的思想稳定，加强学生的心理疏导，这些工作不能全部推给班主任。大考当前，要同心同德、群策群力，不能仅是该年级的全体任课老师去做疏导工作，包括学校的校长、副校长等党政干部都要付出辛劳。建议展开这项工作时，由班主任统筹，以班级为单位，组织心理健康教师和科任教师对本班学生进行全面分析判断后，再确定疏导的重点对象，然后将工作分解到教师个人。在实施的过程中，班主任加强协调，挂班行政人员要全程指导和督办。

三要控制好模拟训练和每天作业的难易程度。多出来的一两周时间，虽然是临时性的，但组织复习备考却不能随意安排占用，在模拟训练和作业布置上，更要用心谋划，在试题选用和作业安排上进行无痕的有效调控，要尽可能提振绝大多数学生的信心；中心初中教研部各中考学科教研员也会安排一套难易适中的题卷，提供给各所学校到时酌情选用。

三是合理安排学生的自由复习。

复习备考的最后阶段，最容易出现的问题之一是，各科教师为了抢占时间，或大量印发试题，或满堂灌输讲解，不留一点时间给学生自主安排，不留一点时间给学生自行消化，不留一点时间给学生自我调适。这是各所学校在最后的复习备考阶段要尽力避免的。

自由复习，不是放任的复习，不是无计划的复习，也不是无指导的复习，而是在毕业年级统筹安排和教师明确指导、全程把控下的有计划的有效益的复习。其处理的方式方法是，总时长上，结合校情和学情，安排两到三天不等的自由复习时间；时间分割上，以半天一个学科为单位，包括晚修或学生夜晚在家复习；学科安排上，学生在教师的指导下，可依据自身的学情，有计划地安排学科自由复习时间，并允许有适当的学科倾斜；复习内容上，以整理和重做大考试卷试题以及错题本为主，尽量不过多涉及新题和所谓的信息题，尽力把学过的考过的学透弄懂并掌握好。年级统筹上，把所有教师安排到班，做到每节课均有教师在班值守，教师可以坐班答疑，巡堂辅导，但一律不允许教师霸堂讲课；无安排在班值守的教师，则在办公室随时接受学生的咨询和答疑；对自由复习阶段的学生，允许他们可以按需申请暂时离开教室到教师办公室请教问题。对教师，年级则要明确规定其不印发新题，不霸占课堂，不在班讲课，以确保学生的自由复习时间，确保学生的自由复习计划，确保学生的自由复习消化。

最后，我相信并预祝，通过我们的共同努力，疫情下的增城区2021年广州市中考一定能够取得优异成绩！

（2021年6月15日，作者在广州市增城区中考备考工作会议上的脱稿讲话，时任广州市增城区教育局党组成员兼增城区教师发展中心书记、主任；6月26日根据记忆和讲话提纲整理。）

推进体育科研　发展学校体育

今天，广州市第六届中学生运动会体育科学报告会在增城举行，这是广州市对增城区的信任，更是增城区体育工作者向专家学习、向同行学习、向兄弟区学习的好机会。在此，我代表增城区教育局，向莅临大会的各级领导、各位专家、各位老师表示诚挚的欢迎，向荣获奖励的个人和团体表示热烈的祝贺，向参与承办活动、付出辛勤劳动的全体工作人员表示衷心的感谢！

习近平总书记指出，体育是社会发展和人类进步的重要标志，是综合国力和社会文明程度的重要体现。体育承载着国家强盛、民族振兴的梦想。体育强则中国强，国运兴则体育兴。2020年中共中央办公厅、国务院办公厅《关于全面加强和改进新时代学校体育工作的意见》明确指出："学校体育是实现立德树人根本任务、提升学生综合素质的基础性工程，是加快推进教育现代化、建设教育强国和体育强国的重要工作。"

近年来，增城区高度重视学校体育工作，采取多项措施加强和改进学校体育工作，保障学校开齐开足体育课程，不挤占不挪用体育课时；保障中学生校内体育锻炼不少于60分钟，小学生校内体育锻炼不少于90分钟；保障加大投入和持续改善学校体育设施设备，促进学校实施"一校一品"体育特色项目；保障学校体育课堂教学质量和学校体育质量稳步提升。在2020年《国家学生体质健康水平》国家抽测中，增城区优良率小学达到93.5%，初中达到69.3%，高中达到62.4%，合格率达100%；连续多年，中考体育成绩保持全市领先，高考体育类考生成绩名居全市前列，今年有6人专业成绩排名全省前150名，最好排名为全省第2名；在正在进行的广州市第十八届青少年运动会部分项目中，增城代表队已获得金牌98枚，展现了良好的体育精神风貌。

百年大计，教育为本；教育大计，教师为本。学校体育工作的开展，需要体育科学的强有力支撑！增城区的学校体育工作虽然获得了长足进步，但我们的体育教师队伍建设和体育特色打造，还需要持续加大经费投入、加大工作力度、加大科研深度。在此，希望增城区的体育工作者以这次体育科学报告会为契机，多多向专家和同行学习请教；同时，我们也恳切期盼各级领导、各位专家一如既往地关心支持和悉心指导增城的学校体育工作，为增城学校体育工作不断迈上新的高度再发力、再加油！

最后，衷心祝愿广州市第六届中学生运动会体育科学报告会取得圆满成功！

（2021年10月23日，作者在广州市第六届中学生运动会体育科学报告会上的讲话，时任中共增城区教育局党组成员兼增城区教师发展中心书记、主任。）

第三编
课堂教学优化
KETANG JIAOXUE YOUHUA

落实学为中心理念　展现教学领导能力

刚才来自高校和省教科院的两位专家分别进行了高屋建瓴的点评，很深入，很受用，相信对我本人和各位老师都会有深刻的启发。我的点评可能会微观一点，浅层一点，甚至可能会让大家失望，但是，既然以所谓专家的名义坐在点评席上，就要发表一点个人看法，也可借此机会请教在座的各位方家和同行。

今天上午这两节展示课，第一节《自选商场》，是聋人学校小学二年级的一节识字教学课，在四十分钟内，用三种辅助教学——多媒体辅助教学、实物辅助教学、模拟现场辅助教学，让全班七名学生完成了认识五个词语等教学任务。第二节《广东没文化吗》，则是聋人学校高三年级的一节阅读教学课，在四十分钟内，用三种教学法——直观形象法、头脑风暴法、合作学习法，让全班八名学生初步感知了文章大意。

如果要对这两节课分别进行点评，可能比较烦琐，比较耗时，这是我不愿意的，也是时间不允许的。所以，我力图围绕今天“以学生学习为中心”这样一个教研话题去寻找两节课的共同点。

这两节课，虽然教学起点差距很大，一节在小学低年级，一节在高中高年级，但就课堂教学展示的指向来看，至少有两个共同特点。

第一个共同特点是，较好地落实了“学为中心”的课堂教学理念。

“学为中心”的课堂教学理念是什么呢？是课堂教学要素要始终围绕“为了学生的学习，为了学生的发展”展开，课堂教学实施的出发点、归宿点和落脚点要始终考虑以学生的学习为中心，要始终考虑学生在课堂上的情感体验和生命状态，要始终考虑学生在课堂上的心智发育、思维激活、方法掌握和能力提升等。

“学为中心”课堂教学的主要特征是什么呢？我用三个字来表征。

第一个字是“实”，切实的实、真实的实、扎实的实。即学习目标切实，合乎学生的学习起点和学力，合乎学生学习的最近发展区，学生通过学习能够跳一跳摘到桃子；学习过程真实，不是课前已经彩排过的，也不是用来作秀表演的，而是真真实实按照教学的逻辑和过程自然而然发生的，是一种生成的教学状态，哪怕在某个环节上不那么精致，不那么完美，但的的确确是真实发生的；学习结果扎实，一节课结束，甚至课后很长一段时间，学生还觉得有用，还在回味，还在怀想，在思想、心理、情感、价值、方法、能力等层面得到了极大的满足。

第二个字是“活”，活力的活，活跃的活，灵活的活。即学生身心面貌充满活力，呈现出青少年所特有的朝气和生机，而不是少年老成、暮气沉沉；学生深度思维积极活跃，而不是简简单单的你问我答，再多的问题都是停留在思维的表层，甚至是无疑而问，白白浪费课堂教学时间；学生学习策略灵活，学到了迁移能力，能够触类旁通，举一反三，能够解决真实情境中的问题。

第三个字是“乐”，喜怒哀乐的乐，即学生的情感体验是愉悦的；当然，这个“乐”是指情感或多种情感体验的一种满足状态，而非仅指喜悦、快乐的一种情感体验。

我对《自选商场》这节课进行了一种比较简单的数据统计：全班学生五男二女共七人，全班七人整体活动大约17次，以三人左右为单位的小组式活动大约8次，以学生个体为单位起来发言或动手的活动大约27人次，整体、个体活动累计大约52人次，没有包括学生在座位上的书写活动，也就是累计活动人次超过全班人数的七倍。另一节课《广东没文化吗》的情形也大体如此，只是这些学生的障碍程度更深。

以上统计数据说明了什么呢？它至少表明，学生在课堂上动起来了，心理的、精神的、情感的和多感官的，都动起来了！学生的身心充满了活力，学生的学习过程处于积极的思维状态！

这一点真的特别重要！

为什么？

因为全班七名学生都是具有不同障碍程度的特殊儿童，或者行动障碍，或者情绪障碍，或者心理障碍，或者交往障碍，等等，他们之间的差异很大；面对差异巨大的特殊儿童，我们的教师却能让他们真正动起来、活起来，甚至乐起来，这非常考验教学智慧。那位脑瘫儿童在用竹条连线成功并得到老师的夸奖之后，他是多么高兴和愉悦啊！这种高兴和愉悦所表现出来的脸型和口型，可能正常人无法接受，但是我却从中看到了老师的力量、教育的力量、教学的力量！

那一刻，我几近落泪，我从他变形的表情中看到了他的可爱，看到了他来自内心深处的欣喜和满足！

第二个共同特点是，较好地展现了教师的课堂教学领导能力。

多数人认为教师是没有领导力的，我却认为不仅有，而且主要体现在课堂教学上，我甚至认为，在教师的众多领导力中，课堂教学领导力才是其核心领导力。

在普通教育学校里，一个班多则四五十名学生，少则二三十名学生，教师在不足一个小时的时间里，要让个性不同的学生都能集中注意力学习，要让基础不等的学生都有不同程度的收益，要圆满完成既定的教学任务，或者依据新的现场情况生成新的教学生态，如果对课堂教学的现场没有一定的影响力、掌控力、调节力、引导力和攻坚克难的突破力，那将是不可能的。因此，所谓学科教师的本领，其实最终还是管理和领导课堂教学的本领。

在特殊教育学校里，一个班的学生明显少于普通教育学校，但并不意味着教师的课堂教学领导力要明显低于其他学校；恰恰相反，面对这些特殊儿童，对教师的课堂教学领导力的要求反而会更高。

令人欣慰的是，在今天的两节展示课上，教师不是无所作为，也不是难以作为，而是有所作为，主动作为，创造性作为，基本达成了教学目标。高三年级这个班非常特殊，是该校首批被综合评估为多重障碍的班级之一，八名学生除全部为极重度聋，也就是全聋外，还有六名学生伴有不同程度的智力低下、运动障碍、情绪障碍或多动症行为等。面对这样一批学生和这样一篇看似浅易、实则抽象的文章，恐怕普教系统的绝大多数教师都会束手无策；但是，今天的主授教师几乎做到了游刃有余。

这与其说得益于教师与本班学生有长达十年的语文教学渊源，倒不如说是教师的课堂教学领导能力发挥了重要作用！

各位老师，这两节课都是真实的原汁原味的展示课，没有虚假和作秀，自然也不完美，也还存在值得商榷、需要改进的地方。

如《自选商场》一课，如果将教学时间重点安排在后半部分内容，就不会出现教学时间趋紧的情况。而让那位脑瘫儿童提着一大袋洗衣粉去模拟商场进行生活用品归类，则显然很不合适，虽然他的归类没有错，但是他提着重物趔趄行走时几乎要被压拽倒地，实在很危险，要知道这是一位存在心理、情绪、行动和学习等多重障碍的、需要妈妈陪读的脑瘫儿童！

再如，《广东没文化吗》一课，一是因为课前的教学设计和选用的文章没有确切地合乎学生的学习起点，导致教学过程并不流畅；二是学生上台演板时，教师应该关注学生的书写，而不应该背对黑板，对学生的板书是否正确完全置之不理。很遗憾，一位学生在书写“文化”的“文”时出现倒笔，却没有让教师发现，没有得到教师的及时纠正。

尽管如此，这两节课依然瑕不掩瑜，我对教师和学生依然心存感激。

此时此刻，我想起人们关于美丽和可爱的话题。就生理和身体而言，特殊学校的学生也许并不完美；但是，今天，他们在课堂上的上佳表现，却表明了一条质朴而深刻的哲理：他们一定是因为可爱而美丽！

正因如此，我想大声说：我们要像尊重和热爱他人一样，尊重和热爱特殊学校师生！因为，他们才是人类灵魂工程中伟大的工程师，他们才是人类挑战自身残缺和极限的真正的挑战者！

（作者在广州市聋人学校“学为中心”课堂教学展示研讨会上的专家点评，时任广州市天河区教育局教研室主任；2014年12月1日根据记忆和演讲提要整理。）

坚持校本教研　提高教学质量

很高兴受邀参加学校的校本教研活动，也很乐意和大家一起探讨提高课堂教学质量问题，这对我来说也是一次学习。

郑老师的这节课是一堂紧紧围绕填题、选材展开的中考半命题作文训练课。郑老师运用示范引领和循循善诱的办法，对学生进行了中考作文从发散思维到聚焦思维的训练，效果良好。汪老师的课则是一节紧紧围绕弱者老王、文人杨绛展开教学的讲读课。汪老师以一线串珠之法，让学生从熟悉内容，走向品读感悟，从而了解那个特定时代的状貌，体会文人和弱者的善良，效果也不错。从这两节课中，我们看到了什么呢？至少有三点。

第一，学校的校本教研成效明显。这主要表现在两个方面：一是教师们坚持全面、科学、客观的原则参与评课。刚才发言的教师并没有一味地赞美，而是一针见血地指出课堂教学的不妥之处。我觉得学校的教研活动就应该这样开展；否则，教师的专业发展就难以步步走向高地。今天两位教师的优异表现，应该是学校长期以来坚持认真开展校本教研的一个缩影。二是两位教师展示了较高的课堂教学水平。两位教师的课堂教学，目标明确，重点突出，方法得当，过程完整，思路清晰，反应机敏，教学语言干净幽默。这是学校教师专业发展的一次彰显。

第二，学校的校本教研敢碰难题。因为作文教学指导一向有难度，便有部分教师采取简单的办法处理教学，使得学生始终处于一种混沌状态，导致写作水平提高不明显。作文教学要解决什么难题呢？两个难题——表达和思维。表达和思维是辩证统一的，犹如一块硬币的两面。学生的思维如果上不来，文字能力强也难以有深刻的表达，深刻表达的背后其实是深刻的思想、思考和思维；反之，如果只有思想，却没有简明或形象的条理化或艺术化的表达，再深刻的思想也无法借助语言的外壳传播开来。今天，郑老师的作文指导课，为我们提供了一种比较好的解决难题的思路——侧重对学生进行思维训练，学生思维的视野和思路如果没有打开，其中考和高考作文的书写很大程度上可能是碰运气。

汪老师所授《老王》一课内容比较浅显，就像讲述日常生活故事，学生对文句字面的理解基本上没有障碍。但要让学生准确理解文字背后蕴含的深意，为师者却不太容易在教学中做到，包括对学情的分析、对课堂教学的把控，以及养成学生对特定时代的感知、对作者沉重心绪的体会和感悟等。汪老师把这篇课文选为公开课教学，可以说和郑老师一样，都具有一种敢碰难题的勇气，显示了学校在教学研究中愿意攻坚克难的探索精神，这是非常难得的。

第三，学校师生积极探索成功教育。学校从2008年提出尝试成功教育，到2013年逐渐趋向成熟。在生动的教育教学实践中，学校通过多种途径，为学生提供多种机会，让学生在不同的舞台上体验成功，已经取得了较为丰硕的成果，已经被近年来的教育教学实绩所证明。

今天郑老师的课堂教学也同样是一种生动呈现。郑老师始终发挥指导和引领的作用，学生则从模仿学习到自主探索始终处于主体地位——先选八个素材，再选四个素材，最后选一个最有兴趣、最有感触、最有意义的素材，教学全过程呈现了学生在教师主导下的主体学习、主动学习、能动学习，呈现了教师不断为学生提供自主表达机会、提供尝试成功可能的教育理念。我对课堂教学的统计结果是，第二节课学生发言7人次，第一节课学生发言16人次，达到全班人数的三分之一。这个数据当然不能完全反映学生在课堂上的学习状况，但从一个侧面传达了一种教学思想。

成功教育理念始于1983年，源于上海市闸北八中校长刘京海的探索实践，前后坚持二十多年，曾是教育部在基础教育界向全国力推的三大教学成果之一，在国内外产生了广泛影响。成功教育的“三要素”和主要内涵是什么呢？“三要素”是积极期待、成功机会、激励评价。主要内涵是三句话：始于信——相信学生有成功的愿望、相信学生有成功的潜能、相信学生可以取得多方面的成功；得于法——教师的主导方法正确、科学；验于行——让学生在实践中、在机会中、在平台上不断体验成功的可能和快乐。今天，郑老师尽可能地为学生提供练习和表达的机会，尽可能地让学生在课堂上大胆表现，可以说是对成功教育的一种积极而生动的探索；汪老师在自我反思时感觉自己的课堂教学没有达到预想的状态，这是值得深思的。

这两节课存不存在问题呢？有存在的问题。

问题在哪里呢？我先说《老王》这节课。

首先，学生感知不够，教师连续讲解课文内容费时太多。新课标理念下的课堂教学不再是聚焦于教师，聚焦于教材，聚焦于知识，聚焦于教学流程，而更多的是聚焦于学生的学习与发展。要做到教师尽量少讲、学生尽量多学，就要最大限度地让学生带着有一定难度的问题去读，去思考，去讨论。

其次，重点聚焦不够，教师一节课想要解决的问题太多。文章是有文眼的！那这篇课文的文眼是什么呢？应该是“活命”二字，老王的整个人生都处于一种“活命”的状态。这种生命状态，准确地说叫“活着”，而不是“生活”。“活着”就是仅仅求生存，求温饱，求食能果腹、衣可遮体；可是，即使在这样的一种生命状态下活着，他的身上也没有泯灭人性中最宝贵的品质——“善良”！遗憾的是，这节课基本上没有涉及这么重要的内核。在有限的课堂教学时间里，肯定不可能解决所有的教学问题。但是，一节课到底要解决什么主要问题，到底要教给学生什么重要能力，课前就要定位准确。一般而言，一节课能够认真解决好学生迫切需要解决的难点或疑点问题就够了，所谓“一课一得”。如果这节课能够集中处理好学生对于在“活着”的生命状态下仍然保持着人性不灭的“善良”问题的感知和理解，这对他们的成长将会有很多的启迪！课文后“思考与练习”设计的第一道题就是关于“善良”的思考，足见教材编写者将其入选课本的良苦用心。

最后，板书精准度不够，板书缺乏对要点及其逻辑关系的表达。教师把“弱者老王”“文人杨绛”两者并列板书，这是不太妥当的。作者在这篇文章里所要重点表达的是对老王命运的同情和对坚守善良的肯定，主要人物无疑是“老王”。所以，板书时如果能把“文人杨绛”四个字用括号括起来，又能用不同颜色的粉笔与“弱者老王”区别开来，不仅能显示人物的主次，而且能暗示思想内容上的逻辑关系。作者的文章标题，为什么只用“老王”，而不用“杨绛和老王”或者“老王和杨绛”呢？其实也暗含了这层意思。优秀文章的关键词句值得我们细细品味，体现文章主旨的板书更要字斟句酌。好的板书，第一是简明，第二是精炼，第三是准确，第四是完整，第五是整齐，第六是美观，我们应该朝这个目标努力。

我再说说考前作文指导课，我对这节课有三点建议。

首先，要注意课堂教学师生对话的方式。教师在课堂上与学生的互动较多，这是好的。但是，在互动中一定要顾全课堂大局，顾及全班学生，也就是既要关注差异，又要兼顾全体，不能只抓住一个问题，只逮住一个学生，便穷追不舍，在一段时间里置其他学生于不顾，最终演变成时间较长的师生二人对话，这是课堂教学的大忌，今后要注意改进。

其次，要重视教学设计对于课堂教学的意义。教学实施包括教学设计和课堂教学等，教学设计之于课堂教学，就像线绳之于风筝，风筝是放飞到空中让别人观看的，线绳是用来控制风筝的方向和高度的，放飞者之所以要紧紧抓住线绳进行收放自如地控制，就是要避免风筝随风而飘。同理，教学设计就是课堂教学实施的线绳，始终发挥着掌控教学方向、目标、进程和难度、深度、高度的作用。当然，实际教学中不可能一字不改地完全依照教学设计那样实施，它会有变化，有生成，有调控，甚至有重构，因为课堂教学要面对活生生的学生，要面对丰富复杂的情况。但是，一般而言，我们总体上要按照课前的教学设计进行，防止课堂教学漫无目的，信马由缰，毫无效果，特别是作为提供给青年教师观摩和开展教学研讨的教学实施，我们资深教师更要做出榜样。

最后，要发挥新媒体新技术辅助教学的作用。这节课，教师没有使用电子演示文稿，假如教师制作了两三张课件，尤其是将需要学生填写的图表制作成电子演示文稿，一定会节省时间，效果一定会更好，效率也一定会更高。我们反对课堂教学过多地使用课件，反对使用课件时的技术主义倾向，但是面对新媒体新技术，我们不能没有反应，或者反应不灵敏。教育信息技术的迅猛发展，已经远远超出我们的想象，无论是老教师还是青年教师，都要跟上时代发展的节拍和步伐，否则就不只是落伍的问题。

各位老师，尽管这两节课还存在这样那样的问题，但是些许问题并不能遮住其光芒，不仅总体上展示是成功的，而且客观上也展示了老师是优秀的，学校开展的校本教研活动也是富有成效的。

希望学校坚持这一优良传统，坚持成功教育实践，继续创新校本教研的有效路径，不断提高课堂教学质量。

（2015年作者在天河区某实验学校校本教研听评课活动上的即兴演讲，时任天河区教育局教研室主任；学校根据其讲话录音整理，后经作者审定。）

坚持积极探索　研究课堂教学

上午，我和在座的各位一起观察了两节经典教育课堂教学，刚才又聆听了学校关于经典教育工作的情况汇报，很有收获，很有感触，也有一些思考。依据平时对学校的基本了解、对校园的现场多次观察、今天学校的专题汇报以及课堂教学的状况和教师们对课例的简要评价，我从两个方面谈谈个人的意见和建议。

第一个方面，关于学校经典教育的主要做法。

我以为主要是以下四点做法。

一是高度重视经典教育，积极探索实施策略。除了正在上课的语文教师没有在座外，学校领导班子全体成员和语文教师整整一个上午都参加了这个研讨活动，可见学校高度重视经典教育的氛围。当然，如果只是搭班子、建组织、选教师，自然是不够的；所以，学校还对实施策略进行了积极探索。所谓策略，是指为实现某一目标而制定的一整套具有针对性的方案，包括指导思想、工作原则、实施路径、方式方法和措施手段等。这从学校的汇报和学校自编校本教材，以及举办研讨活动等方面都可以得到印证。

二是深入研讨课堂教学，尝试构建教学模式。从经典教育课堂教学的角度进行分析，今天的两节课显然还不太成熟。但是令人欣喜的是，它们都有一个共同的特点，这就是都有读（诵读）、悟（领悟、感悟、体悟）、用（迁移）等三个主要环节，并且基本上也是按照这个顺序展开的。一般说来，经典教育的授课不会缺少这三个环节，也大体依照这个步骤进行。或者说，这三个环节的运用构成了经典教育课堂教学的基本范式，至于某一环节和步骤往下可能再细分，则是另外一个层面的事情。由此可见，学校的经典教育课堂教学已经初步走上了符合一般教学规律的轨道。

三是确保活动常态开展，丰富学校文化内涵。我们的学校文化是什么呢？是和美教育，所谓和而不同，所谓美人之美、各美其美、美美与共、天下大同。和美本身就是中华优秀传统文化的精髓之一，现在学校开展经典教育正好契合了传统文化和学校文化。与此同时，学校在经典教育上保证课时、自选内容、自定主题、自编教材等等，都从不同层面上丰富了学校文化内涵。

四是春风化雨润物无声，浸润师生品行修为。进入校园，查看校容校貌，观察师生行为，我的一个强烈的感受是，师生的精神状态、仪态气质、言行举止等，都已不同程度地受到优秀传统文化的浸润。我们刚才观看了电视台对学校的报道，报道中师生对经典教育的感受和评价，以及他们的言行表现也有力地彰显了这一点。这是学校长期春风化雨般开展经典教育，并将优秀传统文化内化为师生品行修为的结果。

今天，我到学校调研，一方面是为了了解学校开展经典教育的情况，另一方面，更重要的是，与大家一起研讨经典教育课堂教学问题。下面，我提出五个方面的问题供大家思考和研究。

一是经典教育课堂教学定位问题。这个问题如果不想明白，将会影响我们的教学设计和课堂教学实施，所以我要先说。经典教育课是不是语文课呢？不是。是不是德育课或者思品课、政治课呢？也不是。那到底是什么课？是经典教育课。或者说，它既不仅仅是语文课，也不仅仅是德育课；既是语文课，又是德育课。这很有点像绕口令，但事实上的确如此。没有谁这样定义过，但我的理解就是这样：经典教育课是一门横跨语文课和德育课两门课程的“边缘课程”，当然，也可能涉及历史、地理等。我比较完整的界定就是，经典教育课是一门以语言文字为主要载体，通过一定时空的教学活动向学生传递思想、情感、心理、价值、品格等非知识性、非智力性教学内容的多学科性课程。

它具有四个方面的特性：

第一，从承载方式看，物质类（纸介）经典教育内容主要是可以作为语文学科特征的语言文字来承载的，因而在表达方式上具有语文学科特性，这也是语文教师常常把经典教育课当成语文课来教学的原因之一；

第二，从教学形式看，它不是以主题班会的面目出现，而是以学科课堂教学形式呈现，因而同样具有一般课堂教学的共性，比如教学流程、结构、方法、手段、形式等等；

第三，从教学内容看，它主要不是教授与语文的字词句篇章相关的知识和技巧，而主要是将语言文字所蕴含的教育性内容如思想性、情感性、价值性、品德性内容传授给学生；

第四，从教学旨归看，经典教育课的教学目标不是为了教会学生学会记忆、理解、欣赏和应用语言文字，进而最终习得与语言文字相关的知识、技巧和方法等，而是为了通过对相关语言文字的理解实现对蕴含其中的教育性内容的领悟，进而促进学生人格的完善完美。

概而言之，经典教育课具有语文学科性、课堂教学性、内容教育性、人格完美性四大特性。

有人可能会说语文学科是文以载道，也要讲德育渗透，所以与经典教育课并无太大区别。不错，语文课要注意德育渗透，但它只是“德育渗透”啊，它还可以是教学目标。这就是我们通常所说的三维目标的情感、态度与价值观，却只是其中的一个教学目标，并且肯定不是主要目标，这是由它的学科性质决定的。而经典教育课就不同了：情感、态度与价值观是它的主要目标，甚至是唯一的目标！理解字词句篇章的含义，不过是为了更好地领悟教育性内容；或者说，理解只是手段、途径，不是目的，领悟有关人格完善完美的教育性内容并在实际生活、学习、工作中加以实践才是目的。由此可见，两者的区别其实很大。

因此，我们可以这样评价这两节课：《狐与葡萄》定位不准确，今天要展示的是经典教育课，不是小古文鉴赏课。全课把主要时间用于赏析“之”字等词语的用法和作用，这是把它当作文言文来讲授和学习了，实际教学难度也大大超越了小学六年级学生的认知水平。“之”的用法和含义，别说高三的学生学过之后都不能完全掌握，即使是高中教师也不一定能够完全辨析清楚特殊语境下的“之”的含义和用法。

二是经典教育课堂教学设计问题。明确了课堂教学定位，才能准确进行教学设计。教学设计是课堂教学实施的前提和基础，没有正确、清晰的教学设计，明确有效的课堂教学实施就难以保证。教师应该在上课前首先把好教学设计这一关。教学设计应该在课堂教学定位的前提下，以完美学生的人格为指向，确定文章包含的人格教育内容全面设计教学目标，设计教学重点、难点、疑点和盲点，设计教学形式、方法、手段，合理分配教学时间。一篇文章可能会蕴含多个教育性话题，从不同的角度分析可能会有不同的理解。但是，就一节课而言，因为时间有限，教学设计不必面面俱到，也不可能面面俱到，而是应该抓住文章中最重要的教育性话题，或者针对最能触动学生的话题设计教学活动，也就是要善于抓住触点和泪点。

三是经典教育课堂教学步骤问题。怎样的教学步骤才更合乎经典教育的定位和教学目标呢？教学步骤的推进怎样才更合乎学生的认知规律呢？

第一步是读文会意。

要通过诵读、点拨、正音释词断句等让学生初通文章大意，诵读要不厌其烦、想方设法、形式多样，点拨要言简意赅、精准到位，正音释词断句则只需要抓取关键词句进行适当讲解即可，大可不必大讲特讲、追根溯源、故作高深，如《宽》中的“吾何以观之哉”“恕是用希”“小人反是”等字词，《狐与葡萄》中的“垂涎久之”“大快朵颐”“彼庸夫俗子方以之为食也”“噫，是谓拂人之性，违心之谈也”等语句和句中的重点词语，对它们的讲解其实点到为止就行了。

第二步是领会悟道。

也就是让学生明白文章所揭示的为人处世、做人待事的道理。我要特别提到《狐与葡萄》一文，作为经典教育课，如果把第二段先去掉，而在学生对第一段所蕴含的寓意展开充分讨论之后再提供给学生参考——我说的是“参考”而非标准答案，其效果一定会更好，因为学生的思维得到了解放和训练。现在的这种安排，很大程度上影响和束缚了学生的思维，同化和固化了学生的思考空间，既然已经有了明确的寓意答案，所谓“悟”的过程就完全踏空了。

第三步是联想活用。

也就是学以致用，将教学的归宿点最后落实在学生能够联系自己和生活实际上，明白在今后的日常学习、生活、工作实践中自己应该怎么做，应该怎样正确对待自己、正确对待他人、正确对待社会、正确对待自然、正确对待环境。

这三步应该是构成课堂教学的基本步骤和环节，是常式常态，在这样一种常式常态下再依据文本和学生实际，进一步考虑教学步骤的变式。三大步骤的重点在哪里呢？在最后一步。这最后一步既是时间分配的重点，也是教育性话题研讨的重点，更是决定经典教育课堂教学成败的关键。

四是经典教育课堂教学起点问题。这里所说的起点是指教学的出发点，也就是教师在进行教学实施前一定要分析自己所教学生在不同的家庭背景、文化基础乃至生活环境中形成的不同的和相对整体的个性品质特征、学习能力。同样是生活和学习在天河区，长期住在城中村的孩子，与长期住在城市中心区或核心区的孩子相比，他们之间一定会在品德表现上具有明显的差异。只有明白学生缺少什么，我们才能明确应该为他们提供什么；只有明白学生需要什么，我们才能明确应该教给他们什么；只有明白学生的文化基础，我们才能明确如何组织教学方能更加有效。教学起点问题解决得不好，所谓教学设计、教学步骤、教学方式方法等都将变得没有意义。

五是经典教育课堂教学提质问题。我区的经典教育已经纳入校本课程体系，主要形式是以课堂教学呈现的，这就表明我们的课堂教学质量层次将会决定经典教育的质量品位。怎样提升经典教育的课堂教学质量呢？聚焦重点、打磨亮点、课题带动、课例研讨、学习借鉴等，可以为学校经典教育课堂教学的提质增效蹚出一条道路，这项工作主要靠学校自身来完成，教研室也将最大限度地为学校提供指导服务。

最后，希望我们的共同努力，能够为天河经典教育更加出彩做出更为有益的探索和贡献！

（作者在天河区某小学经典教育课堂教学研讨会上的即兴演讲，时任天河区教育局教研室主任；2014年12月4日根据记忆和讲话提要整理。）

展示课堂教学　研思创新创模

一周五个工作日，局长先后两次拨冗莅临小学经典教育现场，一次是周二下午参加《论语》学习分享会，一次就是现在的经典教育君子三幕剧课堂教学模式展示。这说明了什么呢？说明局长很重视，经典教育很重要。

本来，按照工作安排，今天我和陈主任都应该参加市里的理论学习培训；但是，我们都没有去，而是不约而同地选择参加了这两次经典教育活动。这当然不是说我们的参加对于活动有多么重要，而是说明优秀传统文化教育对学生的成长和学校的发展非常重要。所以，我们如果不能亲执三尺教鞭于讲台，但至少可以在道义上声援，在行动和专业上给予支持。

据北京晚报报道，教育部自2016年开始，将在大学设立国学本科专业，届时国学教师的缺口将达百万之众，目前东北师大、北京联合大学正在考虑率先设立这一专业。事实上，不只是优秀传统文化教育需要专门的教师，即便是我们这一代所谓受过良好高等教育的人，也十分需要大力普及传统文化知识。

最近两天——从前天开始，我就陆续收到一些亲友的祝福，诸如“端午节快乐”，其心乃善，其语恳切，其情真挚。但是只要细细思量，或者说如果能够具备一点古代民俗知识，我们的问候语就不应该是“快乐”等词，而应该是“安康”之类。端者，始也，开始之意；午者，午时也，中午十一点至十三点这段时辰。端午，就是一年最热的时候，开始于农历五月初五这一天的午时。因为五月的节事活动比较多，还有包粽子、插艾草、划龙舟等，古人干脆就将这些活动放在五月初五屈原投江而死这一天一起进行，这就是端午节的由来。大家知道，所谓包粽子、划龙舟都是为了纪念爱国诗人屈原，是带有强烈悲壮情感的；插艾草的故事也是表达对唐末忠肝义胆妇人的敬意的，是很能打动人心的。这些节日和活动，无论是就其历史起源，还是就其历史演进，都不能与“快乐”等表达喜悦情感的词语勾联起来！但是，在这个悲壮的节日来临之前，对民俗文化不了解的还大有人在。这当然与我们这几代人过去接受的教育，特别是传统文化方面的教育有很大关系！

正因为存在这样的缺失，优秀传统文化的传承和弘扬才显得十分重要。据了解，不仅是中考高考要增加优秀传统文化的命题比重，各学段教材都要大量增加优秀传统文化的内容，而有关方面就此开发的系列教材，已经从学前教育到成人教育——全国各级干部国学经典教育，多达700余本。所以，经典教育已经不是停留在读经热的层面上，已经不是如何自己去编撰教材了，而是开始上升为国家战略，开始研究如何选用教材和探讨课堂教学模式了。

今天展示的两节课，有以下几个共性。

第一，从教学目标看，课堂教学指向了人格养成、知行合一。

我不久前说过，自上个世纪末开始的民间读经运动，至少有三大特点：一是读经热，二是读经乱，三是读经难。难在哪里呢？难在课堂教学目标的掌控。令人欣慰的是，这两节课的教学目标都明确地指向了学生完美人格的培养，即便是诵读、吟唱，讲故事、扮角色等，也都是让学生在认同《弟子规》《论语》的学习和诚信价值的基础上去体验体悟，进而争取在实践中自觉做到。很明显，执教者的教学设计就是要通过课堂教学实施，将学生在课堂上的学习认同延伸至课外的日常行为习得，从而实现知行合一、人格养成的教学目标。这是合乎经典教育的大方向的，是合乎学生年龄认知规律的，也是合乎学校《经典教育促学生君子人格养成的课堂教学模式研究》的课题研究目标的。

第二，从教学内容看，课堂教学实现了整合开发、雅俗融通。

《论语》是孔子的门徒辑录其语录所编的读本，虽然并不都晦涩难懂，但历来就有“半部《论语》治天下”之说，内容姑且不论，但其语言至雅至美在学界是有公论的，可谓大雅之作；《弟子规》是古时童蒙养正的教材，从内容到词语都较为通俗。今天，两位老师没有简单地处理《弟子规》，而是对教学资源进行了二次开发，将《弟子规》和《论语》主题相同相近的文句聚合在一起进行教学：第一节课聚焦“学习态度”，第二节课聚焦“诚信”。此外，教师还搜罗和加入了有关历史故事和成语故事。这就在很大程度上超出了其他老师执教《弟子规》的狭隘视野和思考，而使自己的课堂教学具有了不同凡响的深度和广度，也更加彰显了经典教育的教学目标和思想内容。

第三，从教学形式看，课堂教学尝试体验教学、术道统一。

道是什么？道就是教学主题、教学目标，就是课堂教学的育人功能。术是什么？术就是教学方法、教学手段，就是课堂教学的技能技巧。在一节课中，任何的方法和手段都应该为教学目标服务，任何教学目标的实现，都应该有与之相应的教学方法和手段。这两节课在教学方法方式上的最大特点，是用了体验教学，教师充分运用故事导行、情景再现、戏剧表演、小组研讨等多种方式方法和手段，让学生最大可能地体验体悟其中的道理，虽然课堂上这种体验体悟总是十分有限的，但教学手段和方法的确突显了学习和诚信的教学主题，突出了课堂教学的重点，基本上做到了课堂教学的术道统一。

第四，从课题研究看，课堂教学体现了模式创新、深度思考。

这是今天两节课再次不同于其他课堂教学的特点之一：课堂教学不是独立于课题研究之外的，而是在较为厚实的课题研究基础上的，或者说是学校在开展相关课题研究的背景下，以一定的教育理念为指导而展现的课堂教学。这就表明，其课堂教学具有研究和实证性质，具有课堂和课题相互融通的意义，课题研究引领课堂教学模式建构，课堂教学模式建构又印证课题研究是否科学和合乎逻辑。两节课是指向人格养成、趋向知行合一，充满课堂教学活力、富有人格教育内涵的经典教育课堂，是能够让我们对如何上好经典教育课做进一步深度思考的课。

思考之一：如何实现语文教学与人格教育的有机融通。

经典教育的主要载体是汉语言文字，因而在教学过程中要考虑汉语言学习的基本要素，对关键词句要正其音，辨其形，察其义，明其理；否则，一节经典教育课就会上成其他学科的课，这是我们要尽力避免的。

思考之二：如何实现经典教育教师与学生的共同成长。

经典教育其实遭遇了一个师资难题。授课的教师基本上是语文学科教师或者有兴趣的其他学科教师，这当然不是一件坏事，问题在于，经典教育实际上专业性很强，要求很高，甚至高于语文教师。我们既然解决不了专业师资问题，那就只有一个办法，在教学中学习，在学习中提高，在提高中实现与经典教育同行、与学生一同成长！“查道访友”中的“查”到底是读zhā，还是读chá？“习惯”的“惯”字、“经典”的“典”字教师如何书写才规范？讲述历史故事和成语故事的教学语言应该怎样既生动形象又繁简得当？诸如此类，都值得我们深思。

思考之三：如何实现教学方法与教学内容的深度融合。

我指的是“深度融合”，而不是一般的“结合”或者“磨合”。“诚信”一课探索运用了戏剧表演的方式让学生想象和体验查道的人品，这是颇有创意的。但我们在课堂上总有一种感觉，学生的表演只是表演，并没有在最需要用表演体验、用表演突破难点的地方呈现诚信，因而浪费了一些时间，妨碍了课堂教学的效果、效率和效益。此外，戏剧表演对人物性格的冲突和人物语言的个性化要求很高，如果我们的教学内容本质上缺少必要的故事情节、人物冲突和个性语言，我们就应该对戏剧表演教学采取审慎的态度。

以上意见，所思尚浅，仅供参考；错漏之处，敬请指正。

（作者在广州市天河区某小学经典教育君子三幕剧课堂教学模式展示活动上的即兴演讲，时任广州市天河区教育局教研室主任；2015年6月19日根据录音和演讲提要整理。）

独步创模除弊端　教育教学两相融

主持人请我作为专家代表来点评今天的这节课，我实在是诚惶诚恐。我唯一的担心是，我的点评可能会有意无意地掩盖杨老师和其课例的光华。尽管如此，我依然执着地登上台来，是为了要抛砖引玉，与在座的各位分享我的感悟。

为了今天的分享，我克服了近期工作繁忙的困难：如果今天没有改变行程，我现在应该是在飞往山西太原的航班上；如果没有调整赴校调研的计划，我现在一定是在另一所学校的课堂或会议室里。一周前，从学校邀请我参加今天的研讨会开始，我的内心就在谋划如何才能到场听课，我特别提前一天先行到该校调研，而把今天的时间预留出来。我如此这般地颇费心机，又怎么会放弃今天与杨老师近距离研讨交流的机会呢？

俗话说，神交再久，不如一面之缘。我与杨老师的结识可谓神交已久，一直有短信或微信的互动，但双方始终未曾谋面。今天，我终于实现了长久以来一定要观其人听其课的愿望，不仅我的激动无以言表，而且杨老师其人其课真的让我深感不虚此行！

刚才，我们拿在手里的几张铅印教材，上面标明是“××中学第一课《子悦讲论语》”，这是从学校整体教学研究计划的角度出发，当然没有错。不过，我听完课，大体观察了参会人员的结构后，觉得这样界定本次活动的主题和意义也许更为合适。这次活动应该称之为“两岸三地中华优秀传统文化教学研讨会”，参会的主要成员是来自台湾的硬笔书法专家布衣老师、来自深圳的授课名师子悦老师、来自华南师大的两位教授以及以学校教师为主体的天河区的教师，今天大家齐聚一堂共同探讨的是代表中华优秀传统文化的原典《论语》有关章节的教育教学问题。这样的来源和这样的活动，难道不能称之为“两岸三地中华优秀传统文化教学研讨会”吗？与其他类似活动不同的是，它的举办单位是一所学校，它的人数还不是很多，但层次和规格却不低；也恰恰因为是一所学校举办了如此高品质的活动，我才觉得特别了不起，这种了不起显示了学校近年来之所以快速发展的逻辑路线，因而尤其值得称道！

这节课应该称之为什么课才更加合适呢？应该称之为“主题式《论语》教学”，副标题是“孔子的为人处世”。因为，杨老师今天是把原来散编在《论语》各章中的八则文字按照一个主题集纳在一起实施教学的，其教学内容全部是孔子关于为人处世的评价，或自评，如“忠信好学”“诲人不倦”“多能鄙事”“三十而立”“忘食、忘忧、忘老”等等；或他评，如“循循善诱”“温、良、恭、俭、让”“知其不可而为之”等等。这种教学方式的一大好处在于专题突破，通过教学使学生对某一主题有深刻的理解，学生因而在人格健全上受到教育，在明理悟道上得到启迪。我们区曾经对此专门组织过研讨，称其为“主题式《论语》教学”或“《论语》主题式教学”。杨老师是这方面的专家，我这样理解也不知道行不行，请杨老师多多指教。

各位，今天这堂示范课给我们带来了什么呢？至少有两个特点能够给我们以深度启发。

第一个特点是自创一格和独步教坛，创建了优秀传统文化教学的新模式。

因为工作职责所在，我去过省内外很多学校听课，多次做过全国级传统文化教学比赛的评委，对全国各地的传统文化课堂教学和中华优秀传统文化教育先行区的教学现状比较了解。据我所知，优秀传统文化的课堂教学，就模式而论，目前大抵形成了南北两派：北方以北京通州区的“三步六正九读”为代表，南方以广州天河区的“三环七步”为代表。“三步六正九读”就是正音正读、正字正义、正心正行，这是“三步六正”；“九读”就是读正确、读流畅、读成诵，读大义、读理解、读入境，读韵律、读体验、读义理。“三环七步”就是全课分为温故、知新、致用三大环节，完成前两个环节分别要经历两个步骤，完成最后一个环节需要三个步骤，合起来一共七个步骤。这两种课堂教学模式在全国都很有影响，都基本上以诵读为课堂教学的主线，都遵循了“取舍有度、化繁为简，言意兼得、古为今用”的传统文化教学原则，发挥了优秀传统文化教学的健全人格、立德树人的教育功能。

令人惊喜的是，在这两种模式之外，我们今天又看到了第三种模式，这就是杨老师自创的按照“熟读、成诵、显义、致用”这四步流程推进教学，其中“致用”主要是在积累和运用上下力。很明显，杨老师的四步教学模式不仅烙上了自己的鲜明个性，还收到了异曲同工之妙。从这个意义上讲，学校办了一件大好事，让我们今天开了眼界。杨老师为我们送来了一份大礼，让我们再一次感受了深圳的创新活力。

第二个特点是教育和教学融为一体，避免了传统文化教育和教学两两相隔的弊端。

目前，中华优秀传统文化教育可谓方兴未艾，各地在实践中进行了许多有益的探索。但一个不容回避的事实是，传统文化教学的问题也逐渐凸显出来，其中以课堂教学的性向模糊较为突出，一些问题课堂基本呈现两种状态：或者上成德育课、政治课，基本等同于思品课、主题班会课；或者上成了语言课、语文课，词语解释、语句串讲，甚至字音词义考证，成了课堂教学的主线。其实呢，传统文化教学应该自有其独特的功能，既不是德育课，也不是语文课，而应该是这两种课的结合，或许称其为“国学课”比较相宜，我国的台湾省就是这么称呼的，不仅大学里有国学专业，中小学还有专门的国学教师，所以这些老师所上的课总是让我们感觉很专业，认为传统文化课就应该这样上。

今天杨老师的课，我不敢说已经达到了台湾教师的教学水平，但可以肯定的是做到了教育和教学的相融，避免了通常会出现的教育和教学两两相隔的弊端，这是十分难得的。尤其在大陆地区，如果完全抛弃文言词句不讲，初中教学不顾及中考需要，恐怕传统文化教学难以在学校课程中立足。杨老师比较好地处理了这种看似对立的关系，有读有讲，有感悟、有联想、有运用，读和讲都安排在重点地方、关键之处，从而将课堂教学时间进行了合理的分配，所谓“取舍有度、化繁为简”是也。而传统文化教学的难点之一恰恰在于怎样做到“取舍有度、化繁为简”，做到了，功夫也就到了！

各位来宾，杨老师是名师，名师的课我真的不敢妄加点评，好在今天活动的主要目的在于研讨，所以我还可以说一点点小的建议提供交流：对刚刚步入初中的学生而言，今天的课堂教学容量是不是大了一点？可不可以简略一点？“熟读、成诵、显义、致用”这四步能不能将前两步合并为一步？在我看来，熟读了也就接近成诵了。

以上想法，我是一边听课一边思考所得，一定极不成熟，肤浅之处敬请在座诸君批评指正！

最后，让我们再一次向杨老师和学校致以衷心的感谢！

（作者在《子悦讲〈论语〉》示范课观摩研讨会上的即兴演讲，时任广州市天河区教育局教研室主任；2016年9月14日根据回忆和演讲提要整理。）

研讨国学经典教育　提高课堂教学质量

只要认真梳理一下，我们就会发现，以汉语言文字为载体的优秀传统文化，其教学内容大体可以分为三类：一是记忆积累类，如《二十四节气》《百家姓》《千字文》《声律启蒙》《笠翁对韵》等，主要通过反复朗读实现背诵记忆；二是学以致用类，如《弟子规》等，主要通过学习让学生明白做人处事的道理，进而由课内而课外、由文本而实践，实现由课堂教学向课外生活的延伸、迁移和应用；三是义理体悟类，如《论语》《大学》《中庸》《道德经》等，主要是通过教学让学生掌握要义，通晓道理，提升思维品质，健全完美人格。

刚才，我们一起分享了三位教师展示的现场课，第一节《学而时习之》四则，可以归为学以致用类；第二节《相反相成》和第三节《爱莲说》，则可以归到义理体悟类。这三节精彩的课例具有什么共同特点呢？还要注意什么呢？我们从中应该得到什么启发呢？

首先，我们一起来看看这三节课的五个共同特点。

一是朗读与讲解结合，方法多变。教学过程基本上以朗读作为主线，在教师的主导下采用了指名读、分组读、交叉读、衔接读、齐声读等多变的朗读方法，直至学生当堂背诵。在各种朗读中，又不失时机地穿插了讲解，或者是教师讲解，或者是学生借助注释理解词义语意。总之，以读带讲、以讲促读、读讲结合，读出了节奏，读出了语感，读出了韵味，讲到了难点，讲到了要点，讲到了关键。

二是探究与合作互补，环环相扣。遇到教学内容有一定难度的地方，教师会抛出问题去引导学生探讨思考；如果涉及需要合作完成的问题，老师则将学生进行分组，试图用小组合作的方式共同解答疑难问题。教师正是用一个一个问题组成的问题链将教学环节紧紧相扣，推动教学向前发展。

三是学习和生活对话，突破难点。教师没有让学生仅仅停留在书本的学习层面，而是将书本的学习紧紧与生活相联系，这在《学而时习之》一课中表现得比较突出，从而令学生明白了学而时习、学思结合的道理，并将会在自己的学习生活中加以运用，既突破了难点，又体现了国学教育课堂教学的特征。《相反相成》选自《道德经》，对小学生而言，肯定比较难懂，但是授课老师通过多种方法，把艰深难懂的辩证统一的概念讲清楚了，从而让学生基本明白了其无为而治的真实含义、愈挫愈奋的阳光心态、对立统一的辩证思维，这也是突破难点的典型教学案例。

四是板书与文本对应，简明扼要。好的板书一定是言简意赅的。三位教师的板书不仅字体端正优美，而且板书设计精要简明，十分凝练地呈现了文本的主旨和核心内容，是对文本内容的高度概括，对学生的学习和理解发挥了画龙点睛的作用。特别难能可贵的是，在年轻教师能够娴熟使用多媒体课件的今天，今天在台上展示课例的三位教师基本上避免了年轻教师容易出现的问题——以课件代替黑板，以课件代替教师讲解，以课件代替板书设计，恰到好处地处理了课件与板书的关系、传统教学媒介与现代教育技术的关系。

五是激趣与激励协调，助推教学。三位教师深知小学生的个性特点，他们不约而同地用新鲜有趣的故事导入或启发，并在整个教学过程中对学生的思考、答问等表现予以充分肯定，始终激励学生在好奇、激动中与教师一道共同完成教学目标和任务。

正是因为三位教师的精彩展示，才使我们今天上午充分享受了国学经典的课堂教学大餐。在此，我提议，让我们再一次用热烈的掌声向他们致以衷心的感谢，感谢他们的辛勤付出，感谢他们的创造性劳动！

毋庸讳言，如何完善优秀传统文化教学，我们还在探索，我们还在路上！尽管这三节课已经相当不错，为我们提供了国学经典的教学范例，但并不等于说这三节课就没有需要改进和完善的地方；恰恰相反，有些方面还需要我们给予足够的注意。

一要注意适当正形正义。只是停留在正音上还是不够的，它只解决了音准问题。汉字还需要书写，容易写错别字的应该花上一点时间强调其字形，如罔、殆、寝、濯、蔓、淤泥、亵玩等字词。对理解文段很重要、很关键的字词，则还应该明确其含义，如“习”字，原意是反复练习、操练，但有一位学生理解为“习题”而教师并没有纠正，这个词如果作为“实践”的含义理解，可能更合适；又如“朋”字，其实并非通常意义上的朋友，而是指“志同道合的人”。

二要注意运用小组合作。小组合作学习的主要作用在于互助探究，用以解决个体难以解决而需要团队力量才能完成的任务，其要点在于团队合作和问题深度。问题如果没有一定深度和难度，就基本不需要合作了；而问题一旦浅层，自然就没有必要去分工合作和研究探讨了。因此，小组合作学习是为了解决深度问题组织的；反之，如果流于形式，不仅无益，反而有害。

三要注意突出教学重点。《爱莲说》以物喻人的修辞手法、托物言志的写作手法是语文学科的知识范畴，它们在国学课堂上延伸的深度，这是很能体现教师处理教材的功夫的，也特别能体现我们能不能准确划定语文课与国学课两者的边界。一般而言，修辞和篇章结构问题，主要是语文课的教学任务；通过体悟义理而影响学生的思维品质、情感智慧、人格健全，才是义理性教学内容国学课堂的要务。如果不是这样，国学课和语文课就几无区别了，语文教学之外也就没有必要开设国学课程了。正因如此，我们觉得有的课堂在学以致用、悟理明道等环节上用时少了一些，因而显得教学重点还不够突出。

这三节课虽然还存在以上需要注意的地方，但也无法遮掩它们本身闪烁着的光辉。为此，我提议，让我们再次以热烈的掌声感谢三位老师为我们奉献了如此精美的课堂教学盛宴，感谢他们的探索，感谢他们的智慧，感谢他们的辛勤付出！

对这样三节值得我们学习借鉴的课，如果就此打住我的点评，我是心不甘情不愿的，我总觉得我们还应该从中总结出一点什么才更有意味。那么，它们能够为我们提供一些什么启迪呢？

我想，是不是有这样两点值得我们深思？

一是关于国学经典的教学设计和教学实施应该遵循的基本原则；二是学以致用和义理体悟类课堂教学的主要特征。

我认为，其基本原则应该包含，进行教学设计要依据文本的主旨和内容特点；展开教学过程要遵循学生认知规律；实施教学活动要“取舍有度、化繁为简、言意兼得、古为今用”。而其主要特征可以概括为，以诵读感知为主线，以探究体悟为主轴，以人格健全为主向。

不过，我有充分理由相信，本届教学评比大赛活动一定能够推进下届赛事更加精彩丰盛，一定能够让我们的课堂教学走向新的高地和境界！

（2017年11月26日，作者在北师大课程与教学研究院、育灵童教育研究院、中华优秀传统文化教育课程与教学研究中心联合主办的第三届全国小学国学经典教学评比大赛上的专家点评，时任广州市增城区教育局教研室主任；根据记忆和演讲提要整理。）

研讨主题教学　另辟教学新径

今天，在天河区主题式经典教育课堂教学研讨会上，我和大家一起交流观摩《论语》主题式学习课堂教学的体会，感到非常高兴。

2015年3月25日，我受教育局委托，前往北京参加北京大学和中华书局联合举办的“国学与当代教育”学术研讨会，不仅把天河开展经典教育的情况向与会专家和全国同行进行了推介，同时也更全面更深入地了解了全国开展经典教育的历史和现状。

从20世纪90年代至今，大陆地区开展经典教育大体呈现出三大特点。

第一个特点是“读经热”，从下到上，从国内到国外，从企业到事业单位，乃至党政机关，已基本形成了要读一些经典的共识。这个热度至今不减，而且呈上升之势。

第二个特点是“读经乱”，对经典内涵的理解、经典内容的选择、经典教材的编写、经典教学方法的运用等等，呈现出五花八门的状况，而对经典教育的评价至今没有一套系统科学的方法和标准。读经热情很高，但读经缺乏明确规范，读经乱现象比较明显。

第三个特点是“读经难”。难在何处呢？难在经典教育或者中华优秀传统文化教育与学校教育、与学科教学的有效融合，在实践中遭遇了不少困惑。这种困惑已经成为各种会议、各级研究者和实践者特别关注的一个难题。两者到底怎样融合，也就是一节经典教育课到底怎样上，才能更加充分地体现经典教育的特征？是把它上成语文课呢？还是把它上成主题班会课？或者把它上成思想品德课？各有各的说法，各有各的实践，各有各的探索。

但归结起来，大体可以分为三种教学法，或是三大教学流派。

第一种是经典素读教学法。以陈琴老师为代表，她的最经典的一句话是“背诵十万言，读破百部书，能写千字文”，这是她对学生的要求，也是她的经典素读教育法的追求。

第二种是国学体验教学法。以某一个教育点为圆心，让学生在充分体验中华文化精髓的过程中明白做人做事的道理。

第三种是经典义理教学法。以主题式学习为主要形式，融背诵、理解、思考、体悟、践行、修身于一体。

第三种教学法在一些地区已经比较成熟，可以再分为南北两派，北方以北京通州区为代表，南方以广州天河区为代表。通州的教学模式是“三步六正”：“三步”的第一步是展示读，第二步是理解义理，第三步是联系实际；“六正”就是正音、正读，正字、正义，正心、正行。天河区则确立了五山小学的“三环七步”国学经典教育课堂教学模式，这个模式在全国有相当的影响力：“三环”是温故—知新—致用；“七步”是每一环节或两步或三步，第一环节和第三环节都是两步，第二环节是三步，合起来共七大步骤。

说到这里，我们会自然联想到刚才的“《论语·君子之道》主题式学习”这节课。这节课具有哪些特点呢？我们一起来探讨一下。

一是构建了主题式学习教学模式。李老师的教学反思表达得比较谦虚。事实上，这节课是融入了南派北派课堂教学范式的产物，初步构建了经典教育主题式学习的课堂教学模式。当然，她本人可能并没有意识到这一点。之所以说她初步构建了模式，是因为我们可以把她的教学过程提炼为“三读一升华”：第一读是“解读”——首先理解关键的字词句，第二读是“心读”——在阅读中思考、在思考中阅读、边阅读边思考，第三读是“悟读”——在诵读中体悟和领悟人生道理；“一升华”则是让学生通过学习提升自己的修身养性境界，进而深知“今后应该怎样做人才合乎君子之道”。

二是呈现了层层递进的教学过程。在教师主导下，学生从理解字词句篇到理解义理，到联系生活实际、联系修身养性和人格培养，整个教学过程呈现了层层推开、步步深入的特点。

三是综合运用了多种教学方法。这是本节课的亮点之一。全课除了背诵、理解、思考、讨论之外，还有小组合作学习和对新媒体新技术的应用，体现了与时俱进的追求。

四是探索了交叉结合的实施路径。经典教育到底如何与学校教育特别是学科教学相结合？这节课对此进行了有益的尝试，探索了多向交叉结合的路径：第一，尝试与学生的道德实践、人格培养相结合，这是经典教育的终极指向；第二，尝试与学科教学相结合，既没有脱离语文学科的基本属性，又没有完全上成纯粹的语文课，毕竟语言文字只是优秀传统文化的载体，这是经典教育课堂教学的特性边界；第三，尝试与时代发展相结合，经典是历史的，也是现实的，更是发展的和未来的，经典教育如果不引入时代的活水，就难以呈现蓬勃的生命活力，就有可能将学生引入故纸堆里，形成复古的僵化的思维品质和道德范式，现在有些学校完全以孝道作为学校文化的核心内容，全然不考虑现代文明与时代发展的要素，这是值得我们深思的。

五是教学设计完整明确、规范严谨。教学设计的主体内容完整，主要环节明确，主要步骤清晰，教学文案的撰写规范严谨。与此同时开课的其他几节课的教学文案同样体例统一，要求规范。可见，学校对经典教育的教学管理有明确的规范要求。正是因为常规管理到位，课前教学设计认真，才为今天的课堂教学实施奠定了良好的基础。

《论语·君子之道》主题式学习是一节研讨课，作为研讨课而在尝试探索中存在一些不足，这是很正常的。其不足之处主要表现在三个方面：

一是诵读时间不足。组织和指导学生诵读只有三次，用时和次数都是不够的；全课辑录的君子之道语录并不多，每次诵读用时都很短，所以诵读的次数和时间还可以多一些，诵读的形式和方法还可以多样一些。

二是留白时间不足。课堂教学节奏太过缓慢，会迟滞学生的思维；反之，节奏太快，学生又没有思考的时间。因此，课堂教学也要讲究留白的艺术，大的环节或步骤完成后，要留出适当的时间让学生思考，尤其是在提出具有一定难度的问题后更应该如此。大家是不是有这样一种感觉：教师害怕完不成教学任务而在抢时间，讲课比较着急，不那么从容。

三是体悟生成不足。全课的最后总结，如果不是教师直接概括，而是让学生在充分讨论交流后自己学习归纳，或者学生先发言归纳、教师再归纳总结，效果肯定不一样；即使可能耗时多一些，也比教师将答案和盘托出要好。

尽管有以上三点需要改进和完善，但我以为它的不足与亮点相比是一个指头与九个指头的关系，所以，我对这节课的总评归结为两句话：这节课为其他经典教育课堂教学提供了值得学习和借鉴的基本范式；在高中阶段比较难以开展经典教育的情况下，这节课是一次勇敢的破冰之旅，富有探索创新的价值。

为此，我要由衷地感谢今天的授课老师，由衷地感谢全体语文教师，由衷地感谢学校各位领导，并衷心希望和祝愿天河区高中阶段的经典教育能够迈向一个新的台阶。

（2015年3月9日，作者在天河区主题式经典教育课堂教学研讨会上的即兴讲话，时任广州市天河区教育局教研室主任；根据记忆和笔记纲要整理。）

诊断指导课堂教学　优化小组合作学习

今天下午，我们一起观摩了学校准备的两节课——一节初中三年级的《邹忌讽齐王纳谏》，一节初中一年级的《一元一次方程》。刚才，我们又共同分享了上课教师的教学设计说明和参与研讨的教师代表的发言，很受启发。这次来到顺德，校长邀请我对学校的小组合作学习实验进行诊断和指导，下面我就根据今天的观察和研讨等，从两个大的方面谈谈个人的想法。

第一个大的方面，是对学校开展小组合作学习的基本认识。我的这一基本认识主要是四点。

一是对小组合作学习进行了认真深入探索。尽管因为路途不熟和原路改道，未能完全按时到校，未能更多地参观校园和听取学校介绍，但是，我依然能够强烈地感觉到全校上下对开展小组合作学习实验的热情和氛围，从外显的学校物质文化如宣传栏、教学理念标识，班级墙面张贴的学生作业、小组合作学习制度，以及分组的组别、组名和前后黑板的利用等等，都明确地宣示了这一点。不独如此，刚才的两节课特别是《邹忌讽齐王纳谏》一课，也表明学校四年来对小组合作学习的实践探索是认真而深入的，也是趋于成熟和有效的。

二是“四主”课堂教学形成比较鲜明的特色。哪“四主”呢？学校没有介绍，两位上课的教师也没有说，这只是我观课后的提炼和概括，不知道能不能够代表学校课堂教学的基本特征。这“四主”是，以教师为主导、以学生为主体、以问题为主线、以小组合作为主轴，教学过程中的小组合作活动虽然频率比较高，但教学的主导权始终掌握在教师手中，教师始终掌控着教学情节的发展方向，并且这种掌控是以若干个问题——也就是问题链——来贯穿和牵引的。《邹忌讽齐王纳谏》一课对此表现得尤为明显，这是我感到颇为欣慰的。与此相反，现在有些所谓的小组合作学习完全将课堂教学时间交给学生，任由学生之间兵教兵、萝卜炖萝卜，即使学生在展示阶段出现知识性错误和观念性误判，教师也不予理睬、回应、纠正和提供正确答案，这是很不妥的。

三是进行了现代教育技术与课堂教学的融合。使用现代教育技术为教学服务并不难，难就难在新媒体新技术与课堂教学的深度融合。今天的两节课没有出现乱用和滥用新媒体的现象，所用之处大抵是在难点和重点上，或者将抽象的内容具象化，或者将深奥的道理通俗化，或者将静止的构图动态化，总之是为便于学生记忆、理解、掌握和应用，对新媒体新技术进行了有节制的运用，较好地辅助了课堂教学，而非相反。

四是学生学习呈现出积极向上的精神面貌。在课堂教学过程中，学生在教师的引导下思考问题活跃，讨论问题认真，回答问题踊跃，展示交流热烈，整体精神面貌积极向上，基本没有出现灰色地带和灰色学生。毫无疑问，这种学习状况一定是得益于平时长期训练的结果，呈现的是一种真实的课堂教学状态，并不是特意为到访客人准备的作秀课。

以上说的是第一个大的方面，**下面说第二个大的方面：对学校开展小组合作学习的比较思考。**

小组合作学习起源于20世纪60年代的美国，兴起于70年代中期，发展于80年代中期，基本上以10年为期构成的一个演进阶段。20世纪90年代初期该模式开始引入我国基础教育界，目前已广泛应用于50多个国家，成为多国普遍使用的基本的课堂教学组织形式。小组合作学习是一种富有创意和实效的教学理论和策略体系，是学生在小组或团队中为了完成共同的学习任务而有明确责任分工的互助性学习策略，其核心理论是社会心理学的群体动力理论，其显著特征是分工协作、异质交互、团队探究、成果共享、鼓励人际交往、激励互助合作、促进全员发展、实现整体走强变优。其之所以被广泛应用于课堂教学，是因为它具备了别的学习形式难以企及的诸多优势。

但是，我们还必须看到，世界上不会有也不可能有能够包医百病的完美的学习形式，任何一种学习形式总是伴生于一定的时代背景和历史土壤之中，总是在具备某些特别优势的同时也逃脱不出自身可能存在的局限。作为一种兴起的教学组织形式，小组合作学习同样也不例外。

2009年金秋时节，我曾在美国范德堡大学教育与人类发展学院专题研修教育领导力，在20多天的研修期内，我和同伴们一共参访了10多所美国中小学，对美国的课堂教学也特别关注；而在担任校长和教研室主任期间，每逢开会或参访学校，我从不肯放过将中国与美国、将内地和港澳台地区的中小学课堂教学进行比较的机会。所谓所见愈多，所识愈广，越有比较，越有思考。

比较思考之一，开展小组合作学习需要具备基本条件吗？

回答是：需要！需要哪些基本条件呢？需要课室比较大，或者虽然不大，但空间开阔，具备足够的空间开展活动；需要班级人数较少，分组讨论时能够避免小组之间产生声音互扰；需要课桌课椅移动方便，能够根据教学需要灵活搬动；等等。

美国的课室空间并不比我们的课室大，但每节课的班级人数最多不超过23人，多数班级只有15名学生左右，此其一；其二，他们实行的是走班制，也就是学生根据自己选择的课程在一间课室里上完一节课后又赶往另一间课室上课，教师则是固定在一间教室里，既在这里办公又在这里上课，上完一节课后再等待下一批学生进入课室上课，所以学生通常只随身携带基本的学习用品，比如文具、课本等，其他的学习用品都存放在教学楼走廊里每人固定的储物柜中；其三，课室不提供学生使用的课桌，只提供拐手椅，既方便在拐板上放书阅读，做笔记，更方便根据要求随时搬动，变换座位，组建小组。

与美国课室不同的是，我们实行的是学生坐班制，教师走班制——授课班级相对固化的走班制。绝大多数学生每天坐在同一间课室里，等待不同学科的教师来上课，使用的课桌课椅既齐全又固定；到了毕业年级，很多学生因为复习资料多，还会将自己的课桌上上下下塞得满满的，桌椅根本无法挪动；班级学生人数多，少则40多人，多则五六十人，有的地方甚至一个班七八十人以上。

大家可以想一想，在几乎同样大小的课室里，我们这样的班级人数、班级装备、班级空间和班级教学组织形式，是不是很适合像美国那样开展小组合作学习呢？大家可以比较，可以思考。

比较思考之二，开展小组合作学习是否具备普遍的适用性？

以我的观察，国内开展小组合作学习的氛围不可谓不浓，把小组合作学习当成提高教学质量的灵丹妙药的学校和老师也不在少数，甚至一些学校和教师一谈起合作学习，就认为只有小组合作才是正途，才是唯一，结果在教学改革实践中出现乱用滥用的现象，可以不顾课室条件，不论教学内容，不管年级和学生学力，只要分组了，讨论了，展示了，奖励了，就是小组合作学习了，至于合不合适，效果怎样，都统统可以姑且不论，反正形式已经呈现了。这实在是教学改革的一种典型的形式主义，这种形式主义与真正的小组合作学习是背道而驰的。

开展小组合作学习并不具备普遍的适用性，它不仅需要具备相应的基本条件，还应该遵循六条原则：适宜性原则、合作性原则、激励性原则、时效性原则、竞争性原则、探究性原则。这里我特别强调一下适宜性，也涉及合作性和探究性原则。

所谓适宜性原则，具体而言是指要做到适文、适时、适情、适量。适文，就是要依据教材教学内容考虑是否适合开展小组合作学习，换言之，浅显的、学生能够以个体为单位独立完成的教学内容就不需要进行小组合作。适时，就是要依据教学的变化有选择地开展小组合作，把时间和精力主要用于突破重难点上。适情，就是要依据学情分析，要考虑学生的年龄特点、学力基础、小组成员构成等情况。适量，当然指的是要避免过多过频，防止不论内容难易深浅在整个教学过程都开展小组合作学习活动。一言以蔽之，是在需要合作完成、需要深入探究、需要深层思考、需要小组成员共同跳一跳才能摘到桃子的时候，或者是需要思考、解决的问题处于最近发展区的时候，才适合开展小组合作学习。一般而言，最适切学生开展小组合作学习的问题，应该是有深度、有坡度、有难度、有开放度、有挑战度的能够激发学生深层思维的问题，而不是简单的、直接的、肤浅的、知识性的、只有对与错和是与非的问题。关于这一点，只要比较一下美国和日本等国在进行课堂提问和布置家庭作业上与中国教师的不同情形，我们将会思考得更加明白。

比较思考之三，小组合作学习的每组最佳人数是多少?

目前，国内开展小组合作学习的小组人数大都4~8人不等，多数在6人左右，一般遵循“同组异质、异组同质”的编组原则。但是，只要认真考量一下课堂讨论的实际状况，我们就会发现这种人数组合是相当耗时低效的，是存在不少问题的。

如果以6人组为单位进行研讨，每人发言1分钟合计要6分钟，加上教师的提问、学生的思考、小组总结准备发言或展示，展示前的小组讨论环节至少需要10分钟。通常情况下，10分钟时间是很难有深度地研讨某一个问题的，更不用说要真正解决某一个问题了。如果将一个班48人分为8个组，每组展示3分钟，合计需要24分钟；如果加上上课的导语、课中的必要讲解和展示过程的点拨、展示后的点评、纠正、补救等，一节课40分钟只用于讨论一个问题可能还不够。当然，让多少个组展示这是教师的安排，也并不是每一节课对每一个问题每一小组都要去台上展示。正因如此，教师既想开展好小组合作学习，又不愿给足时间让学生展开充分的互助研讨，于是，剩下的就只有走过场的小组合作，至于小组成员是否人人参与了讨论、是否真正参与了讨论、是否讨论出了效果效率效益，那就另当别论了。

小组人数多、发言时间不够、研讨不深入、不能充分展示等，这是小组合作学习存在的主要弊端；另一个弊端则是，因为我们把原来的秧田型排座变为马蹄型排座，但桌子并没有搬离教室，导致在分组讨论时不仅组与组之间相互干扰比较严重，而且组内正面对坐和斜角对坐的成员在讨论时能否听清对方的发言都是一个很大的问题。

那么，最佳的构成人数是多少呢？以我的思考和研究所得，我以为一组3~4人最为相宜，其主要优势有：一是组内分工更加明确，二是讨论更加充分，三是课堂时间更好掌控，四是座位变与不变都不影响随时开展小组合作，五是很大程度上避免了大组存在的弊端。在座的各位老师，以你已有的教学实践看，你觉得这样安排是不是更好呢?

比较思考之四，小组合作学习的真正目的和意义何在?

小组合作学习区别于其他教学组织形式的主要特征是，更加强调学生的人际交往能力，尤其是学生与学生之间的人际互动；更加强调在研究和解决问题过程中的协同、合作、探究、共享；更加强调面对问题和困难的主动作为、相互依赖、竞争激励和创新创造。

这些特征背后深藏的价值取向，是自主、合作、探究的新课程理念，是一切为了促进学生全面发展的育人目标，是尽可能最大限度地培养学生的实践能力和创新精神的教育思想。因而，科学、正确、适切、精当地运用小组合作学习，将有百益而无一害；反之，就会耗时费力、低效劣质，不仅完成不了国家规定的课程计划，还将耽误青少年学生求学的金色年华。

比较思考之五，小组合作学习是唯一有效的课堂形式吗？

非也！小组合作学习只是合作学习的一种基本形式。事实上，除了教师的一言堂、满堂灌之外，课堂上的合作学习是无时不在的，如师生间的你问我答、同桌间的切磋交流、课堂上的共同求解等等，其实都是一种合作学习，只不过这些合作学习可能比较浅层、比较简单而已。从组织形式看，课堂上的合作学习主要有三种形式，一种是同伴互助学习，主要是同桌间的互动交流；一种是小组合作学习，主要是小组成员的研讨交互；一种是全员合作学习，主要是全体师生共同探讨解决教学问题。哪一种学习形式更为有效，不是看它属于哪一种组织形式或合作方式，归根到底要看学生在课堂上的习得结果，这是检测教学效能的唯一标准。

有的教师可能会问：我们到底怎样开展小组合作学习才更为适切有效呢？我的回答是，将小组合作学习进行校本化改造，让它合乎校情班情学情。小组合作学习是舶来品，当然可以拿来为我所用；但是倘若生搬硬套、全盘照用，只会造成东施效颦式地囫囵吞枣，不但于教学无益，反而多有危害。因此，就当下国内绝大多数课堂教学而言，我们首先要倡导的是合作学习，其次才是小组合作学习，可不可以运用、怎样运用，都一定要结合我们的国情、校情、班情和学情，要以校为本、以生为本、以学为本、以适切为本。

我再强调一点，就是要从文本和学生能力培养角度实施教学。

刚才语文教师说，为了今天课堂上的热闹，昨晚临时更改了教学设计，让学生讨论邹忌、齐王和妻、妾、客的形象特征。我们可以理解授课老师这样的处理，但不赞同这样的做法，不能为了公开课的呈现面目而设计教学，再大规模的公开课、展示课，都应该从文本和学生能力培养角度去实施教学，去本真地展示教学过程。唯其如此，这样的公开和展示才有实际意义。

邹忌、齐王和妻、妾、客的形象特征需不需要讨论呢？可以讨论，但发问的关键词“形象特征”前要加限定，如“最大”或“主要”等词，使问题指向更加明确、精准、直击文本核心，如果没有设限，会使得学生的思考信马由缰，回答五花八门，不能聚焦于中心点和要害。撇开中考复习备考因素，从文本角度和学生能力培养角度出发，学生要体会并概括的是邹忌和齐王的最大或主要形象特征，至于妻、妾、客的形象特征是可以不予深究的。如果学生能够概括出邹忌的自明和讽谏——实则是智慧、机巧和高明的语言艺术，齐威王的从善如流和改革进取，不仅抓住了两人最主要的形象特征，而且暗合了时代发展的要求，传达的是正能量。

国际著名培训大师卡内基曾经说过：人的成功25%取决于其专业知识，75%取决于其专业以外的能力。专业以外的能力是什么呢？是如何与人交往，才能获得更多的机遇和信任；是如何巧提意见、善提建议，才能使对方或上级高兴地采纳；是如何对待意见和建议，才能使事业更加强大；等等。邹忌如果直言相谏，遭遇是可想而知的，别说会被齐王呵斥，恐怕连位置都坐不稳，这样的事例古今中外还鲜见吗？本文妙就妙在一个“讽”字，妙就妙在邹忌的聪慧和高超的说话艺术。可惜，语文老师并没有把它作为教学的目标和重点，这是不无遗憾的。进一步讲，如果我们在开展小组合作学习时，让学生深入联系实际，研讨邹忌进谏成功的主要原因是什么，又将从中学到什么交际能力和办事能力，最终使他们明白在向上级表达意见和建议以及在人际交往中应该怎样进行语言表达才更为有效，这对学生未来的生命成长和事业发展将会有多么大的帮助啊！

尊敬的校长、各位老师，以上所言，定有诸多不当，还请大家批评指正。限于时间匆匆，各位教师可能还有一些疑问，那就只能留待会后通过其他方式交流了。

最后，再一次感谢大家为我提供这样的研讨交流机会。

（2014年12月25日，作者在佛山市顺德区某实验学校小组合作学习诊断与研讨会上的专家点评，时任广州市天河区教育局教研室主任；根据记忆和听课笔记整理。）

展示教学技能　促进专业发展

每一次接受邀请，我都很高兴，因为又一次可以看看学校的变化；每一次担任评委，我都很紧张，因为担心自己会说外行话；尽管如此，每一次将要离开学校的时候，我又特别满足，因为我收获满满。刚才，我和大家一起共同鉴赏了两节课例，自然是再一次收获多多。

优秀的课例总是学科教学共性和教师教学个性相统一的产物。唯有共性的存在，展示的课例才会给人启迪；唯有个性的存在，展示的课例才能避免千课一面。因此，面对今天的两节语文课，我更愿意从共性中寻找能够给我们启迪的教学真经。

我认为，《猫》和《白杨礼赞》两节课具有以下几点共性。

一是课堂教学与教学设计高度一致。追求两者的高度一致是每位教师的心愿，能不能实现两者的高度一致却要基于教师的精准研判。我们常常会看到一些教师的课堂教学和教学设计是相去甚远的。如果两者有一些差异，这是正常的，百分之百的契合几乎是不存在的，也是没有必要的，因为教学的过程往往就是发生的过程，发生的过程当然也是变化变异的过程。但是，如果两者相去甚远，则表明课前的教学设计可能出了问题。什么问题呢？大多是学情分析、教材分析和目标设定不精准！

今天的两节课，课堂教学实施与教学设计之间保持了高度一致，教学的主要环节和流程与教师提供的教学设计对应，基本没有差异。原因在于教师的学情分析到位，对每一位学生的生理特征和学习基础进行了个别分析；在于教师对教学内容的深浅难易进行了深入研究；在于教师对学生学习能力与教学目标的达成度进行了科学预判。正是基于这样的研判，教师才能在课堂上从容自如，教学过程才基本上就是教学设计的流程。

二是教师主导与学生主体相得益彰。教师在课堂教学中始终发挥了主导作用，始终让学生按照教师的引导不断走向新的学习；而教师的引导又是以问题链的方式去推动课堂教学情节向前发展的。学生整堂课都是在阅读中、在思考中、在研讨中、在答问中、在演板中、在自学和仿学的迁移能力培养中度过的。两课相比，《猫》课程做得更为出色一些，尤其是后半程进行能力迁移学习和训练。总体看，两节课都做到了以导引学、边导边学、先导后学、导学结合，教师的主导作用和学生的主体作用都发挥得比较充分。

三是小班教学与关注个体名实相副。在这个问题上，我觉得普教要好好向特教学习，学习特教教师怎样在课堂教学中充分关注个体，让小班教学真正发生。

特教教师不只在教学设计时对学生进行了逐个的学情分析，更为可贵的是实实在在落实到了小班教学过程中，最大限度地进行个性化分析研判，最大努力地关注每一位学生，最大可能地兼顾全体学生的发展。据不完全统计，《猫》一课大体做到了，全班十名学生每名学生的发言均在两三次以上，这还不包括学生的演板、齐读、讨论和教师巡堂时对个别学生的辅导等；《白杨礼赞》一课，学生人均发言的次数相对少一些，但活动的强度不低。

与此相反，在普教系统，一些学校把优秀学生集中起来编为一个班，美其名曰清北班、实验班、创新班、加强班、火箭班等，每班只有二三十人，已然是符合国情的小班。但是，我们每每进入这样的班级听课，就会心痛不已。学校集中了全校最好的资源而期盼收获最大的利益，结果造成了学校优质教育资源——最好的学生和最好的师资——的最大浪费：课堂教学没有随着班级学生人数的剧减而发生变化，教师的教学依然是全班性的满堂灌，学生个体依然没有得到充分关注，教师的教学行为和方式方法与对待普通班的课堂教学没有二致，我们基本上看不到小班化的教学特征。

四是传统媒介与新媒体新技术各尽其妙。两位教师虽然都娴熟地运用了现代教育信息技术，但在课堂教学应用时并没有给人炫技之感，并且恰到好处地处理了新媒体新技术与传统媒介的关系。

《猫》课程的教师多次让学生上台用粉笔在鱼骨图上填写相关词语，《白杨礼赞》课程也多次让学生在黑板上的树形图中填写描摹白杨树特征的关键词语，当图形填写完成之时，全课的骨干内容和核心内容也就完完整整地呈现在学生眼前了。与此同时，教师多次以精美的课件辅助教学，或以画面突出重点，或以动漫突破难点，或以材料补充盲点。两位教师的确做到了，既不放弃传统媒介黑板的教学功能，又能用好现代信息技术辅助教学，称得上是传统媒介与新媒体新技术各逞其强，各显其能，各尽其妙。

当下，我们一些教师，特别是青年教师，在运用新媒体新技术时常犯的毛病是以课件代替教师讲解，以课件代替师生互动，以课件代替师生板书，导致教师该讲解的没有讲解，师生该互动研讨的没有互动研讨，学生该学会书写的没有学会书写。这样的课堂教学很大程度上被新媒体新技术绑架了，很大程度上走向了另一个极端——技术主义。这是需要我们给予足够重视的。

五是学法指导与学科素养培养互为映衬。从通读全文而整体感知、文段分析而深入理解段落、默默阅读而查找中心句或关键词，到反复诵读而体会情感、由读而写训练写作等等，整堂课都在围绕学科特性和学科能力培养这个教学中心展开，在学法指导的过程中灌注了对学生语文学科素养的培养。

六是技能展示与人文关爱大放异彩。今天的教研名为“教学技能竞赛课堂展示研讨活动”，我认为其指向明确，主题鲜明，落到了实处。两位教师在教学设计、课堂提问、画图板书、范读引导、教学语言和课件制作运用等方面都进行了充分展示，从而展现了良好的教学技能。

技能也许是冷冰冰、硬邦邦的，但是，人文关爱是有温度的，是可以传染的，尤其是面对残障青少年和儿童这样的特殊群体，教师的人文关爱和人性之光甚至比教学技能更为宝贵与重要。在《猫》课堂上，教师的神情始终是微笑、和善和柔软的，当学生上台出现步态不稳的时候，教师会迅速拉住学生的手臂，并告诫他走路注意安全；当发现讲台的台灯可能挡住了台下学生观看黑板的视线时，教师又马上默默地将灯管往下压……这些行为当然只是教师的教学细节，不足以对课堂教学的整体效果和全面评价产生重大影响；但是，正是这样的教学细节透露了教师爱生如子的教育情怀，透露了教师温柔、善良、细心的母性特质。其一颦一笑、一举一动，向我们尽情演绎了教师和教学的目中有人、心中有生、情中有爱。

每一次来到特殊教育学校，我之所以常常为之感动，很大程度上是感动于我们教师的那份敬业、那种对特殊学生群体的善待，这是远比普教系统更为不易、更能打动人心的地方。我甚至认为，对特殊学生群体的人文关爱，应该是特教教师全部职业生命的支点；特教教师一旦拥有了这个支点，就能用它撬动自己的全部工作，让自己的教育事业不断跃上新的境界、走向新的辉煌。

各位老师，教学常常是遗憾的艺术；因为有遗憾，我们的研讨才更有价值。如果要对这两节课例提出更高的要求、更严的标准，以下三点是不是还可以做得更好？

第一点是如何精准发问。教师在提问时要做到牢牢把握主动权，就要学会精准发问，让学生的思维跟着自己发问的方向思考。要做到精准发问，就一定要注意发问的指向和范围，这和考试命题的题干要求是一样的。教师问“猫有什么特点”，是在学生已经找出了中心句“我家的猫是有些古怪的”之后，而学生在台下的回答是“贪玩”“老实”等等；其实学生的答案并没有错，这些都是猫的特点。但是，为什么教师没有得到自己期望的答案“古怪”一词呢？原因就在于发问时没有限定范围，指向不明，所以学生是可以在全文中去寻找答案的。如果教师当时这样提问：这个句子概括了猫的什么特点呢？学生的答案就一定不会游离于外了，就一定非“古怪”莫属了。

第二点是如何生成机变。要求学生在文段中寻找关键词语，学生的答案是“很乖”“贪玩”“尽职”，教师预设的答案是“老实”“贪玩”“尽职”，师生之间在前一个答案上有出入。教师对学生的回答未置可否，只是追问了一句“很乖也就是什么呢？”然后在学生答出“老实”一词之后板书“老实”两个字。“很乖”其实更能体现猫的特点和个性，“老实”反而不及“很乖”，学生回答“很乖”是没有错的，只是与教师预设的答案和板书用词不同而已。

这就涉及课堂教学如何生成机变了。没有任何一节课会完全按照教学设计不打折扣地实施，课堂教学往往会在发生的意想不到的情节中产生绚丽多彩的生成效果。对待这个学生的回答，怎样才能产生积极肯定和鞭策激励的效果呢？我认为，马上肯定学生的回答是对的，然后把学生的答案写在黑板上，不动声色地用“很乖”替代“老实”，并点评肯定就行了，或者即使不给予任何夸奖，仅仅是将学生的答案写上去，这名学生也一定会深受鼓舞！由此可见，我们的教学除了预设外，还会有生成，有生成就需要有机变，我们要在生成和机变中展现教学智慧。

第三点是如何开展小组合作。小组合作不是图热闹，不是图形式。小组合作通常是因为个体无法独立完成，需要开展合作学习，从而倚仗团队的力量完成教学任务，其本质是合力探究、合作共享。在开展小组合作学习时，要注意问题的深度和思维含量，要明确小组成员的分工等。特教学校的班级人数是适合开展小组合作学习活动的，但如何进行小组合作学习，则需要学校和教师进行认真而深入的研究。

各位校长、主任和老师，我非常欣喜地看到今天的“启聪学校”和过去的“聋哑学校”不一样，也真切地感受到学校近年来深度开展校本教研所发生的显著变化。在此，我衷心祝愿全体教师的专业发展，能够百尺竿头更进一步，百层之台更上层楼！

（2017年12月1日，作者在广州市启聪学校教学技能竞赛课堂展示研讨活动上的点评讲话，时任广州市增城区教育局教研室主任；次日根据记忆和点评提纲整理。）

加强赛前指导　力争最优赛绩

很高兴能够抽出时间，和大家一起聆听许老师的展示课，能够与市区两级语文教研员一道研讨教学问题，能够有机会向许老师和小学语文教育专家学习。

刚才大家对这节课进行了很明确很中肯的指导，有肯定，有建议，也有其他教师的不同看法，希望许老师本人认真分析思考后结合实际情况决定采纳与否，希望许老师能够以此为契机不断改进和优化自己的课堂教学。

下面我讲一讲我的看法，供学校和老师们参考；不对的地方，请以专家的指导意见为准。

一、**老师颇具潜质**。从开课的前几分钟时间来看，许老师显得比较紧张，这是比较正常也是可以理解的，因为今天面对的评课对象不同，当然，正式比赛时面对的专家评委将更加不同。要做到身处大赛而不慌，办法有二：一是摆正心态，既然已经上场了，是否获奖就在其次了，要有置能否得奖于身外的心理准备；二是目中无人，如果不是特别的情况，评委通常都是面无表情的，所以讲课人不要去留意评委的神色，最好的办法是平视前方，不要过于关注评委。

就整节课而言，我们可以得出这样一个结论：教研室没有看错人，也没有选错人，广州市的评比当然也没有评错人。许老师是一位优秀的很有潜质的小学语文青年教师，完全可以代表广州市角逐全省大赛。所以，许老师完全没有必要紧张，相信能够为广州市、为天河区捧回至高荣誉！

二、**板书端庄秀丽**。许老师的这节课，课堂结构完整，时间安排合理，教学节奏明快，师生互动较多，教态亲和自然，尤其是板书端庄秀丽。在当下多媒体滥用、许多老师不愿写不会写也写不好粉笔字的今天，许老师的这一特点无疑也将会成为正式比赛时的亮点。此外，许老师板书的内容、形式和结构也体现了板书的简明性、完整性和审美性，可见许老师在板书设计上是下了一番苦功的。

这样说是不是意味着本节课已经无懈可击了呢？当然不是。我认为，本节课主要问题表现在如何理解教材和选用教学方法上。

一、**关于教材理解**。老实说，听课前我是没有读过小学课本上的这篇文章的，虽然它是名篇；我是一边听课一边研读这篇《序言》的，结论是：文章没有呈现出“淡淡的忧愁”！

我们这代人曾经看过根据著名台湾省作家林海音的同名小说改编的电影《城南旧

事》，那是从一个七至十三岁的少女英子的视角去观察和思考她所生活的那个区域的人和事，有忧愁，有思念，——记得当时的电影海报就是英子的头像，海报上一双大大的眼睛特别突出，特别耐人寻味，令我们至今无法忘记。但是，我们今天所教的课文，是自传体短篇小说《城南旧事》的序言——《冬阳·童年·骆驼队》，其情感应该与短篇小说不同。听课时，我尽量跟随教师的引导去找寻文中的“淡淡的忧愁”。但是，无论从题目还是从全文看，我都无法找到表达“忧愁”的草蛇灰线。

那么，执教者感从何来呢？是受教学参考书的影响而先入为主，还是被其他的解读文章误导了呢？我不得而知。但是，我可以十分肯定地说，文章表达的不是这份情感！为什么教师在课堂上无论如何引导，学生都体会不出也道不出“淡淡的忧愁”？为什么教师最后只能自己硬生生地将“淡淡的忧愁”写上去而使板书变得完整？不是教师引导不了，也不是学生理解不了，而是文本本身就没有这方面的表情达意！所谓“淡淡的忧愁”，既不是文本已有的，也不是课堂生成的，而很大程度上可能是教师课前预设的！

那么，这篇序言本身到底要表达什么呢？我认为是“童趣”二字，而“童趣”的内核是“好奇”！因为好奇，她才“看”“学”“问”“想”，四个动词清晰地显示了全文的脉络。因为好奇，她才“看呆了”，“呆”，是一种物我合一的境地，是一种入神忘我的境界，是一种几近痴迷的状态；这种境地、境界和痴迷的状态，本质上是少年儿童的天赋的强烈的好奇心！而所谓“傻事”，其实也是趣事，是因为好奇的驱使而做出让成人看来显得有点可笑的事，不是真的傻、真的笨、真的蠢。所以，真正贯穿全文始终的是“好奇”二字。“好奇”，是多么珍贵的品质。“好奇”，是创新、创造的原始动力。假如我们今天能够沿着这样的思路去启发学生、诱导学生、引领学生，学生的思路会出现爬升不上的现象吗？课堂的节奏会出现滞留不畅吗？教师的板书会出现生硬不顺吗？

这就告诉我们，教师在钻研教材和进行集体备课或个人备课时，不仅首先要从文本出发，而且要始终抓住文本、不离文本；不仅要敢于质疑各类教学参考书籍和辅导材料，而且要敢于怀疑专家，包括像我们这样的一些专家。

二、关于教法选用。选用哪一种教法比较适合于这篇文章呢？

更合适的教法是讲读结合，也就是用朗读并结合点拨、精讲的方法处理重难点，以朗读为主，以精讲为辅，以朗读促进理解，用点拨、精讲提升朗读，读讲结合，加深理解，让学生在读的过程中体会思想感情，让学生在体会的过程中加深对课文的理解。

如何读呢？比如“总是问，总是问，你这孩子！”这句话，不同的人会读出不同的感情，不同的语气会读出不同的母亲形象，内涵十分丰富。可以分组读，可以分角色读，也可以领读、范读，还可以默读、轻声读、大声读，总之读法很多，视情况而定。如何点拨、精讲呢？比如，还是母亲的这句话，如果引导学生联系自己与父母相处的经历和体验，我以为学生是完全能够体会出蕴含其中的感情的——嗔怪、喜爱、欣赏、不耐烦等等。

一言以蔽之，教学方法的选用要符合文本特点和其思想内容，要剑指教学目标的达成。

最后，我强调一点。希望学校和许老师本人要高度重视本项赛事。许老师参赛，不仅仅是她个人的事情，也是代表学校、天河区和广州市参赛。学校要大力支持，保证她的备赛时间；语文教师团队要为其出谋划策，承担一些其他工作；许老师本人要放平心态，有计划地合理安排时间，认真地阅读一些相关的教育教学书籍，尽最大努力为争取最优的赛绩做最充分的准备。

预祝参赛成功！相信定能成功！

（2013年4月27日，作者在天河区先烈东小学许涓老师赛前评课指导上的点评讲话，时任广州市天河区教育局教研室主任；次日根据记忆整理。是年5月，许涓老师代表广州市参加广东省第五届小学语文青年教师综合素质展示活动荣获特等奖。）

第四编

教育专题讲座

JIAOYU ZHUANTI JIANGZUO

学习红船精神　汲取奋进力量

再过九天，我们就将迎来中国共产党的百年生日。

在迎接和庆祝中国共产党百年华诞之际，6月18日，习近平同志带领中央领导同志参观了中国共产党历史展览。习近平总书记强调，党的历史是最生动、最有说服力的教科书，回望过往的奋斗路，眺望远方的奋进路，必须把党的历史学习好、总结好，把党的宝贵经验传承好、发扬好，铭记奋斗历程，担当历史使命，从党的奋斗历史中汲取前进力量。

今天我们一起来学习“红船精神”，从中汲取前进的力量。

一、红船精神的源头和内涵

什么是“红船精神”？它的源头在哪里？它的内涵又有哪一些？

我们先看大屏幕。

左边这张图是当年中共一大举行的地址，就是现在的上海市兴业路76号。

1921年7月23日，中国共产党第一次全国代表大会，在上海法租界贝勒路树德里3号——现在的兴业路76号——秘密召开。会议开到第六天的深夜，也就是一大六次会议刚刚开始时，突然有人闯了进去，当时唯一的会务人员王会悟立马拦住来人，质问道：“你有什么事情？进来干什么？”来人回答说走错了。等来人一离开，王会悟就走上去与共产国际代表马林耳语了几句，马林意识到问题比较严重，便宣布休会。几分钟后，上海法租界巡捕就闯进了会场。事后，马林等建议立即更换会议场所。王会悟说：“其他地方可能都不安全，我是嘉兴人，熟悉这个地方，在嘉兴南湖游船上可能比较安全。”与会代表一致同意。

第二天，参加会议的绝大多数人员乘火车到了嘉兴，11点左右登上嘉兴南湖的一条游船。会议一直开到当天晚上6点才结束。在南湖的这条游船上开会，最后一天解决了几个重大问题，先后通过了《中国共产党纲领》《关于当前实际工作的决议》，选举产生了中央领导机构。鉴于当时全国的党员才50多人，大会只选举了三名中央局领导成员，一个是陈独秀，任中央局书记，另一个是组织部长张国焘，第三个是宣传部长李达。这三个人只有两个人参加了会议。谁没有参加会议？陈独秀。陈独秀当时在干什么？他当时是广东省教育委员会委员长，相当于现在的教育厅厅长，因为有公务在身，陈独秀就委派一个人作为他的特使和陈公博一起参加了这次会议，这个人叫包惠僧，湖北黄冈人。一大结束后，陈独秀就辞去了厅长一职，到上海主持中共中央局的工作。

由此可见，7月底左右在南湖游船上的这一天，实际上庄严宣告了中国共产党的诞生。但是，会议在7月23日召开、7月底左右结束，为什么党的生日又定在7月1日呢？这是否与历史事实不相符？这是后话，我们先按下不表。

我们再看看右边这张照片。照片上的两个人大家认识吗？

照片左边的人是谁？李达。大家知道，李达是中国普及马克思主义哲学的第一人，毛泽东对他写的书很是欣赏。

照片右边这一位是谁呢？是王会悟。王会悟原来在浙江嘉兴乌镇开办民办学校，因为办校受到地方势力的干扰，使得生源不断萎缩，最后办不下去了，就被介绍到了上海。介绍人是谁呢？就是出生于乌镇的、后来大名鼎鼎的沈雁冰，沈雁冰是她的一个远房亲戚。沈雁冰就是著名作家茅盾，茅盾是他的笔名，是茅盾把她介绍到上海女界联合会做秘书工作。这个时候，李达恰巧从日本留学归国，因为工作关系与上海女界联合会接触比较多，就逐渐认识了王会悟。李达和李汉俊当时主要负责一大的筹备工作，王会悟就渐渐成了李达的助手，成了筹备一大的工作人员。

1921年4月，李达和王会悟在陈独秀的住所举行了简单的婚礼，两人结为夫妻，开始为一大做筹备工作。王会悟不仅心细，而且非常能干，一大党代表到上海参会的吃、住、行等等，几乎全由她来安排。为了使会议开得安全顺利，她还在嘉兴特意买了一副麻将带到游船上，一旦会议出现意外，可以用玩麻将掩人耳目。在影片《建党伟业》的片尾，王会悟一直守坐在游船上放哨：桨在划动，船在前进，王会悟在观察周围环境。电影对此进行了艺术化处理，处理得很有诗意。其实，当年一大会址由兴业路76号转移到嘉兴南湖的游船上，整个过程都充满了各种各样的危险。

王会悟大约活了96岁，建立新中国后一直在政务院法制委员会工作，一生没有大富大贵；她的先生李达先后做过湖南大学和武汉大学的校长。这就是为一大会议召开作出过重要贡献的李达和王会悟夫妇。

这是当时南湖的游船，这条游船是1959年后根据见证人王会悟的反复回忆而仿制的，游船的颜色到底是黑是红，现在已无从考证。在《建党伟业》这部电影里，它的颜色是黑色的，而我们现在见到的游船都是红色的。后来我们把这条游船称为“红船”，使“红船”成为中国革命源头的摇篮，我想其更大的意义在于它的丰富内涵。

多年以后，毛泽东同志在评价红船上的这一幕历史时说：“自从有了共产党，中国革命的面貌就焕然一新。”一个大党诞生于一条红船上，这是世界政党创建史上少有的。红船所代表和昭示的，是时代的高度、发展的方向、奋进的力量，是中国共产党人心中永不褪色的精神丰碑。

2005年6月21日，时任浙江省委书记习近平同志在光明日报上发表《弘扬“红船精神”走在时代前列》一文，首次系统发掘了“红船精神”的深刻内涵，将其概括为“开天辟地、敢为人先的首创精神，坚定理想、百折不挠的奋斗精神，立党为公、忠诚为民的奉献精神”，即首创精神、奋斗精神和奉献精神三大精神。习总书记认为这三种精神是中国革命精神之源。

这是我讲的第一点“‘红船精神’的来源和内涵”。下面我讲第二点“‘红船精神’的传承和弘扬”。

二、红船精神的传承和发扬

发轫于南湖红船的中国共产党人的精神是不是传承下去了呢？是不是发扬光大了呢？

为了讲好这次党课，我把所有的精神串联在一起学习领会，渐渐理清了中国共产党人的精神谱系与“红船精神”之间的内在逻辑联系。红船精神之后中国共产党人的精神还有哪些呢？有“井冈山精神”。“井冈山精神”之后是“长征精神”，“长征精神”之后是“遵义会议精神”。当然，从一定程度上讲，“遵义会议精神”是“长征精神”的一个补充。“遵义会议精神”之后呢？长征完成之后呢？是“延安精神”。“延安精神”之后就快到建国了，是“西柏坡精神”。建国之前的红色革命精神，都可以从“红船精神”里找到源头活水。

“井冈山精神”是习近平同志概括的，“井冈山精神”是“坚定执着追理想、实事求是创新路、艰苦奋斗攻难关、依靠群众求胜利”。“长征精神”也是习近平同志在纪念红军长征胜利80周年大会上提出的，“伟大长征精神，就是把全国人民和中华民族的根本利益看得高于一切，坚定革命的理想和信念，坚信正义事业必然胜利的精神；就是为了救国救民，不怕任何艰难险阻，不惜付出一切牺牲的精神；就是坚持独立自主、实事求是，一切从实际出发的精神；就是顾全大局、严守纪律、紧密团结的精神；就是紧紧依靠人民群众，同人民群众生死相依、患难与共、艰苦奋斗的精神。”之后的“延安精神”在中国共产党历史上的地位极为重要，中国共产党人在延安自力更生、丰衣足食，解决了这块红色根据地的吃穿住行问题。毛泽东一生中的许多重要著作，如《实践论》《矛盾论》《论持久战》等，几乎都是在延安窑洞里写就的，不独如此，还真正做到了在延安窑洞里运筹帷幄，决胜千里，指挥了全国的著名战役，取得了中国革命的最后胜利。“延安精神”的内涵由三种精神和一条路线构成，三种精神是自力更生、艰苦奋斗的精神，全心全意为人民服务的精神，理论联系实际、不断开拓创新的精神；一条路线是实事求是的思想路线。“延安精神”之后是“西柏坡精神”，也就是“两个务必”的创业精神，“两个敢于”的进取精神，“两个坚持”的民主精神，“两个善于”的科学精神。其中，“两个务必”成为西柏坡精神的核心和灵魂，“务必使同志们继续地保持谦虚、谨慎、不骄、不躁的作风，务必使同志们继续地保持艰苦奋斗的作风”，警醒中国共产党人进京赶考要接受新的历史考验，由西柏坡走向北京的香山。西柏坡这个地方现在的景点处就写着“新中国从这里走来”八个大字，远远就能看见；至于雕塑的5位伟人，就是当时中共中央的五大书记，是他们领导全国人民走向了北京。北京那个时候叫北平，后来改称北京，定都北京。

这些红色革命精神都可以从“红船精神”中找到源头；建国之后，这种精神得到进一步传承弘扬。抗美援朝精神、焦裕禄精神，大庆精神、红旗渠精神、“两弹一星”精神、抗洪精神，抗击“非典”精神、航天精神、抗震救灾精神、抗疫精神，都是中国共产党人“红船精神”的延续和发扬光大。

建国前的十二种红色革命精神以及建国后的这些精神，共同构成了中国共产党人和中华儿女的精神谱系，它是一个系统、一个系列，我们把这个系统、这个系列放在一起来做分析，来做理解，来做领悟，就会发现其共同的基因。这个基因是什么呢？这个基因是“人无精神不利，国无精神不强”，唯有精神上站得住、站得稳，一个民族才能在历史的洪流中屹立不倒。

在这个精神谱系里，我个人觉得出现频率最高的八个关键词是：理想、信念、奋斗、奉献、开拓、创新、求实、团结。回顾中国共产党的一百年历史，这八种精神是中国共产党人的精神支柱，也是成就中国共产党建党伟业的精神密码。

就以理想、信念为例吧。如果不能坚守理想、坚定信念，有的人早就退出了共产党，只有始终坚守理想、坚定信念的人，才能坚持到革命成功，坚持到最后。

一大代表之一的陈公博当时代表广东，是与会代表中唯一一个带着家属、而且是带着年轻太太参会的，让人觉得非常奇怪。一大会址在由兴业路76号转移到嘉兴南湖的时候，陈公博和他的太太非常紧张，觉得非常危险，当天晚上就跑回了广州。陈公博后来离开了共产党，在国民党内做了高官。

据史料记载，一大会议结束之前，代表们在游船上压低声音，第一次齐喊“中国共产党万岁”“全世界无产者联合起来”等口号。可见，共产党从创建之初就把马克思主义、共产主义作为自己的信仰和信念。

一百年来，一大代表能够坚守到最后的人有几个呢？有的史料说只有两个人，我认为这是不准确的。两个人是谁？一个是毛泽东同志，还有一个是董必武同志，湖北黄冈人，当时代表武汉的共产主义小组到上海，建国后任国家代主席，对国家的法制建设发挥了重大作用。除了毛泽东和董必武同志，其实还有两个人也走到了最后。一个是李达同志，建国后先后担任过湖南大学和武汉大学校长，一辈子进行马克思主义哲学研究和普及工作。另外一个就是李达同志的夫人，当然，她不是一大代表，而只是一大的会务人员，却是一大二大的突出贡献者。她一生看淡名利，深藏功名，在96岁高龄时离开了人世。

如果不是有理想、信念，如果不是有奋斗、奉献，如果不是有开拓、创新，如果不是有求实、团结，这些党的代表或中国共产党人是很难坚守到最后的，这些共产党人的精英是不能走到今天的。

三、红船精神的前进力量

各位老师，青史如鉴耀千秋。一百年来，党的建设历史，无不彰显着中国共产党人的精神；一百年来，中国共产党人的精神谱系，浇铸了党的百年历史。这部百年党建历史，是由五大历史构成的，即不懈奋斗史、不怕牺牲史、理论探索史、为民造福史、自身建设史。习近平同志说：“我们党的一百年是矢志践行初心使命的一百年，是筚路蓝缕奠基伟业的一百年，是创造辉煌开辟未来的一百年。”

百年征程波澜壮阔，百年初心历久弥新，伟大的事业孕育伟大的精神，伟大的精神推进伟大的事业。在迈向第二个一百年的接续奋斗中，我们教育人一定能从中汲取无穷的前进力量；在汲取前进力量的接续奋斗中，“红船”所放射出的中国共产党人的精神之光，必将激励我们不断坚守教育理想，不断坚定教育信念，不断发扬奋斗奉献精神，不断深化教育教学改革，不断提高教育教学质量，为实现中华民族的伟大复兴而继续努力向前!

（2021年6月21日，作者在支部书记讲党课报告会上的脱稿演讲，时任中共增城区教育局党组成员兼中共增城区教师发展中心书记、增城区教师发展中心主任；根据记忆和演讲课件整理。）

课堂教学评价的终端标准

刚才，在广东省教育厅南粤名师大讲堂·走进揭阳的同课异构活动中，我们共同听完了两位青年教师的公开课。两位青年教师，一位来自本校，一位来自省城，他们同上一节公开课，可谓各有各的设计，各有各的教法，各有各的精彩，让我们颇为满足地享受了一次优秀课例的盛宴，让我们毋庸置疑地坚信青年教师的未来定然无可限量。

各位教师和嘉宾，从听课和观课的角度出发，我们应该站在什么立场评价课堂教学呢？评价课堂教学应该选择怎么样的价值和秉持怎么样的标准呢？这是我今天想借此机会与大家交流的话题。

一、课堂教学评价的内涵

首先，我们了解一下什么是课堂教学评价。

所谓课堂教学评价，是指依据一定的客观标准，以搜集相关信息为基础，运用科学的方法，对课堂教学活动及其效果进行价值判断。

这一定义告诉我们很重要的两点：一是课堂教学评价本质上是一种价值判断；二是构成课堂教学评价的要素。

构成课堂教学评价的要素有哪些呢？有四个。一是评价标准，这个标准是客观的，而不是凭借一己所好；二是与评价相关的信息资料，这是进行评价的事实依据和基础，而不是凭借主观臆想；三是评价方法，必须科学，而不是凭借经验感觉；四是价值判断，要依据是非观念，做出是非判断，而不能含糊其词、不明不白。在这四大要素中，与评价相关的信息资料是基础，方法带有工具性，标准和价值才是核心；如果没有标准和价值，评价就失去了客观性和意义。

二、课堂教学评价的标准

其次，我们一起来探讨一下课堂教学评价的标准。这里的“课堂教学评价的标准”，是限定在好课的标准、优秀课堂教学的标准等范畴内。好课的标准是什么呢？话题到此，还真的一言难尽。我给大家开列一些国内外的好课标准，同时也一起分析分析这些标准的异同。

华东师大基础教育改革与发展研究所原所长叶澜教授是全国新基础教育和生命教育的著名学者，她认为怎样的课堂才是好的课堂呢？对此，她将一节好课概括为“五个实”，是扎实的课——有意义的课，是充实的课——有效率的课，是平实的课——常态下的课，是丰实的课——有生成性的课，是真实的课——有待完善的课。这一评价标准，还比较粗略，不精准，也难以做到客观，并且评价角度主要是以课堂教学状态为主。

在座的各位教师认同这一看法吗？后来，研究所所长的郑金洲教授把她的观点发展为“十个化”——课堂教学的生活化、师生互动的有效化、教学过程的动态化、教学内容的结构化、教学对象的个别化、学生学习的主动化、学科教学的整合化、教学资源的优质化、教学策略的综合化、教学评价的多元化。这一观点较之叶澜教授的看法，是有明显进步的。因为，郑教授的评价标准总体上是从课堂教学的构成要素出发的，标准更全面一些。但是，有些提法可能还要进一步斟酌，比如“教学过程的动态化”等，可能就没有太大的意义。

我们再来看一看上海师大教育学院王荣生教授在《听王荣生教授评课》一书中，对一节好课的评价标准。他是按照高中低的“三级标准”来评课的：最低标准是教师知道自己在教什么，所教的必须是学科内容，所教的学科内容必须集中；较低标准是知识不能讲错，课堂上不能出现知识性错误，想讲的内容和正在讲的内容一致，或者说，教学实施与教学设计相符；较高标准是学生真正学到东西，进入习得阶段，学生能够将教师所教的知识转化为能力，学生能够迁移应用等。王荣生教授的三级评课标准，分别从教师角色、教学内容和学生角色出发，尽管评价标准不断发生位移，但有其独到之处。

现在各位教师看到的是重庆第二师范学院王明春教授的“三效度”说。哪三效度呢？三效是效果、效率、效益，效果指的是实现了教学目标；效率是指单位时间产出高，也就是一节课的容量问题；效益是指学生的身心得到了发展。三度是指学生知行意的参与度、教学目标的达成度、情感态度价值内化的深入度。王明春教授的评价标准主要从课堂教学的效应角度出发，强调学生在课堂上的表现和习得。

请大家再往下看。这是北师大副教授赵希斌在《魅力课堂》一书中对好课的界定。他认为一节好课应该符合“十字要义”：在把握教学内容方面，要做到高（高层次学科素养）、思（高品质思维能力）、实（扎实的学科基本功）、正（正确先进的价值观）、通（通联广达）；在把握教学形式方面要做到引（引生入“胜”）、问（好问题驱动教学）、比（打比方、作比较等）、动（让学生动起来）、趣（乐趣、兴趣、情趣）等。可见，赵教授对课堂教学的评价主要从教学内容和形式上切入，也是一说，也是一种视角。

以上五种观点都是教育学方面的高校学者多年研究的心得，可谓各有各的角度，各有各的立场，各有各的标准。我们再来看看来自一线的观点。

这是北京市第四中学校长刘长铭在学校庆祝教师节大会上提及的好课标准——“四有好课”：有知识、有方法或有思想、有生活（联系生活实际）、有境界（精神层面上要有收获）。

这是北京市基础教育课程教材改革试验工作领导小组在《中小学课堂教学评价方案及实验研究》中研发的中小学课堂教学评价标准，共有评价项目6个一级指标和评价要点12个二级指标。其中，评价项目6个一级指标涉及教学目标、学习条件、学习指导与教学调控、学生活动、课堂气氛、教学效果等；评价要点12个二级指标分别涉及符合课标要求和学生实际程度、可操作程度，学习环境的创设、学习资源的处理，学习指导的范围和有效程度、教学过程调控的有效程度，学生参与的态度、学生参与的广度、学生参与的深度，课堂气氛的宽松度、课堂气氛的融洽度，目标的达成度、解决问题的灵活性、师生的精神状态。这12项具体的评价标准，主要还是从教师的角度考量课堂教学状况。

无独有偶。现在大家看到的是广州市某区教研室为中小学教研员提供的《课堂教学评价表（试行）》，表里共有5项一级评价指标，教学目标、教学内容、教学方式、教学手段和教学管理等，而9项二级标准则分别对应以上5项一级指标，在9项二级标准中，少有从学生学习状况的角度进行评价的标准，几乎都是从教师的角度去评价。

我刚刚向大家展示了八家关于好课的说法，既有大学教授的专门研究，也有作为课题研究的专项组织，还有直面一线教学的校长和教研机构等，他们的研究成果或者说评价标准，尽管观点不尽相同，标准不尽一致。但是，在不尽相同、不尽一致的标准中是否依然存在共同之处呢?

这些共同之处表现在哪些地方呢？这就涉及另外一个话题——课堂教学评价标准的价值取向。

三、课堂教学评价标准的价值取向

我们在开讲时就说过，课堂教学评价本质上是一种价值判断。因此，依据什么标准评价，事实上就是在进行价值选择。所以说，不同的评价标准就体现了不同的价值取向。此其一，评价标准的本质是价值选择。**标准的背后是价值，取向什么价值才会选择什么标准；标准彰显价值，价值决定标准；价值是看不见的标准，标准是指标化的价值；选择标准就是选择价值**。

其二，课堂教学评价标准有哪些价值取向呢？主要有三种价值取向。一是以效果、效率、效益，结构、流程、方式等为标准，价值取向以课堂教学状况为中心；二是以教材理解、资源整合，教学目标、教学重点，教学管理、教学智慧，教学方法、教学手段等为标准，价值取向以教材教师为中心；三是以学生学习过程、学习方法、学习状态和习得结果等为标准，价值取向以学生学习为中心。在这三种取向中，哪一种更合乎课堂教学和教育教学的本质呢？很显然，我们以上展示的八所学校或机构的八种评价标准，很大程度上都是以课堂教学状况或教师教材为中心的，这就很值得我们深思了。

评价一节课，究竟应该取向何种价值呢？或者说，课堂教学评价的终端标准是什么呢？我想，它应该是以学生学习为中心的价值取向，或者说，应该是以学生的习得结果为标准评判课堂教学的优劣。理由如下。

第一，四级课程的前三个课程是理想课程、文本课程、实践课程，最重要落脚到学生的习得课程，学生的习得课程如何是检验前三个课程是否落实的终极标准，习得课程落实不到位，就一定是实践课程出了问题，也就是课堂教学出了问题。课堂教学出了问题，这节课还能是一节好课吗？

第二，完整的教学过程是包括课堂教学设计、课堂教学实施、课堂教学或课后检测反馈补救的，在这全过程中，最终也要通过检测来实证教学设计是否科学、教学实施是否理想。如果检测出学生的学习效益并不如我们的教学设计所愿，还能说实施的课堂教学很优秀吗？

第三，我们现在进行的课改要解决理念、目标、学习过程等三大问题。核心理念是“一切为了学生的发展”；目标是三维的，是“知识与技能、过程与方法、情感态度与价值观”；学习过程要求学生能够“自主、合作、探究”。这一切都是为了学生的发展，为了培养学生的思维、能力和素养，为了健全学生的人格和树立正确的价值观等。可见，课改的目的是直指学生的，是站在学生的立场进行课程改革和课堂教学改革的。

四、课堂教学评价的学生立场

据《中国教育报》2014年2月28日第一版报道，“2014年2月27日，教育部新春新闻发布会将现场搬到北京市十一学校举行，这是一个颇不寻常的举动，旨在向社会宣传和推广该校构建的新型育人模式，创造适合每一个学生发展的教育。”为什么教育部的新春新闻发布会要破例把现场搬至北京市十一学校召开呢？北京市十一学校近年来到底做了什么呢？原来，北京市十一学校“自2009年开始进行转型性变革的实践，探索了分层教学、走班选课、取消行政班、设立学科教室、实施导师制、学生自主管理等一系列改革举措”，全面创新了育人模式改革。据了解，《中国教育报》关于十一学校的一组报道，在全国教育系统内引起了强烈反响，引发了各地政府部门、教育管理者、中小学校长的共鸣和思考。

北京十一学校校长是谁？是李希贵。李希贵是当代著名教育家，曾在山东高密、潍坊等做过多所学校的校长、多地教育局的局长，2006年调任教育部，一年后赴任北京十一学校校长。他著作甚丰，我曾阅读过他的《36天，我的美国教育之旅》一书。该书如实记录了李希贵先生在美国哥伦比亚大学教育学院访学期间，和美国教育专家、教师一起分析课堂，进行教育智慧碰撞的所见所闻、所思所悟。阅读本书后，查阅十一学校的改革实验和结合自己的访美体悟，我就很明显地感觉到，他在十一学校的育人模式创新与他在美国访学期间的见闻心得具有很密切的关系，或者说，其改革创新的总体思路已经打破了传统的班级组织形式，充分吸纳了美国基础教育的有益成分。而教育部将新闻发布会安排在北京十一学校召开，无疑是对其教育改革的肯定和推崇。事实上也是这样，作为全国基础教育学校办学体制改革实验学校、北京市综合改革实验学校，北京十一学校在李希贵校长的主持下，自2009年开始，进行了一场震撼人心的改革，其改革的核心内容是“普通高中育人模式创新及学校转型的实践研究”。到2014年，这一改革成果荣获首届国家教学成果奖特等奖。特等奖一共只有四个，基础教育占两个，中学教育获得特等奖的成果就是李希贵校长主持的这项改革，另一个荣获特等奖的成果是小学教师李吉林先生的“情境教育实践探索与理论研究”。

我这里之所以要详细介绍李希贵及其十一学校的改革创新和学校转型，是要向大家说明，其改革的出发点和落脚点，本质上都是站在学生的立场上，站在一切为了学生发展的立场上，是代表了基础教育的发展趋势和长远未来。因而，教育部不仅破例将新春新闻发布会现场放在北京十一学校，而且将首届全国教学成果奖特等奖颁发给北京十一学校。

美国多元化与卓越化研究中心关于有效教学的“五个要素”，也是评判教学是否有效的五个主要指标。这“五个要素”的一二级指标分别是这样表述的：

1. 学习共同体：教师和学生共同参与创造性活动；
2. 语言发展：发展学生的语言能力，提高学生的文化素养；
3. 情境性学习：教学联系学生真实的生活，促进对创造性学习的理解；
4. 挑战性教学：教学应该具有挑战性，发展学生的认知思维；
5. 教育性对话：教师通过对话进行教学，特别是进行教育性对话。

各位教师可以将这一标准和我们前面所提到的标准，认真地逐条比较，看看它们之间的差异主要表现在哪些方面。

我认为，主要表现在立场不同。因为立场不同，往往制定标准的角度就有差别，立场和标准有别就会彰显出不同的价值取向。因为大多站在教师、教材、技能手段或课堂教学状态的立场，所以往往忽略了学生这个中心和学生习得如何这个最重要最重要的核心——这是我们目前制定课堂教学评价标准和对课堂教学进行价值判断时存在的主要问题。

那么，我们应该站在什么立场和制定什么标准呢？我们应该主要站在学生的立场上，制定课堂教学评价的终端标准。

所谓课堂教学评价的终端标准，就是要以学生在课堂上的学习和发展状况作为评价课堂教学的终极标准，课堂教学要以学生的学习起点为出发点，以学生的发展状态为教学的连接点，以学生的习得结果为教学的归宿点。因为，以课堂教学要素为中心进行评价，或者以教材、教师为中心进行评价，最终都要看学生的习得结果；如果学生的习得结果（习得课程）出了问题，就基本可以断定是课堂教学（实践课程）出了问题；习得结果不佳，课堂教学要素无论怎样齐备也只是一种教学流程的展示，教师教学技能无论怎样高超，也可能只是一种技巧技法、方式方法的展现。因而，以学生的学习和发展状况为标准进行学为中心的课堂教学评价，才是信度最高、追求最高的价值判断。

五、进行学生为中心的课堂教学评价

最后，我们来探讨进行学为中心的课堂教学评价。

“学为中心”的完整表述是“以学生的学习为中心”。它包含两层意思：课堂教学首先要以学生为中心，其次要以学生在课堂上的学习为中心，教学的一切活动，包括教学设计、课堂教学实施和课后检测反馈等，都要始终以学生的学习和发展为中心。

进行学为中心的课堂教学评价，就是要始终站在学生的立场上，以学生的习得结果为评判优劣的终端标准，对学生在课堂教学的学习和发展过程进行全面、真实、客观的观察后做出价值判断。

有没有这样的评价标准呢？如何才能做到这一点呢？我为此进行过专题研究，尝试着给大家提供一些可以参考的意见，也请各位老师批评指正。概而言之，我的意见是运用“三字评价标准”。

是哪三个字呢？是实、活、乐。

第一个字是“实”。就是要做到学习目标切实、学习过程真实、学习结果扎实。注意，我用的是“学习”，而非“教学”，尽管只有一字之差，但所站的立场在学生这边，是从学生的角度考量的。切实，就是要符合学生的实际，要从学生的学情出发；真实，就是学习过程是自然而然发生的，而非弄虚作假；扎实，就是学习之后的收获实实在在，深入思维，深入血肉，深入骨髓，转化为素质，转化为能力，转化为人品。

第二个字是“活”。就是在课堂教学过程中，学生身心面貌充满活力、学生深度思维积极活跃、学生学习策略变通灵活。活力的表征是身体和心理都会动起来，比如参加讨论、上台演板、举手发言等；活跃的表征是脸色呈现变化、眼睛发出光亮、神态出现思考等；灵活的表征是能够举一反三，能够一题多解，能够触类旁通，能够扩展应用等等。

第三个字是“乐”。这里的“乐”，包括但不限于快乐，但主要是快乐。它是在学习过程中，学生的精神和情感体验所出现的一种畅快淋漓的状态。从美学的角度讲，师生发生同频共振的同欢乐、同悲伤，教学引发的学生豁然开朗、茅塞顿开等等，都是畅快淋漓的“快乐”体验。

当然，一节课要做到既实又活且乐，肯定不那么容易。不过，我们既然要追求优质课堂教学，就应该努力朝着这个目标奔跑，努力以此为标准做出课堂教学的价值判断。

六、成就好的课堂教学的要求

除了上述所说的“三字评价标准”外，对如何成就一堂好课，我还要补充几句，即需要掌控“三个适度”，善处“四对关系”，强化“五个突出”，解决“五大问题”。

掌控“三个适度”，就是要掌握和控制好课堂教学学生自主学习的长度，这是时间安排的问题，不建议一节课全都是学生自主学习的时间，而缺失教师的主导和引导；要掌握和控制好师生和生生之间合作的效度，他们之间的教学合作不要走形式，不要做给别人看，要真正做到有效果、有效率、有效益；要掌握和控制好探究的深度，所提问题要具有一定的挑战性，要能够激活学生的思维，要的确需要有效的合作才能完成，而非简单的你问我答式的对不对、好不好、行不行、棒不棒等。

善处“四对关系”，就是要处理好传统课堂与生本课堂的关系，传统课堂并非一无是处，生本课堂也非全身是宝，应该是各有各的优劣，关键看其能否解决教学问题，能否达成学习目标；要处理好文本课程与实践课程的关系，教材是静止不变的，但教学活动是灵活可变的，教学活动要把教材编写的本意立体地创造性地呈现出来；要处理好活动容量与思维含量的关系，课堂教学的一项重要任务是培养学生的思维能力，不要以为把课堂变成了表面热闹的场所，以为满堂问、满堂答、满堂动、满堂跑就是有效果的课，优秀课堂的一项重要评价维度是学生的思维是不是真正活起来了，是不是真正深刻了；要处理好面向全体与兼顾差异的关系，尽管在一节课上既面向全体又兼顾差异不容易做到，但我们还是要尽可能地避免因为某一个学生的问题未完全解决而导致全班的教学活动被中止。

强化“五个突出”，就是我们在钻研教材、设计教学、实施教学、运用技法、命题检测时，心中要始终突出学生、突出学生的学习、突出学生的能力形成、突出学生的思维培养、突出学生的人格发展和完善。对此，我这里不展开论述。

解决“五大问题”，就是要解决好学生从哪里出发的问题，它涉及学情和教学起点；要解决好学生将走向哪里的问题，它涉及学习目标和教学任务；要解决好学生从起点到终点将经过哪些地方的问题，它涉及教学的重点、难点、盲点等；要解决好学生怎样才能到达终点的问题，它涉及教学工具、技巧技能、方式方法等，要求我们为学生提供安全平稳的“渡船”和“划桨”；要解决好学生如果没有到达终点应该怎样补救的问题，它涉及教学后的评测和整改等。

各位老师，今天我们利用一课两讲、同课异构的教研活动，共同探讨了日常工作时碰到的课堂教学评价问题，懂得如何评价课堂将会有助于我们改进和优化课堂教学。为了尽量将本人对这一问题的看法讲得明白一点，通透一点，我主要从课堂教学评价的定义、课堂教学评价的标准、课堂教学评价标准的价值取向和进行学为中心的课堂教学评价等四个方面向大家做了一个汇报，并在最后特别提出成就一节好课的几点思考。但愿这些内容能够为一线教师提升课堂教学质量提供或多或少的助益；同时，也请大家多多批评指正！

（2015年12月3日，作者在广东省教育厅南粤名师大讲堂·走进揭阳活动上的专家讲座，时任广州市天河区教育局教研室主任；12月20日根据课件和讲座稿整理。）

创建教学模式　探知教育规律

很高兴受邀与各位老师一起交流对教育教学的思考，我今天的讲座题目是《创建教学模式　探知教育规律》。选定这个题目的主因是贵校全体教师已经在教学建模上进行了一些探索，迫切需要进一步优化和提升。因此，我今天将会对教学建模的案例进行赏析，包括贵校的模式。下面，我将从教学模式的基本内涵、构成要素、主要特点、中介功能、命名方式、案例赏析和教学建模的基本要求、最终宿命等八个方面，与大家一起展开进一步的探讨。

一、教学模式的基本内涵

要开展教学建模，当然要首先知道什么是教学模式。

什么是教学模式呢？一般有三种说法，一种是理论说，认为教学模式是在教学实践中形成的一种设计和组织教学的简约化的理论；一种是方法说，称常规教学方法为小方法，称教学模式为大方法，是一种加以理论化的操作样式。请大家注意这两种说法的主要区别，第一种说法的落脚点在“理论”二字，第二种说法的落脚点在“操作样式”。第三种说法是什么呢？是程序说，称**教学模式是在一定的教育思想或教学理论指导下为完成教学目标任务而建立起来的较为稳定的教学活动结构框架或活动程序**。这一界定与上两种说法的不同之处在于强调“结构框架”或“程序”，结构框架突出了教学模式在宏观上对教学活动的整体把握，对各要素之间的关系和功能的理解；活动程序则突出了教学模式的有序化和可操作性。我比较倾向于第三种的“程序说”，它对教师的教学实践将更具指导意义。

二、教学模式的构成要素

构成教学模式的要素有哪些呢？或者说，从结构说的角度看，需要具备哪些要素，才能构建为一种教学模式呢？主要有理论依据、功能目标、操作程序、实现条件和教学评价五种因素。

第一个要素是理论依据，就是建构模式的指导思想或教育理论，如贵校的琢玉课堂四段教学法，依据的就是“情境学习理论”和“认知心理学理论”；而先学后教单元整体教学模式，依据的就是“生本教育思想”等。**第二个要素是功能目标**，就是能够达到的教学结果，也就是教学模式在学习者身上能够产生怎样的效果，对学生学习具有什么重要意义；因为功能目标不同，程序结构和组合关系也会发生相应变化，所以，“功能目标”这一要素是多种要素的核心。**第三个要素是操作程序**，也就是构成教学活动全过程的环节步骤等，通常会通过简约而明确的图示表现出来，如贵校的琢玉课堂四段教学法的操作程序，就由创设情境、探究新知、内化巩固、应用发展这四段构成，并且这四段的前后顺序不能任意调整，四段之间具备严格的逻辑关系，呈现出一种学以致用的过程；不过，这种模式还要进一步简化，要尽量用图式简约呈现出来，而不要依靠图式结构外的文字说明。**第四个要素是实现条件**，是指教学模式得以发挥作用的条件保障，如教师、学生、教材、教学时空等。**第五个要素是教学评价**，是对教学模式作用发挥如何的一种评判方法和标准等。

三、教学模式的主要特点

教学模式具有五大特点。

第一个特点是操作性，也就是程序清楚，步骤明确，环节清晰，方便掌握、应用；**第二个特点是简约性**，能够用象征性图式、结构性符号表现出来，做到结构简明、文字精练，一般不需要文字说明，也不需要通过文字说明就能读懂模式；**第三个特点是指向性**，这主要强调的是教学模式总是为一定的教学目标任务设计的，教学模式的功能就是要最大限度地完成教学任务，实现教学目标；**第四个特点是整体性**，也就是教学模式要做到理论上自圆其说、实践上有始有终，教学理论和教学实践相统一，实践上易操作，理论上有依据，不能理论和实践相脱节、两张皮，当然，更不能只有实践而没有理论，或者只有理论而没有实践；**第五个特点是发展性**，模式的建构来自实践，模式的发展也要尊重实践，没有一成不变的模式，也没有完美无缺的模式，模式总要在实践中不断发展变化、改进完善，从而求得更加合乎理论和实践的模式。

四、教学模式的中介功能

如何理解教学模式的中介功能呢？教学模式，一方面来自实践，是对实践的提炼和抽象；另一方面是某种教学理论的简化表达方式，是通过象征性符号、图式和关系的解释，反映实践的基本特征和内在逻辑，从而在教学实践和教学理论之间架起了一座桥梁。没有教学模式，可能的结果就是实践归实践、理论归理论，实践和理论之间没有一种形式将其联系在一起。所以说，教学模式还具有中介桥梁的作用。

五、教学模式的命名方式

教学模式建立后，总得需要给它一个名字，就像生了孩子以后要给孩子命名一样，不同的父母自然有不同的想法和命名的方式。不过，教学模式的命名，既要符合教学模式的本质特征，又要具有简约、响亮、易传播的个性。

从各种模式的命名看，一般是从教学理念、教学内容、教学特点、教学过程、教学方法等角度命名，如江苏蔡明的生态语文、江苏黄厚江的本色语文、广州熊芳芳的生命语文等就是以教学理念命名的，王崧舟的诗意语文、王松泉的情趣语文、孙双金的情智语文、于永正的五重语文、窦桂梅的主题语文、魏书生的六步课堂教学法等，都各有自身的命名角度，而贵校的琢玉课堂四段教学法，可以说主要以教学过程和教学方法来命名。总之，教学模式的命名要尽可能做到贴切、简约、响亮、独具个性，让人一看就懂，一听就明白，一学就会，一用就见效。

六、教学建模的案例赏析

基础教育界中好的建模是比较多的。我们没有时间一一进行鉴赏，这里只选取南北两个案例来赏析，就是广州市天河区的“三环七步”国学课堂教学模式和北京市通州区的“三步六正九读”国学课堂教学模式。两个案例的共同特点，一是构建国学课堂教学模式，也就是如何上好中华优秀传统文化教育课；二是以教学步骤、教学流程为主命名；三是教学环节和步骤之间都呈现层层递进之势，前面是后面的基础，后面是前面的提升或升华，逻辑层次和结构十分明显；四是教学目标和任务都最终指向学生的人格涵养；五是图式结构简约，逻辑严密，不需要更多的文字加以说明，基本上可以做到读图导学了。

不同之处在于各有各的具体要求，各有各的侧重点。“三环七步”模式是在教师的指导下，学生运用多种方法反复诵读，在经历温故、知新、致用三大环节和回顾、展示、熟读、悟意、博引、导学、成诵七大步骤的教学过程中感悟道理，树立正确的价值观念，强化良好行为习惯的养成。

“三步六正九读”模式的第一步是正音正读，教学目标是读熟课文，可以诵读。任务分三层：一读正确，二读流畅，三读成诵。这一阶段重在激发学生诵读兴趣，克服畏惧心理，让学生乐读、爱读。本阶段需要熟读课文六到七遍，用时7分钟左右。第二步是正字正义，教学目标是确定基调，移情入境知义。任务分三层：一读大义，二读理解，三读入境。本阶段要在学生理解大意的基础上指导其把握平仄音、发音长短、声调的高低虚实与韵律节奏。此阶段是重点阶段，需要10分钟时间。第三步是正心正行，教学目标是知人论世悟理，并能在诵读训练中完成积累。任务也分三层：一读韵律，二读体验，三读义理。本阶段旨在完成诵读感悟与文化积累的学习任务，达到文化感悟、心灵触动的诵读审美效果，并联系实际矫正行为，在诵读中实现人格涵养的目标。此阶段用时大约13分钟。很显然，“六正”正音正读是基础、正字正义是重点、正心正行是升华，三者层层递进，相互联系。前一步都是后一步的基础，后一步是前一步的反应与发展；同样，“九读”也呈现出层层递进的逻辑关系，一以贯之的学习方式是诵读，诵读成为全课的主线。

七、教学建模的基本要求

我们刚刚是对优秀教学模式进行了赏析，优秀教学模式往往有一些共同特点。对此，有的学者曾经总结出优秀教学模式的“五得”特征。哪“五得”呢?

第一“得”是“立得住”，就是教学模式的确立要依据教育教学理论，要有教育教学理论支撑教学模式的建构，而非个人的臆想。第二“得”是“站得稳”，就是模式一经使用，就显现出明显的教学效益，教学效益明显好于没有模式的课堂教学；第三“得”是“叫得响”，这是指教学模式的名称要取得有水平、有层次，简约而晓畅，爽口而响亮，听起来愉悦，喊起来响亮，理解起来不费力；第四“得”是“学得到”，这是指教学模式的结构框架简明，便于他人学习掌握，要尽可能地避免烦琐；第五“得”是“推得开”，这是指教学模式能够被推广，不仅自己会用好用，而且推荐给同行、同学科教师后，他们一样可以用得好，用出效益。

各位老师，贵校的“琢玉课堂四段教学法”符合这样一些特点吗？如果符合，当然很好；如果还差那么一点点，我们就要进一步优化了。

八、教学建模的最终宿命

其实，学术界一直对教学建模是有不同的声音的。有人认为要推动教师建立自己的教学模式，有人则明确反对教学建模，尤其反对教学模式一成不变，或者教学模式五花八门，教学模式满天飞。赞同者当然有赞同的理由，反对者也有反对的依据。在这里，我想与大家交换三点看法。

一是教学建模的确有其局限性。教学目标、教学内容和学习者不同，必然会有不同的教学过程、教学手段和方式方法，因而，我们如果只用一种模式去应对不同的教学目标、教学内容和学习者，就可能会导致教学效益与我们的设想背道而驰，更何况即使同一学科，也会有大为不同的内容，自然也不能只用一种模式。

二是要善于变通教学建模。就是要在遵循课堂教学模式主干流程的前提下，灵活变通操作范式，处理好教学模式的常式和变式。一种模式肯定不能包打天下，像钱梦龙这样的名师，他提出的语文教学三主四式导读法，本质上也不是一种模式，其中的“四式”就是针对不同的文本内容采取不同的课型，每一种课型又有每一种课型的模式，即自读式、教读式、作业式、复读式等，这就是教学模式的变通。我们的琢玉课堂四段教学法，也要思考两个问题：四段教学法在不同学科中如何呈现？在相同学科的不同课型中如何呈现?

三是教学建模的真正用意何在。模式可以复制吗？不能。模式可以学习借鉴吗？可以。模式可以多元创新吗？可以。但是，建模的作用是什么？意义何在？是为了建模而建模吗？显然不是。知模是为了学模，学模是为了建模，建模是为了创模，创模是为了用模，用模是为了变模。知模、学模、建模、创模、用模和变模，最终是为了什么呢？为了脱模。何时才能达到脱模的境界呢？需要真正掌握了教育规律，把握了教学本质，熟稔了学生的认知规律。

因此，我最后用一句话结束我今天的微专题讲座：让我们在创建教学模式中探知教育规律、把握教学逻辑，在探知教育规律和把握教学逻辑中提高教学质量，在教学建模过程中努力从自由王国走向必然王国！

（2019年3月29日，作者在广州市荔湾区某校教师培训活动上的专题讲座，时任广州市增城区教育局教研室主任；2019年五一劳动节期间参考课件和演讲录音整理。）

专家型教师的成长路径

非常感谢大家利用宝贵的周末时间听取我的专题讲座。同时，我也深感荣幸地接受研究生院的邀请，与大家一起交流学习体会。

在座的各位研究生今后步入社会，大致的发展方向可能是两条路径：一条是在教育系统做教师，做主任，做校级干部；一条是从事教育系统外喜欢或不喜欢的工作。今天，我们一起来谈谈第一条路径。这条路径的行走者，一般都会从学科教师做起，做到一定程度时，有的人就成了中层主任、副校长或者校长，机遇好一点的，可能成为教育行政部门的正副职局长，或者由此离开教育系统，到其他党政部门做官员；但更多的人，可能长期在教育教学一线摸爬滚打。那么，对于长期在一线工作的教师来说，他的人生方向是什么呢？我以为，应该努力成为专家型的教师。

什么是专家型教师，怎样才能成为专家型教师，这是我今天要讲的话题。

一、导语

同学们很幸运，很快就会步入教育领域。说你们“很幸运”，是因为你们从教之时就赶上了好时代。2018年1月20日，《中共中央国务院关于全面深化新时代教师队伍建设改革的意见》，是共和国成立以来第一次颁布的关于教师队伍建设的专门文件。这份文件开宗明义地点出16个大字：百年大计，教育为本；教育大计，教师为本。文件提出五条原则，共分六大部分，有二十七条意见，其中第一部分是“坚持兴国必先强师，深刻认识教师队伍建设的重要意义和要求”，目标任务是“到2035年，教师综合素质、专业水平和创新能力大幅提升，培养造就数以百万计的骨干教师，数以十万计的卓越教师，数以万计的教育家型教师”。文件所指的“骨干教师”“卓越教师”“教育家型教师”，就相当于我们今天所说的专家型教师和超越专家型教师。

文件颁布不到一个月，教育部、发改委、财政部、人社部、中央编办又联合发布了《教师教育振兴行动计划（2018—2022年）》。这一文件无疑是在落实上一份文件精神，这一文件给教师队伍的定位是“高素质专业化创新型教师队伍”，这一定位其实就是向全体教师提出了要努力成为专家型教师的要求。同学们，你难道没有感觉到你正好处在一个人生择业的黄金时代吗？的确如此！在文件提到的十大行动中的第六大行动“教师教育改革实验区建设行动”里，有一段这样的表述，“实施中小学名师名校长领航工程，培养造就一批具有较大社会影响力，能够在基础教育领域发挥示范引领作用的领军人才”。由此可以看出，党中央、国务院已经把培养优秀而卓越的教师提升到了国家战略层面。

下面，我们将从专家型教师的地位作用、基本内涵、基本类别、发展阶段、基本特质、成长路径等六个方面展开研讨；其中，最后一部分“专家型教师的成长路径”是这次讲座的重点。

二、专家型教师的地位作用

我们先看大屏幕上的照片。

大家看看这是谁？有认识的吗？穿戴严谨，斯文眼镜，长袍马褂，手上一顶礼帽，无疑是民国时期的人物。他是谁呢？我们再往下看。这是我到西南联大旧址参访时拍摄的照片。看到了吗？“西南联大”四个字。另一张照片上的建筑是清华大学的标志性校门。

这个人和西南联大以及清华园有什么联系吗？有联系。

我们再往下看。

1931年冬天，他被任命为清华大学校长，时年42岁，直到1948年，先后执掌清华大学17年，包括西南联大的8年。

有人说，他是清华大学历史上任期最长的校长，是清华大学永远的校长，是唯一的两岸清华大学校长。大家都知道，故宫博物院在大陆有一座，在台湾省也有一座，清华大学呢，也是如此。台湾省的清华大学也是他创办的，所以他是唯一一个既是大陆的也是台湾省的清华大学校长。

还有人说，他执掌的清华大学是中国高等教育史上的珠穆朗玛峰。他一辈子做了什么呢？做了一件事。这件事就是，成功执掌清华大学，并奠定了清华大学的校格。他在云南昆明的西南联大，8年共培养了3882名学生，3人成为诺贝尔奖获得者，4人成为国家最高科学技术奖获得者，14人是两弹一星功勋奖章获得者，117人是两院院士，以及灿若星辰的各学科创始大师和100多位人文大师等。1941年清华大学30周年校庆时，欧美著名的大学校长称赞其“西土一千年，中邦三十载”，意思是说清华大学只用了30年时间，就成为可与世界名校比肩的高等学府。

这个人到底是谁呢？他姓梅，名贻琦——梅贻琦。有学者专门为他撰写传记，书名是《一个时代的斯文》。大家再看，这是竖立在西南联大旧址上的一块石碑，石碑所刻的就是他1931年就任校长时的名言：“大学者，非谓有大楼之谓也，有大师之谓也。”意思是说，所谓大学，不在于楼房有多少，有多高，而在于有没有足量的大师，有没有优秀的教师群体。大学如此，中小学亦然。有经验的校长都知道，治校办学的关键是要建设一支德业双馨的教师队伍，优秀的教师队伍是学校发展和变革的主体力量。由此可见，**专家型教师在学校的地位十分重要，这是第一点。**

第二点，专家型教师的作用是巨大的。广州的小蛮腰，大家都很熟悉很喜欢，一到晚上，塔顶就光芒四射。专家型教师也应该像小蛮腰一样，远看是地标，是示范，能够对外辐射自身的光芒，不仅指导青年教师成长，而且一定是走在前列、扛着大旗、让人跟跑的引领者。概而言之，其作用就是示范、辐射、指导和引领。

三、专家型教师的基本内涵

什么是专家型的教师呢?

所谓专家型教师，是指在教育教学领域的某一方面或多个方面，能够像行业专家那样，有深入研究和独到思考，有高强技能和突出业绩，有成熟思想和鲜明风格，从事教育教学研究和实践的专业人士。它包含两个要素：一是理论上研究深入、见解独到；二是实践上技能娴熟、特长明显。

综合各行各业的专家特点，我把专家型教师的特点概括为“一爱、二感、三有、四专”：“一爱”是指要热爱教育事业，“二感”是指怀抱强烈的职业责任感和使命感，“三有”已经包含在前面所说的定义中，“四专”我会在后面详加阐述。

四、专家型教师的基本类别

按照不同的标准，我们可以将专家型教师划分为很多类型。当然，今天所说的专家型教师，主要限定在业务标准范围内，所以可以统称为业务型专家。其实，从大的类型来讲，专家可以分为两大类型，一种叫业务型专家，另一种叫战略型专家。什么是战略型专家？那种运筹帷幄之中、决胜千里之外的人就是战略型专家。中国历史上就有这样的人物，一辈子没有扛过枪，打过仗，身上也没有留下过一块弹体，却能指挥千军万马取得无数胜利，这就是典型的战略型专家，或者叫战略家。我们今天所讲的主要是业务型专家。

五、专家型教师的发展阶段

人才的成长是有一定规律的。**专家型教师的发展阶段，一般可分为适应期、合格期、熟练期、优秀期和卓越期。**优秀期的教师基本上就是专家型教师了，如果到了卓越期，层次就更高了。

有人依据业务熟练程度，把专家型教师的发展分为五个阶段：首先是“新手”阶段，大学毕业后工作三五年，小学六年，初中三年，高中三年，一个学段下来，就知道怎么备课、怎么讲课了，理解了各年级的教材，掌握了从教的基本技能，就能够基本胜任工作了；第二个是“熟手”阶段，在掌握基本技能和基本胜任工作的基础上更全面一些，更熟练一些；第三个是“能手”阶段，不仅仅能做到，能完全胜任，而且能处理一些比较棘手的问题；第四个是“高手”阶段，处理问题更高明一些，处理能力更强一些，一般教师可能要颇费周折，但高手教师也许一两招、三五句就能切中要害；最后是“神手”阶段，这是更高的层次，对多数教师有一定难度。

还有一种分类，教育部某部门副主任把教师成长的发展阶段分为四个层级：工、匠、师、家。工，就是刚刚毕业，像一个技术工人一样，别人叫你怎么做你就怎么做，不会有创新创造；匠，就是比一般的技术工人做得更棒，能够精益求精，还是没有创新创造；师，就是带有一定的创新思考、创造能力，而且形成了自己的基本特点，具有自己的教育教学风格，能够影响和带动身边的教师；再进一步，如果比“师”干得更好，形成了自己的教育思想、教学理念，取得了丰硕的教育教学成果，那就可能成“家”了。

我综合专家学者的研究，觉得划分为四个阶段比较合适。**第一阶段是技师**。刚刚踏入学校，首先要做的是技术技能性的工作。**第二阶段是匠师**。把技术技能性的工作做得更精更熟一些。**第三阶段是名师**。要“名”到什么程度呢？要基于百姓口碑、政府认定、成果呈现。你的同事、你的学生、你的学生家长都很认可你，这就是百姓口碑；至于政府认定、成果呈现，当然需要认定证书和获奖证书。**第四阶段是大师**。如果说，名师已是或者接近是专家型教师了；那么，大师则是超越专家型教师的教育家型教师了，或者说是专家型教师的高级阶段。

六、专家型教师的基本特质

刚才讲到专家型教师的基本内涵时，概述其特点是“一爱、二感、三有、四专”，其中，“四专”就是专家型教师的基本特质。

第一是“专心”。专心的表现是什么呢？是热爱与责任。三天打鱼两天晒网，肯定做不了专家；一时热情一时冷落，也做不了专家。我举一个最近的例子。我原来的一个同事不久前不断地给我发短信，发微信，打电话，说要请我喝茶。我知道她一定有事相求，就问她。她说自己想重新定位人生。她原来在中学做物理老师，去年师大教育管理方向硕士研究生毕业。她现在居然想离开中学，到教科院、教研室、进修学校、高职高专这类学校去，“想要做一种创造性的工作”。我就说，不管哪个行业，几乎都有机械性工作和创造性工作，只是程度和多少的问题。但无论如何，首先还是需要工匠精神，首先要能够把事情做得认认真真、妥妥帖帖；其次才是创新创造。在所有行业中，最富创造性的行业是什么呢？恰恰是中小学教育教学，因为这是塑造灵魂的工作，是善待人心的工作，是成就他人的工作，是延伸延展自己职业生命长度和宽度的工作，不是流水线上机械重复的劳作。我明白，她的真意是想换动工作，本意是对学校工作没有激情。我举这样一个例子，是要强调，对待自己的工作一定要怀有热情，保持专心；有了专心和热情，才会自觉地扛起责任。而三天打鱼两天晒网，就不是专心，也不是热情。**第二**

是“专一”。要能够坚信、坚持、坚守，不能三心二意，要专业思想巩固，要有一种不放弃、不抛弃、始终如一的坚韧。**第三是“专注”**。专注就是舍得投入——主要是精力和时间的投入，需要勤奋、忘我。**第四是“专业”**，就是理论水平和实践能力都呈现出专业素养、专业技能。

在“四专”中，前“三专”是基础，是前提，是途径，是过程，后“一专”是结果，是高度。没有前“三专”，就不会做到后“一专”的专业，当然也不能成为专家型教师。

七、专家型教师的成长路径

我先为大家讲一个巴拉昂遗嘱问题的故事。

巴拉昂是谁？是法国的一位媒体大亨。他以贩卖和装饰肖像画起家，在10年内积累了巨大财富，成为全法国前50名富豪之一。但是，他1998年不幸患上癌症。在即将离世前，他首先把4.6亿法郎捐献给医疗机构，用以改善医疗条件，治愈人类的疾病，改善人们的健康；然后留下100万法郎，和遗嘱一起锁进法国中央银行的保险柜。遗嘱的大意是：我曾经是一个穷人，现在却以富人的身份走向天国。但是，我不愿意把我成为富人的秘诀带走，如果谁能揭开穷人变成富人的秘诀，我就把100万法郎奖赏给他。这份遗嘱在法国《科西嘉人报》上登载以后，应者如云，共有48651份应征信函。最终，一个9岁的小姑娘的答案才是巴拉昂想要的结果。

这个答案是什么呢？有人说，是“金钱”，有钱了，就可以投资，可以钱生钱，可以成为富人。是“金钱”吗？不。有人说，是“权势、地位”，有权有势有地位了，就可以搞到很多钱了。是“权势”或“地位”吗？不是。还有人说，我有钱，身体也好，学历也高，只是缺少机遇；如果有机遇就会发大财，我还不愿意发小财，所以答案是“机遇”。是“机遇”吗？也不是。还有人说，是“美色”，美色可以换钱，不是有“男人有钱就变坏，女人变坏就有钱”的说法吗？是“美色”吗？还不是。

那么，这个答案到底是什么呢？后来，记者采访只有9岁的小姑娘，问她：“你那么小，是怎么猜中答案的？”小姑娘回答说：“我有个11岁的姐姐，经常会把男同学带到家里一起学习玩乐，进了家后，姐姐就会指着我的鼻子警告我不要有野心。我就想，野心是什么东西呢？野心应该是一种让人想要得到但不可能得到的东西吧？！于是，我填了‘野心’这个词。”

在汉语语境里，“野心”是一个贬义词，是指那种不切实际、不可能实现、几近疯狂的强烈愿望。但是，巴拉昂在这里用它指代特别特别想要实现的强烈愿望。巴拉昂遗嘱问题的答案就是“野心”，“野心”，还是“野心”！

专家型教师成长的第一条路径——要胸怀高远的专业理想。这种高远的专业理想，正像巴拉昂所怀抱的要成为富人的强烈心愿，它并不是别人强加的，而是自己想要的。

这种高远的专业理想，首先是教师个人要有一种自我发展的强烈意识，这种自我发展的强烈意识是专业发展的内生动力。一位著名学者曾说过："教师只有将自我发展的意识提升到高度自觉的程度，才会将过去的发展过程、今天的发展状况和未来可能达到的水平结合起来。"

在座的各位研究生，你为什么要考研？过去的你是怎么思考的？今天的你是如何作为的？未来的你准备走向何处？打算攀向什么高地？只有将过去、现在、未来结合起来看，才能使已有的发展水平影响未来的发展方向和程度，才能用未来的发展目标调节和掌控今天的现实行为。今天是周末，可能有许多在校大学生正在享受校园内外的休闲欢乐时光，但是，在座的你们却如此认真地聆听讲座，让我深感欣慰：你们不愧为研究生青年领袖营营员！

教师不仅要有强烈的自我发展意识，还应该怀抱专业发展的梦想。请大家看一看屏幕上的这张图，猜一猜他是谁？他是新东方教育国际发展公司董事长俞敏洪先生。他在中央电视台曾经面对大学生开展了一个精彩的励志讲座，他说：人，其实有两种生活方式，一种是像小草一样地活着，另一种是像大树一样地生长着。像小草一样活着，不如像大树一样生长。小草漫山遍野，微不足道，人们走过时不留意，踩过时不怜悯，是一种卑微的存在，但是，大树不同。大树开始时也许只是一粒种子，但三年五年后就成了树苗，八年十年或者几十年后就长成了参天大树。这时，人们远看它，它给大地带来绿色，装点着山山水水；人们走近它，它给行人带来阴凉，避免太阳的暴晒；人们回望它，它还是大地上亮丽的风景；即使有一天倒下了，它的叶子，它的树枝，它的树干依然能够为人类造福。俞敏洪先生又说：人，就应该有这样的生活，像大树一样地生长！有一首校园歌曲《小草》，有一段歌词是："我是一棵无人知道的小草，没有花香，没有树高，从不寂寞，也从不烦恼，我的伙伴遍及天涯海角。"歌词写得不错，旋律似乎很优美，但是，唱着唱着就会感觉比较消极，甘于平庸，——"没有花香，没有树高，从不寂寞，也从不烦恼"，这不明摆着缺乏进取心吗？如果真要做小草，也应该做这样的小草："小小的草迎风在摇，狂风暴雨之中挺直了腰，别笑我小，别笑我孬，风吹雨打之后依然不倒，动荡的大地之中落地生根，苦难的时代之中不屈不挠。"

专家型教师成长的第二条路径——要奠定坚固的专业基石。仅仅有理想当然不行，还要脚踏实地；如果不能脚踏实地，理想就会成为空想、幻想。无论是中小学，还是大学，最后做到校长的教师，绝大多数人首先是专业优秀；所谓"教而优则仕"，强调的是学校的管理层和领导层往往来自专业优秀的教师，强调的是教师的成长发展要奠定坚固的专业基石。

发展专业需要哪几块基石呢？

第一块基石，"爱心"。这种爱心主要体现在三个方面。一是对教育的热爱。如果进了班级，一见到可爱的学生，就很快把烦恼抛诸脑后，那就算得上到了热爱教育的境界了。二是对教学的深爱。总想把每节课讲好，讲不好时，会闷闷不乐，深刻反思，会茶饭不思，或食之无味；而一旦讲得顺畅，效果优良，则会一身轻松，暗自欣喜，精神倍增。这无疑就是对教学的深爱了。三是对学生的真爱。不爱学生本人，只爱学生背后的有权有势的家长，是假爱；不全面看待学生，只重视学生优异的考试分数，是偏爱；而对全班学生一视同仁，无论美丑、高矮、胖瘦、优劣，甚至对差生还会倾注更多的关爱，这才是真爱。

说到对教育的热爱，我想以著名的教育改革家魏书生为例。他21岁进工厂，28岁到中学任教。这期间的7年时间里，他在干什么呢？做车间主任。但就在做好车间主任的同时，他不断以口头的、书面的，正式的、非正式的等方式，向上级一而再、再而三地打报告：强烈要求去中学做教师！一共打了多少次报告呢？150次！这种对教育的热爱和执着，十分令人动容。

第二块基石，“勤奋”。湖北省特级教师余映潮先生曾写过一篇短文，客观地评价自己说：“如果从时间的角度比较，我是一个几十年基本上没有尽情享受过休息的人，我的绝大部分成果都是在休息日、节假日和其他的业余时间中创造出来的。”他吝惜时间到了什么程度呢？多少年来，他都把双休的时间、长假的时间、中考命题的结余时间用来阅读、研究和写作，他连续20年保持着每年发表论文50篇以上的记录。这是一种长期坚持的勤奋！有的人可能不以为然，但是，余映潮先生自豪地说：“我常常为我赢得大量的业余时间而觉得幸福。”

第三块基石，“持久”。持久，就是持之以恒，愈挫愈奋，永不停步。有的人的勤奋是不持久的，是不能坚持的，是没有恒心和毅力的，往往一日曝十日寒。苏州大学教授、新教育实验发起人、民进中央副主席、全国人大常委会委员、中国教育学会副会长朱永新先生，绝对是大忙人，但是，我们却能经常看到他出版的书籍、发表的文章。他有这个时间吗？文章是他自己写的吗？文章是他自己写的，时间也是他自己挤出来的。他的时间哪里来？他说：“我几乎每天早晨雷打不动地用两个小时读书和写作。”是的，他每天早晨5点起床，然后读书写作两个小时，7点洗漱，7:30左右出发到单位上班。这一习惯，他坚持了数十年。他曾以自己的亲身经历引导年轻人成长，发布过一份“朱永新成功保险公司开业启事”，启事邀请你到公司投保，要求做到每日三省自身、写千字文一篇，10年后持3650篇千字文共360万字到公司；如果这个时候你还不能成为专家，他就以一赔百。朱先生的意思很明确，只要持之以恒，十年不止，就一定能够成功。朱先生本人也是这样做的，不仅发表文章，出版著作，而且他创立的新教育实验从2002年开始至今，已推广到23个省市自治区、9个实验区、300多所学校。

专家型教师成长的第三条路径——要优化宽厚的专业结构。教师的专业结构，最理想的状态是金字塔结构或T型结构。塔尖代表你的学科专业，塔基代表你的跨学科领域，塔基越宽厚，塔尖才有可能越高耸；T型结构也是这样，上面一横代表你的跨学科领域，下面一竖代表你的学科专业，一横越厚实，一竖就可能越长，扎入大地的根基就可能越深。教师应该追求这样的专业结构，既让自己的专业高精尖，又能够吸收相关领域的丰富的养分。

专家型教师成长的第四条路径——要定位明确的专业坐标。有很多教师的工作在进行了一段时间后，专业发展就处于瓶颈状态，就处在十字路口上，不知道怎么继续向前走，似乎到了通常所说的天花板，或者称之为高原状态，走来走去都在一个平面上，而非向上攀爬的姿态。这个时候，我们应该如何行走呢？要努力定位明确的专业坐标！

一是纵向梳理。梳理你的成长经历，回顾你的兴趣点、兴奋点在哪里，思考你的天赋在哪里，分析你的基础、学历、专长状况。**二是纵向比较**。将自己的优劣与同事的优劣进行比较，从中发现自己的优长，寻找新的突破口。**三是综合考量**。把时代发展趋势、学校发展需要、未来社会需求、专业发展规划与自己的个性、特长、兴趣、基础等进行综合分析，从而作出新的研判；假如还不能明确定位，依然不知从何处重新出发，建议这时请高人指点——请专家帮助系统分析、综合研定。所谓一个人的成功需要贵人相助、高人指点、个人努力，大概说的就是这种情况吧。

我做校长的时候，是轻易不动学校基层和中层管理干部的。这个“动”是指“撤换”，而不是指“提拔”。但是，我到广州担任校长不久，就直接把一位级长撤了下来；级长为人不错，工作勤勉，口碑也好，并无什么过错。但是，我为什么要撤换他呢？而且撤换得比较果断呢？我找他谈话时，直言相告：“以我对你的观察、了解和分析，你还是不做级长好。第一，你的语言表达存在困难，做学生和教师工作，没有较强的语言沟通、交流表达能力不行；第二，你的性格内向、憨厚，虽然与同事相处不难，也会得到同事的认可，但是，一级之长面对的事情多而复杂，需要过硬的组织能力，只靠忠厚和自己任劳任怨，是远远不够的。你继续担任级长，将不利于学校、年级、学生的管理，当然最主要的是会耽误你本人的发展；现在不打算让你继续担任级长，不是要否定你的工作，而是要考虑把最合适的人用在最合适的岗位上，既让他人更好地发挥作用，更要思考你的个人发展不要被级长工作给耽误——你的未来更适合朝专家型教师方向努力！”我继续对他说：“你现在或许不理解，甚至对我有很大意见。但是，你今后的发展路径，就是要成为本土成长起来的第一个高级教师。为了让你更好地朝这个方向努力，我们研究为你提供新的平台——担任英语学科教研组长。你现在或许不理解，但是，我们可以三年后见证事实。只要你按照我说的去做，专心发展你的学科专业，三年后的你一定会首先来感谢我。”果不其然，三年后，他申报高级职称，完全凭借自身实力，一举评审通过，成为学校第一个本土培养成长的高级教师。广州市文件发布后，他第一件事情就是走进我的办公室，特别激动地说：“感谢徐校长，如果不是您当年指路，我可能还是那个不怎么中用的级长。我今年通过了高级职称，第一个要感谢的人是您！”我举这样一个例子，并不是要表明我是什么高人，而是想说明，我们每一个人都要了解自我，认识自我，从而比较精准地定位自我。

请大家看看屏幕上的这张图片，照片上的红衣少女在干什么？在洗衣服。在哪里洗衣服？洗衣的河水怎样？——在河里洗衣服，但是，河水完全被污染了。因为对面就是一个个的排污工厂，工厂把污水全部排放到河流里了。我再请大家看看右边这张照片。看过后是不是非常震撼？满眼的烟囱，满目的灰尘，满面的污垢，工厂和年轻的工人都被污染得不成样子。两张照片表达的是同一个主题：警示人们环境污染日益严重，地球在枯竭；我们要保护环境，防止污染，爱护地球！照片的作者是谁呢？是我国当今著名的自由摄影人卢广。他从事摄影时间很短，却几乎拿遍了国内外举办的摄影大奖。当然，他吃苦不少，被恐吓的次数也很多。

他拿起相机的时候，很多前辈都已经获得大奖。对此，他该怎么办呢？该如何定位自己的摄影？如何突围成功？他说，自己学历不高，资历也浅，又没有强大的经济做后盾，要在摄影界超越他人，唯有去别人没有去过的地方，拍摄别人很少涉及的主题。大家看看这张照片，这种端着相机风尘仆仆的样子，就是他在西北高原等偏远地方忙碌的情境。

如今，人们只要提到卢广就会想到那个专门拍摄环境污染等画面的人。当然，他不是以揭露社会阴暗面为目的，而是要暴露人们通常看不到的那一面，从而引起人们的警醒和重视。事实上，他的很多照片都引起了国家高层的关注，甚至影响了高层的决策，为整治环境、保护生态、建设美丽乡村等发挥了作用。

专家型教师成长的第五条路径——要形成鲜明的专业个性。著名自由摄影家卢广的经历，还在一定程度上告诉我们，一个人一旦形成了自己的个性、专长或特色，就很容易引起他人的重视和关注，正所谓“一招鲜，吃遍天”。那么，怎样形成鲜明的专业个性呢？

第一是要坚持教育实践，要在实践中磨砺。第二是要坚持专题突破，在专题上下硬功夫。余映潮老师说过：“发展自己的基本要求是钻研教学、形成特长，走向成功的基本前提是勤奋积累、突破专题。”这是他的经验之谈。在熟悉了教学的基本流程、基本规范之后，要成为某一方面的专家，最好的办法就是专题突破、专项突围。大家都知道黄冈中学的高考和国际学科奥赛很有名，但是并不一定都知道名气的背后教师们付出了多少。

在黄冈中学，有位教师被称为“活字典”。语文教师们在集体备课时，遇到比较难懂的字词，备课组一般是把《新华字典》和《辞典》《辞海》等教学资源搬过来查找，但在黄冈中学语文备课组不存在这个问题，因为直接询问“活字典”就行了。他能马上告诉你，有多少读音，有几种解释，字词的流变如何；如果他在五楼讲课，走过一楼的人都能听见；如果他现在站在我这儿讲课，他的声音会传到你们背后的墙壁，然后再反弹回来。他牛到什么程度呢？除了是北京大学高才生外，还曾经和全国的顶级专家一起，在武汉大学编写了八年的《汉语大词典》。他对汉语字词的掌握要比我们多得多，这就是他的专长。

在黄冈中学，还有被称为“力学大王”的物理教师。物理知识涉及广泛，力学只是其中的一部分，如果你在中学力学方面有什么问题需要咨询，他基本上可以做到对答如流。

在黄冈中学，还有的教师被称为“文科数学大师”。那个时候的高考，数学是分文理的，分文科数学、理科数学，难度有别，理科数学题会难一点，文科数学题会简单一点。但是，难易程度很有讲究，难以拿捏精准。这位被称为“文科数学大师”的数学教师，却在文理科数学高考试题的难易水平教学上把握到位。所以，在高二接班的时候，他是被班主任抢夺的对象，可以同年级分别教授一个理科班和一个文科班，对文科班和理科班各有各的教法。最后，他的每一届文理科数学高考成绩都很出彩，时间一长，“文科数学大师”的绰号就响遍了黄冈中学。

绰号是一个人的标签，往往取自一个人所具有的特长；当然，这种绰号应该是一种雅号，不能怀有恶意或嘲笑。至于数学奥赛“金牌教练”就不用说了，他训练出来的学生，虽然不是个个优秀，但得奖的概率特别大。黄冈中学共有十几块数学竞赛金、银牌，而他培养的学生就占了四五块奖牌。可见，他被人们称为“金牌教练”，是实至名归的。黄冈中学还有被称为“活档案”的教师，他曾任办公室主任，学历并不高，但人事工作做得好，他能把全校教师的出生年月、主要履历、来自何地、籍贯、学历状况、家庭成员、现在的工资收入等，说得一清二楚，不需要查阅任何档案。我做办公室主任的时候，也算得上是“记忆大师”，全校数百位教师的手机号码我都能随时报出。我所教的第一届高中学生，分别20年后在深圳聚会，我一样能喊出数十位学生的姓名，说出他们在中学时代的个性特点、成绩优劣。

专家型教师成长的第六条路径——要提炼创新的专业成果。要成就事业，总要有点成果。是不是专家型教师，要体现在百姓口碑、政府认可、成果呈现上。如果仅仅注重百姓的口碑，以为金杯银杯不如老百姓的口碑而陶醉于口头的认同，那是不够的。政府认可，当然是经过专家评审评选后颁发的证书。至于成果，我认为是硬核、硬通货，有成果才是真实力。而以思想、理念、著作、论文、报告、业绩等形式呈现的成果，不是自然显现的，是需要提炼的。

如何提炼呢?

首先，要善于将问题转为课题，成为真正的教育研究者。

现在中小学大量的一线教师，往往停留于浅层研究上，或批改作业，或设计教案学案。好一点的，会研究课堂怎么上，长处和不足分别在哪里，但多数教师不善于发现问题，不善于将问题上升为课题，不重视教育科研，看不起教育科研。教育科研是比教研更高位的研究。在教育教学实践中，教研几乎是可以随时随地发生的，但是，教育科研是有严格规范的，是需要教育理论支撑的。英国课程论专家斯腾豪斯有这样一个观点——“教师要成为研究者”，这个观点已经成为世界各国教师专业发展的重要理念和教师教育改革的主要方向。

怎么研究？要在实践中研究，要思考、研究实践中遇到的困惑。要为实践而研究，要为解决实践中的困惑、问题展开研究，让实践走向更高阶段。在座的各位研究生同学，比很多已经入职的教师起点都要高，将来入职后的问题意识应该更强、更敏锐，要见人之未见，解人之未解。

如果你家的一袋米放了很长时间，会发生什么？长虫。虫又怎么从袋子里出来呢？无非是把袋口打开，让它爬出来或飞出来；或者，让虫子咬破袋子自己出来。这种习以为常的事情，基本上见怪不怪，没有谁因此想到更深层次的问题。但是，北航的一位教授就思考：黄粉虫咬破了塑料袋子，咬破的这一部分去哪里了？是不是掉到地上了？或者是被虫子吃进肚子了？如果虫子把塑料吃进肚子了，它能消化吗？如果消化后变成了粪便，那么排泄出来了没有呢？随着思考的深入，这位教授了解到更多的问题。

在环境治理中，我们遇到一个很大的难题是，白色垃圾塑料袋埋进土里后很难降解。怎么解决降解的问题呢？这位教授就围绕这一问题整整研究了10年。他的研究就是要证实黄粉虫把袋子吃掉了，消化掉了，变成粪便了，排泄出去了，最终完成了塑料降解。前不久，我看到报道，北航杨军教授终于通过科研实验，证明了黄粉虫能够降解聚苯乙烯。现在，他正准备将这一研究成果进行产业化。很简单，既然虫子能够吃进去，又能够消化，还能够排泄出来，那就表明可以大量地人工养殖黄粉虫，然后把黄粉虫放进白色垃圾里，让黄粉虫把白色垃圾消耗掉，再通过粪便排泄出去，还能让粪便发挥其他作用，进行循环利用，而根本不需要通过焚烧的办法处理白色垃圾。你看，这就是问题意识。

其次，要善于提炼个性化的教育主张。

真正的专家型教师一定有自己的个性主张。什么是个性化的教育主张？就是一种对教育教学和教育教学改革的坚定而独特的见解和思想。

个性化的教育主张源于教育教学实践。不在火热的教育教学实践中经历、发现、思考，就不会有鲜活的教育主张。我们教研室的两位历史和地理科的教研员就是这样做的。多少人教了一辈子中学历史、地理，到了退休也不过是照本宣科而已，哪里有什么自己的教育主张。但是，这两位教师分别提出了“情思历史”和“读图导学”。结果，“读图导学”获得了广东省优秀教学成果一等奖，“情思历史”荣获广东省优秀教学成果特等奖的第一名，准备报送参加国家优秀教学成果奖评审。

提炼个性化的教育主张，还需要理论支撑。朱永新的新教育实验是有科学理论依据的，统称为“四种改变”“五大核心理念”“六大行动”。华东师大基础教育研究所原所长叶澜教授的新基础教育理念的核心是：生命价值是教育的基础性价值，教育具有提升人的生命价值和创造人的精神生命的意义。

现在，请大家看屏幕上的这张图。图上人物是谁？有认识的吗？此人是刘京海，历任上海市闸北第八中学校长、上海市成功教育研究所所长等，是上海市特级教师、特级校长，上海市教育功臣，成功教育改革与研究的主要发起人、设计者、组织者和实施者。他多年从事成功教育改革与研究，主编并出版《成功教育》《成功教育探索》《成功教育100例》等专著，其成功教育研究先后荣获上海市优秀教学成果奖一等奖、教育部第二届优秀教学成果奖二等奖，其成功教育研究成果是教育部面向全国重点推广的三个成果之一。

2017年7月，他受邀参加增城区全国百名校长论坛。他发言时开头一句就是："我提出了一种教育思想，还要我一定找一个什么理论，我找不出来。"他说的是实话，但说得并不妥当。他既然提出了一种教育主张，其背后就一定有教育思想、教育理论支持，只是这种思想或理论，他在提出成功教育时不一定想到或者清醒地意识到。事实上，成功教育的背后有很多理论支撑，但主要的理论是"始于信，得于法，验于行"。

"始于信"具体表现为"三个相信"——相信每个孩子都有成功的愿望，相信每个孩子都有成功的潜能，相信每个孩子都可以取得多方面的成功。支持"三个相信"的三大要素是对学生积极的期待、为学生提供成功的机会和使用鼓励激励性的话语评价学生。"得于法"，就是教会学生成功的办法。有哪些成功的办法呢？主要有三个办法：引导和帮助学生成功，创造条件让学生不断尝试成功，促使学生主动争取和走向成功。"验于行"，则是在始于信、得于法的基础上，让学生在行动中、在实践中体验成功，体验成功的快乐，从而不断走向更大的成功。

刘京海的成功教育起初在很大程度上是摸索，一如他自己所讲，未必有这么多的理论。但是，实践到一定阶段，到被人学习、向人推广的阶段，就不能没有理论，这个理论在实践时是存在的，只是当时没有清醒地意识到，或者没有发现而已。

提炼个性化的教育主张，需要凝练教育主张。所谓凝练，就是将丰富生动的教育实践进行浓缩，浓缩为容易读、容易说、容易记、容易传扬的名称。做这项工作，更主要的是邀请专家学者予以指导。现在各地都有名师、名校长培养基地、培养模式，如上海"双名工程"（名校长、名教师）、浙江"浙派教育家发展共同体"、江苏"人民教育家培养工程"、福建"中小学名师培养工程"、广东省基础教育系统新一轮百千万人才培养工程等，这些工程在实施的过程中，几乎都有一个共同的做法，就是指导和帮助培养对象凝练教育成果，并推广应用教育成果。

再次，要善于建立个性化成果标签。

个性化成果标签好不好，事关教育成果的传播，必须精炼、简明、上口、独特，既独具个性、易记易诵，又通俗易懂、内涵丰富。像在课堂教学模式上的绿色课堂、思维课堂、活力课堂、生态课堂、魅力课堂、高效课堂等，在经典教育研究上的经典素读教学法、国学体验教学法、经典义理教学法、广州天河区的“三环七步”国学课堂、北京通州的“三步六正九读”经典教育课堂等，都是比较好的成果标签。再如，人民教育家于漪的教文育人（重情、尚趣、寓美）语文，著名小学语文教师于永正的五重教学法（重情趣、重感悟、重积累、重迁移、重习惯）等，都是十分成功的案例，尤其是于永正老师的五重教学法，可以说是很多专家学者的智慧结晶。

在中学语文教育界，素有“南钱北魏”之说。“南钱北魏”的共同特点是，学历不高，底子不厚，但痴迷教育，用心教书，最终攀上其他语文教师难以企及的高度。“南钱”是上海市特级教师钱梦龙，“北魏”是辽宁省特级教师魏书生。他们分别取得了怎样的成就呢？他们的教学成果分别被凝练为“三主四式语文导读法”和“六步课堂教学法”。钱梦龙老师的“三主四式”是指学生为主体、教师为主导、训练为主线和自读式、教读式、练习式、复读式等四种课堂教学；魏书生老师课堂教学的“六步”是定向一自学一讨论和答疑一自测一自结，这是他的创造。两位教师的教育成果，可谓个性鲜明，标签明确，好记易学，都是成功的经典案例。

最后，要勇于善于写作和表达。

一些理科教师，总喜欢说自己不想写，不会写，写不好。其实，这是不对的。从来就没有天生会写的教师，即使是文科专业教师，他的论文也是练笔的结果。所以，我认为，教师首先要敢写，然后才是会写、善写。敢写，就是要突破自己的心理障碍，不怕别人笑话，不怕暴露自己的不足，动笔多了，就会逐渐悟出写文章的门道了；善写，是比敢写更高的要求，就是要把思想和内容表达得正确、准确、明确，表达得清晰、完整、有条理、合乎逻辑，表达得贴切、形象、生动、通俗易懂、深入浅出等等。

“佛在心中，何愁十万八千路；卷成灯下，不老秋冬春夏人。”这是西安大雁塔的一副对联，深刻表达了为实现心中所想而不惧艰难困苦、必须日复一日地勤奋努力的哲学思考。这副对联也被我们的一位青年教师奉为教育人生的信条。

她是谁呢？她出生于1972年，1992年刚刚20岁时，毕业于重庆教育学院，年龄小，学历不高——专科学历，所读高校很一般，毕业后工作的学校则是重庆市綦江县的一所乡镇中学——东溪中学。按理说，在这样的条件和环境下，在平凡的教书生活中，她会像别人一样恋爱、结婚、生子，平平淡淡地过上普通教师既不富裕也不会穷困潦倒的生活。但是，这位青年教师不一般，她安于平凡，却不甘平庸，始终追求卓越，活出了平凡中的精彩！

她大学毕业后，22岁荣获重庆市优质课大赛一等奖第一名，25岁荣获全国课堂教学大赛二等奖；10年左右时间，在教育、教学、科研中，共获得省级比赛一等奖50余次，国家级比赛奖励两次，被人称之为教育、教学、科研“三栖式名师”。之后，她的人生就像开挂一样，从乡镇中学到县里最好的中学——綦江中学，再到重庆市重点学校、名校之一的重庆外校，最后调往北京人大附中、清华附中等全国名校。

在研究这个案例时，对这位青年教师的迅速成长，我们可以从多个角度解读。不过，无论怎样分析，我总觉得她的成功是与她的敢于善于写作和表达不无关系的。她在做班主任和语文教师时，坚持撰写班主任手记和教学反思。仅此一点，就不是一般的教师能够做到的。绝大多数教师可能只是满足完成教学任务，或者应付学校的检查，少有多少教师日复一日、年复一年地坚持撰写后记和反思啊。她却不同。写了多少呢？总数十几本，一百多万字，还不包括她在主持教育科研课题研究时撰写的文章。在成堆的文字中，并不全是为了发表，也不全都发表了，得以公开发表的论文200篇，得以公开出版的专著两部。

这位教师是谁呢？是王君，她是特级教师和青春语文、青春教育的首创者，一位对青年同行来讲很励志的代表人物。她为什么要写？要表达？是为了成名？为了发表？肯定不是。她练笔写作，是为了班主任工作、教学工作、教育科研工作更加臻于优秀，为了更加不辜负学生、家长和学校以及自己的期待，而在练笔到一定程度时，善文、善思、善教、善传播，就水到渠成。因此，敢于善于写作和表达，是以写促研、以写促教、以写促思、以写促成的需要，是总结提炼成果、表达传播成果的必然要求，是实现自我价值、教育梦想的必然选择。

各位同学，在即将结束今晚的讲座时，我用这样的三句话与大家共勉：

第一句——人生没有方向，走到哪里都是流浪。

第二句——人生坚定方向，无论何处都在追求。

第三句——因为追求卓越，所以定能超越优秀！

最后，预祝大家学业有成，早成名师！

（2018年4月21日，作者为华南师大研究生院青年领袖训练营“教育领导力分营”开设的专题讲座，时任广州市增城区教育局教研室主任；2018年6月21日依据课件和音频整理。）

中小学校长教学领导力优化策略

今天，我很高兴地接受中国教师研修网的邀请，与焦裕禄同志曾经担任过县委书记的兰考县的中小学校长一行，共同研讨中小学校长领导力提高问题。

我们先来看两个案例。

案例之一是，曾经听过我培训课程的一名学员给我讲过这样一个故事：他们高中学校的前任校长，总喜欢与后勤副校长和总务主任沟通工作，但很少到科组和教务处或教学处去；而继任校长到任后，其办学行为刚好与前任相反，总喜欢到学科组去与老师谈工作，检查他们的备课等教学情况。于是，两任校长就留给教师们不一样的印象和评价，说继任校长很愚钝，而前任校长很聪明很能干。对此，你认为教师们的评价准确吗？你又如何评价这两位校长呢？请说出你的理由。

案例之二是，有一天，小学总部校长到分校检查教学工作，分校校长在汇报工作时说："我们分校对推门听课抓得很紧，要求校级和中层干部，特别是我本人，都要做到随时随地地推门听课，结果一些教师很不习惯，甚至还投诉我们。请校长理解并支持我们！"总部校长听闻后回答说："我们学校的办学理念是幸福教育、幸福学习，幸福工作、幸福生活。你的做法可以考虑柔一些，缓和一些，不必弄得教师很紧张，很不习惯。"分校校长见到我后，就咨询我："听语气，校长好像是在批评我做得不对。徐主任，您认为我做得对不对？我该怎么做才好？"各位校长，假如您是教研室主任，您应该如何答复分校校长的提问？

刚才，几位校长的发言各有自己看问题的角度，各有各的看法，个别校长的回答是比较接近答案的，是比较全面综合的。那么，我们究竟该如何回答好上述两个案例的问题呢？我能不能现在不提供现成答案，而在本次讲座结束后，由在座的各位校长自行从专题讲座的内容中寻求答案呢？

我今天的讲座题目是《中小学校长教学领导力优化策略》，将从中小学校长教学领导力的重要地位、基本含义、构成要素、影响因素、现实问题、优化策略等六个方面展开讨论，其中，"中小学校长教学领导力的优化策略"这一部分是本次讲座的重点。

一、中小学校长教学领导力的重要地位

中小学校长教学领导力在校长领导力中到底处于怎样的重要地位呢？这种重要地位取决于什么方面呢？

第一，它取决于校长在学校工作中的地位。在学校，校长首先是主要行政负责人，负责处理学校的日常行政工作；其次，校长是学校集体的组织者，能不能把学校师生凝聚起来，凝聚到什么程度，校长要发挥主要作用；再次，校长是学校师生的教育者，学校开展教育活动，离不开校长的参与和领导，在参与和领导的过程中，校长是师者之师，也是学生仰望的对象，校长的一言一行具有明显的教育功能；最后，校长是学校的法人代表，对外代表学校，对学校的一切行政工作要肩负法律责任。由此可见，作为校长行政工作题中应有之义的教学领导力，校长在学校工作中的地位有多重要，校长的教学领导力就有多么重要。

第二，它取决于教学在学校工作中的地位。教学在学校工作中是什么地位呢？在座的校长能不能用一句话十分简明果断地表述出来？对的！刚才这位校长回答正确：教学是学校的中心工作。这句话意味着什么呢？意味着学校的一切工作很大程度上要服从和服务于教学工作，要围绕中心工作开展；教学质量不仅是学校教育质量的集中体现，也应该是上级教育行政部门考核校长的重要指标，还是社会各界评价学校好坏优劣的重要标尺。

第三，它取决于教学领导力在教育领导力中的地位。校长的教育领导力是多维领导力的综合体现，包括教学领导力，德育领导力、队伍建设领导力、教育科研领导力、后勤领导力、宣传领导力等等，其中，教学领导力无疑是最重要的领导力之一。上级教育行政部门如果招聘校长，一般而言是更需要出身于教务主任和教学副校长的，这已基本上成了约定俗成的规矩，教学领导力已然成为招考校长的首选条件。当然，我们在这里强调教学领导力在校长教育领导力中的重要地位，并没有否定校长的师德师风、人格魅力等在教育领导力的作用，这是大家需要注意的地方。

总之，因为校长在学校工作中处于领导地位，教学在学校工作中处于中心地位，教学领导力在校长的教育领导力中处于主要地位，因而教学领导力必然成为校长诸多领导力的重要领导力。在教育部颁布的教师【2013】3号文《义务教育学校校长专业标准》的六项专业职责中，“领导课程教学”被置于第三条。2019年6月23日中共中央国务院颁行的《关于深化教育教学改革全面提高义务教育质量的意见》明确提出“校长是学校提高教育教学质量的第一责任人，应经常深入课堂听课、参与教研、指导教学，努力提高教育教学领导力。”这些是官方文件对中小学校长教学领导力的要求，它从另一个层面表明了校长教学领导力的重要。

二、中小学校长教学领导力的基本含义

在认识校长教学领导力的基本含义之前，至少要清楚教学、领导、领导力、教学领导力等几个概念。

什么是教学呢？我们最早的“教”字的构成是右边部分像人手持教鞭，左边又分

上下两部分：下面的“子”表示儿童，上面的两个爻代表算数的筹策。“学”字的构成则是上部像两只手在摆弄算筹，下部是房屋形状，房形内添加“子”，整个字表示儿童在屋内学习使用算筹。所以，《说文解字》解释“教，上所施，下所效也”，《尚书大传》解释“学，效也”。后来，《礼记·学记》中有一段关于“教学”的论述非常有名，即“是故学然后知不足，教然后知困。知不足然后能自反也，知困然后能自强也。故曰教学相长也”。这是中国典籍里关于“教学”含义的最早记载，不过，《学记》中的教学之义已经与我们今天所言的教学含义有了明显区别。《学记》中的“教学”基本上等同于今天的“教育”一词；而今天的“教学”一词就指教学，它的外延并没有扩大，也就是：教学是教师根据一定的教育目的或目标，以传授和掌握知识、技能为基础，促进学生整体发展的教与学相结合相统一的活动过程。这就是现在关于“教学”的通行定义。

什么是领导和领导力呢？被誉为“领导学之父”的沃伦·本尼斯（W.Bennis）曾经言简意赅地揭示了领导的含义。他说：“领导者是那些做正确的事情的人，而经理人则是正确地做事情的人。”这虽然不是对领导的准确定义，但变得通俗易懂了。什么是领导？所谓领导，就是做正确的事情；所谓领导，就是在一种组织背景下，领导者影响组织成员共同实现组织目标或者愿景的历程。是否关注组织的方向，是领导与管理的本质区别。在此基础上去理解“领导力”就不难了。所谓领导力，是指在一种组织背景下，领导者影响组织成员共同实现组织目标或者愿景的能力。简言之，就是做正确事情的能力。

什么是教学领导力呢？教学领导力就是在一种组织背景下，领导者依据教育目标或目的，影响组织成员共同开展教学活动、完成教学任务、提高教学质量、实现教学目标的能力。

在基本清楚了什么是教学、领导、领导力和教学领导力之后，我们就可以比较容易地理解什么是校长教学领导力了。

什么是校长教学领导力呢？北师大赵茜、刘景等两位博士曾专门对校长教学领导力进行过研究，她们共同研究后得出的结论是，“校长教学领导力是校长通过对教学活动和教学主体的领导，促进学生发展和教师发展的能力”。我在综合各家学说之后，给校长教学领导力所下的定义是，“在学校这一特定的组织背景下，校长依据教育目标或目的，影响组织成员共同开展教学活动、完成教学任务、提高教学质量、实现教学目标的能力”。两种定义，孰优孰劣，各位校长可以自行比较选择。

三、中小学校长教学领导力的构成要素

中小学校长的教学领导力是其教育领导力的一部分，校长的教育领导力一般由决策分析能力、组织协调能力、业务实施能力、改革创新能力、社会交往能力、语言表达能

力等六大能力构成。其中，业务实施能力就是我们所说的教学领导力，或者官方文件所说的课程教学领导力。

教学领导力又由哪些要素构成呢?

北京师范大学教育学院赵茜、刘景两位博士曾对此进行了深入研究，其完成的课题是《我国校长教学领导力模型研究》，她们认为校长的教学领导力主要由四个模块构成，这四个模块分别是指导教学组织、策划教学活动、提供教学条件、监控教学情况。根据我的实践观察，我是比较认同两位博士的观点的，这四个大的方面虽然不能全面体现校长的教学领导力，比如校长的教学领导力还有教学质量规划能力、主持制定教学工作规程能力等，但基本可以体现出校长的整体教学领导力。

因此，我接下来将以两位博士的观点为主要依据，展开对教学领导力优化策略的阐述。

四、中小学校长教学领导力的影响因素

中小学校长有没有教学领导力，有多强的教学领导力，能够在多大程度上发挥教学领导力，除了要受校长个人的职业背景、专业意趣、性格特质等方面的个人因素影响外，更多地将受到学校组织状况、学校经济状况、办学自主状况、本校任职状况等重大因素的影响。

任职的学校，如果干部队伍优秀，分管领导能力强，中层干部执行力过硬，部门之间团结协作，校长关于教学工作的政令自然就会畅通，就会得到很好的贯彻落实；反之，其教学领导力就会大打折扣。如果学校的财政能够保障其正常运转，不需要校长为教师的工资、福利，为添置和维修教育教学设施设备等操心，校长就会有更多时间和精力思考教学质量提升问题。如果校长的办学自主权力得到尊重、得到保证、得到发挥，校长的教育思想、教学理念就会较好地贯彻到学校各项教学工作中，校长的教学领导力就会得以很好的呈现。如果校长在这所学校任职时间比较长，特别是从基层、中层和副校级岗位上一路晋升，他对学校的组织人事、人际关系、教学质量、教学辅助部门等方方面面的情况就可能了如指掌，那么，他在施行教学策略和措施时，就能基本上做到庖丁解牛，游刃有余，就会小心避开“雷区”，就会在指导教学时更有针对性和实效性。反之，如果是刚刚空降的校长，他就要腾出更多时间进行调查研究，再根据调研的情况出台相应的举措，如此这般，其教学领导力的发挥就会受到时间和不熟悉校情等因素的制约。正因如此，上海、江浙一带校长在同一所学校的任职时间，最好是在10~12年。否则，校长刚刚熟悉了这所学校的工作，就要调到另一所学校任职，这对学校的发展、对区域整体教育的发展是不利的。

不久前，一位省属中学名校的名校长退休后，被地方政府聘请为某所学校的名誉校长。因为组织人事的限制，对退休人员不能任命为校长，所以聘请为名誉校长。说是

名誉校长，其实是学校的一把手校长，是有实权的名誉校长。对此，很多人有不同的看法，担心这位校长一世英名会毁于一校。但是，在政府为其举行聘任仪式后，这位校长在接受记者采访时，回答说："政府主要领导三番五次地到家里邀请我，多次承诺学校怎么办由我说了算。我最后应承下来，看中的不是聘金的多少，最看重的是政府授予的办学自主权！"

由此可见，这些因素，对于校长发挥教育教学领导力该有多么重要。总之，校长教学领导力能否得以充分发挥，除了要受校长的个人因素影响之外，还必然会受到以上四个方面的影响。

五、中小学校长教学领导力的现实问题

各位校长，讲到这里我想提一个问题让大家思考：根据你的经验或观察，你认为当前中小学校长对学校的教学领导还存在哪些主要问题?

这几位校长的回答，有的切中肯綮，有的还不着边际，有的则似是而非。当前，中小学校长教学领导力存在的主要问题是什么呢?

我们先来看一组数据。有研究表明，多数中小学校长在处理一般事务和人际关系等行政性活动上花去了大部分时间；小学校长则把62.2%的时间用在管理事务上，而在教学领导上仅仅花费了11%的时间。

现实状况与上述数据是比较吻合的。我把它概括为一句话就是，中小学校长教学领导力的现实问题呈现为"四不"和"三多三少"。

一是不重视教学。一些校长心中几乎没有教学领导意识，以为上级为他配了教学副校长，自己就可以完全不管教学了；久而久之，教学质量就不会放在心上，召开班子会议也从来不研究教学问题。

二是不坚持教学。以为做了校长就是当官了，就可以不上讲台了，就可以脱离教学一线岗位了；即使要兼课，也是去兼一些不痛不痒、无足轻重、不需要见真功夫的课程。

三是不熟悉教学。提任为校长前，既不是教学业务骨干，也没有过管理教学、分管教学的经历，属于非教学业务渠道提拔上来的干部，因而本身教学业务水平不高，害怕一旦做起工作来，就遭学校师生耻笑。尽管这类校长不多，但现实中确确实实存在。

四是不指导教学。这种问题的出现，主要存在于规模较大的学校和已经相当有名气的学校。这些学校的校长不是不愿领导教学，也不是不能领导教学，而是无法保证领导教学和指导教学的时间，他的时间基本上被会议、事务等工作和各种各样的应付检查、应酬占用了。

这"四不"问题的存在，又呈现为"三多三少"的特点。

一是处理事务多，关心质量少；二是应付检查多，关注教学少；三是接受应酬多，

走进课堂少。如此“三多三少”，我想各位校长身在学校一线，对其中的酸甜苦辣麻应该是别有一番滋味在心头吧。

“四不”问题的产生和“三多三少”现象的出现，自然有其背后的深层原因，如机制体制、选人用人、思想观念、教学理念、作风建设、个性品质等等。不过，我们今天不在这里过多花费时间对原因进行深度剖析，而把重点放在策略优化的探讨上，也许在座的各位校长更加需要一些具体的做法和建议。

六、中小学校长教学领导力的优化策略

分析校长在教学领导力上存在的问题，我不是要否定当下的校长，也不是要根本否定校长的教学领导能力，而是立足于问题解决，提出一些能够为校长们优化教学领导力的意见和建议。今天，我给大家的意见和建议共有八条，既有形而上的思考，也有形而下的举措，更有一些鲜活的案例。不对的地方，请各位校长批评指正。

（一）引领文化管理的策略

学校管理无外乎经验管理、科学管理和文化管理。经验管理基本依靠的是人的管理、人格的管理、个人威权的管理，科学管理的基本属性是把人当作机器和程序进行管理，文化管理是超越经验管理和科学管理的一种先进管理模式，文化管理是管理的高级形态。学校的文化管理，又是一种怎样的管理呢?

学校文化管理是指学校在一定环境下的教育教学活动中，通过实施计划、组织、控制、激励、领导和创新等职能来协调学校所拥有的各种文化资源，以和谐同步地实现师生员工的全面发展和学校目标的过程。学校的文化资源很多，其中，教学文化就是学校文化的重要资源；教学文化主要表征为规划教学质量发展、开展校本教学研究、提升课堂教学效益等三个方面。校长要在这三个方面做好教学文化的孕育。唯其如此，校长的教学领导能力才会显得强大有力。

孕育教学文化的第一点是，要用心规划教学质量发展。做校长不能不做学校发展规划，做学校发展规划不能不做教学质量发展规划。记得管理学大师彼得·德鲁克在培训时曾经提出过三个问题：“我们的事业是什么？”“我们的事业将是什么？”“我们的事业究竟应该是什么？”我觉得，我们每一位校长也应该时常扪心自问三个问题：“我们的教学现在怎么样？”“我们的教学将会发展成什么样呢？”“我们的教学应该发展成什么样呢？”唯有校长如此这般地把这三个问题想清楚了，写入学校发展规划了，学校的教学质量发展才会有明晰的路径；唯有校长的教学领导意识增强了，副校长和其他行政干部才会更加重视教学；唯有校长和全体行政干部重视教学了，全体教师才会形成齐抓教学的风气和合力。

孕育教学文化的第二点是，要重视开展校本教学研究。要在本校教师中大力开展为

了学校的解决教学一线实践问题的校级研究，扎实做好常态的和特色的教研工作，在教师中造成一种人人要教研、个个能教研、相互比教研的风气。

孕育教学文化的第三点是，要大力提升课堂教学效益。要始终把重视课堂教学、关注课堂教学、研究课堂教学、提升课堂教学效益，作为开展校本教研、孕育教学文化、推动学校质量发展的重中之重。

各位校长现在看到的几张图片上的头像，您知道是谁吗？不知道。再看看电影海报后能不能知道？也不知道。如果抬头看看海报上方的电影广告语“邵氏出品 必属佳片”，还能不能猜想出两张头像是谁？依然不能。没有关系。他是谁呢？他是中国娱乐大亨、慈善家、香港电视广播有限公司荣誉主席、邵氏兄弟影业公司创办人。

自1985年开始，截至2012年，他向内地教育捐赠巨款建设教育教学设施47.5亿港元，教育项目6013个，可谓遍布内地。他何以如此富有？他的滚滚财源就来自他制作的电影。他的制作电影又何以财源滚滚？根本在于他的电影质量。因其电影质量上乘，才会广受观众欢迎，才会使邵氏影业独步影坛80余载，才会使他的电影拍摄基地被外国媒体赞誉为“东方好莱坞”。据说，为了把控电影质量，他每天最低限度要看一部电影，好的坏的电影都看，数十年来坚持不辍，他不仅是看电影最多的中国人，也是中国最精通电影业务的企业家，对剪辑、摄影、化妆、剧本、导演等，样样在行。而他对电影质量的把关又十分严格，一旦审到劣质影片而又无法补救，他宁可重拍，也不会让劣片投放到市场。

这位神奇人物、长寿之星是谁呢？他就是传奇人物、享年107岁的邵逸夫先生。

我引用这个跨行业的案例，是要说明：我们的校长对待学校教学质量、对待课堂教学，就应该像邵先生对待电影质量那样严格把关。我们的学校教学质量不就相当于邵氏影业公司的电影质量吗？我们的课堂教学质量不就相当于邵氏出品的一部部电影吗？如果没有对每一部电影质量的严格把控，没有每一部电影“必属佳片”的保证，会有邵氏影业的声名鹊起吗？同理，一所学校的教学质量，只有在保证了每一节的课堂教学质量，才会有学校教学质量的根本保证。

因此，我们应该大力孕育学校的教学文化，用文化引领的策略引领学校走向质量高地。

（二）进行教学决策的策略

做校长，避不开对教学工作的决策；但遗憾的是，在实际工作中决策教学事项，往往是被轻视或被忽略了。校长在主持行政会议时，上会的教学议题常常是缺席的，审议的多数议题都是基建工程、财务保障等等。这些人事、基建、财务等重大事项必须上会研究，尤其涉及的重大事项，更要通过“三重一大”工作领导小组。然而，在学校工作中，教学工作占了大头，教学问题也很多，比如某某年级、某某学科、某某教师的教学质量出现了严重滑坡；某某教师备课不认真，课堂上反复出现知识性错误；某某教师多次上课迟到、早退，甚至不在场；某某教师不布置作业，不批改作业，不讲评作业和试卷；某某教师学科教学屡遭学生和家长投诉等等。这些问题如果属于个别的特殊情况，还可以个别解决；假如这些情况在学校已经带有一定的倾向性、代表性，甚至酿成教学事故，我们的校长应该怎么办呢？能不能将其作为行政会议的议题上会研究呢？假如这些问题长期得不到解决，就有可能形成一种极坏的风气，影响每一位教师的工作作风，这种作风一旦得不到及时遏制，就将对学校的教学质量产生致命的打击。

所以，我给各位校长的建议是，每一次主持行政会前，要求教学主任、教研主任、分管校长必须提交改进和优化教学的议题。哪怕是通报学校近期的教学状况，也比缺席教学议题要强！此外，对制定教学管理常规、进行教学人事安排、开设校本课程、处理教学事故、推进教学改革等关乎重大教学工作的事项，都应该提交党政班子会议或学校行政会议研究，广泛听取各方面的意见和建议。唯其如此，我们才可以说，校长是真正牢牢把握了对教学的领导，真正表现了对教学的领导能力。

2018年，佛山的一所学校特别邀请我去指导教学。据说，这所学校已经进行了五年的小组合作学习改革实验。校长是希望我在对他们的教学进行诊断的同时，更多地肯定和鼓励他们的改革实验。我到校后听了两节课，与校长等人员进行了座谈。我当然充分肯定了他们的改革勇气、改革思路、改革决心和推进改革的探索实践。但是，我仍然不客气地指出了在开展小组合作学习过程中，课堂教学存在的显而易见的问题。专家点评结束后，我与校长在交换意见时明确指出，学校对教学的决策不能只是停留在初期的要不要进行教学改革实验上和要不要进行小组合作学习上，更多的是要在整个实验过程中，及时发现和解决改革实验问题，不断完善和优化小组合作学习。但是，我从今天的观课和座谈情况看，学校在这些方面做得远远不够，关乎教学改革实验的相关决策可能是不多的。

及时发现和研究解决教学问题，不失时机地决策学校的重大教学问题，这应该成为我们校长的一项基本功和一种工作习惯。

大家是否知道照片上的这把看似普通的铁锤？说它普通，是因为这把铁锤的材质、式样与同类铁锤并无两样；说它并不普通，是因为它已经被国家博物馆收藏，具有非同寻常的意义，已被赞誉为著名的海尔大锤。

1984年张瑞敏赴任青岛日用品电器厂厂长后，开始思考工厂转型发展方向，决定引进德国利勃海尔冰箱生产线。1985年，新的冰箱产品上市了。然而，因为第一次接触当时世界上最先进的生产线，很多工人操作不规范，导致一批冰箱出厂后被客户投诉；结果进入仓库检查后发现，共有76台冰箱出现质量问题。如何处理这批冰箱，全厂上下产生了分歧。有人认为可以作为次品，降价处理给本厂职工。因为当时工人的月工资是40

元，一台冰箱的售价是800元。还有人认为可以作为公关商品处理给上级领导和有关部门，这样会方便本厂日后开展工作，毕竟那时的冰箱还是紧俏商品。但是，厂长张瑞敏思考再三，还是采取了另外一条处理办法：当众砸毁所有存在质量问题的冰箱。这一天，他把所有职工召集到一起，现场砸掉全部不合格的冰箱，厂长第一个抡起铁锤砸下去，并带头扣罚自己的工资和奖金。然后，谁生产的不合格产品谁接着砸，同样要扣发工资和奖金。张瑞敏铿锵有力地说："如果今天允许76台不合格产品出厂，那就意味着明天就可以生产760台不合格产品。这是绝对不允许的！"此后一个多月，他不断组织召开或主持召开各级会议，集中讨论"如何从我做起提高产品质量"，全力唤醒大家的质量意识，并逐步建立起全面质量管理体系。从此，海尔产品质量一路提升。三年后，海尔电冰箱厂捧回我国冰箱行业第一块国家质量金奖！

后来，海尔发展为上市公司、中国家电行业领跑者、世界著名品牌企业，人们也自然而然地想起张瑞敏，想起海尔大锤，赞誉海尔大锤是质量之锤，是砸醒国人质量意识之锤，是砸出世界500强企业的奋进之锤。

我给大家讲述张瑞敏和海尔大锤的经典案例，是想告诉我们的校长，我们在关乎教学质量的决策上，就要有张瑞敏的果决、勇气和远见，就要有海尔大锤的厚重、响声和力量！

（三）丰富教学涵养的策略

这是提醒我们，校长作为全面主持学校行政工作的主要负责人，不一定要做到对所有领域都很精通，但一定要具有较为全面的个人素质。而对于领导教学，则需要尽可能地丰富自己的教学涵养；如此，方可为自己的教学领导加分。那要丰富哪些教学涵养呢？

一是要掌握教育理论，对教育的基本原理、基本理论、前沿信息等要有了解，要说得清楚。**二是要构建T型学科结构**，自己的专业不妨精进精深，成为学科骨干、学科名师、学科带头人；但同时也要努力懂得其他学科的基本特点、基本要求、基本规律，尤其是学科间的共同规律。这样做，必然会为校长指导教学提供专业力量。**三是熟知教学管理环节**。这一点看似不屑一提，实则很有必要，我们一些校长是不完全熟知教学管理环节的，甚至不熟知教学的常规管理环节；因为不熟知，因而在抓教学时常常不得要领，不着边际。教学常规管理抓得好的学校，其教学质量一定不会差；教学质量差的学校，教学常规管理不善必然是主因之一。**四是了解教育科研管理**。科研和教研有没有联系，有没有区别，有没有共同之处，校本课题研究和上级课题研究管理的主要过程有哪些，开题、中期检查、结题有些什么基本要求，教育科研方法主要有哪几种等等，作为校长是应该掌握的。**五是要学习现代教学评价**。如何评价教学，是校长发挥引领作用的一条重要途径，并且，校长在与教师个人、与教研组、与备课组交流时，其评价水准本身就常常被一线教师期待；在这些活动中，如果校长不能带进现代的、先进的教学评价理论和方法，其教学引领作用的发挥就会受到不利影响。**六是跟踪最新教学动态**，包括国内和国外的最新教育教学动态，如STEM-STEAM教育、新高考新课程新课标新教材等；至于一些常见的教育理论，如学习金字塔理论、掌握学习理论、教育目标分类学理论等等，我们的校长是肯定要知晓的。

（四）指导教学组织的策略

能够并善于指导教学组织，这是校长教学领导的一项重要能力。学校的教学组织，主要指教务处或教学处、教研处，各学科教研组和各年级备课组等。对校长而言，更多的是要发挥分管校长和中层教学组织的作用，让中层教学组织起到组织实施、基层教学组织起到贯彻落实的作用。

第一，要指导教学组织，首先要强化教学组织的业务功能。我们发现一些学校在开展工作时，往往是教务处怕总务处，而不是恰恰相反；一些学校设置内设处室时，已经设置了教导处，还要设置德育处或学生中心。这都是不对的。我们做校长的要扭转这一状况。中层各部门不是谁怕谁的问题，而是都要为教学中心工作服务，要突出教学中心的业务功能。我到一些学校考察，发现有的学校就没有设置什么教务处、教导处，而是设教学一处、教学二处，一处和二处有明确分工，总之是为了更加凸显教学工作在全校工作中的中心地位。我觉得这样的校长，其心中的教学中心地位是十分明确而牢固的。教导是教务、教学和训导、引导的结合，是在规模不大时学校设置的一个中层部门。但是，学校一旦发展到一定人数，就要教务、教学和德育分设了。因此，有德育处了，就不能设教导处的，只能设教务处或教学处。

第二，要指导教学组织，还要发挥基层教研组攻关作用。学科专家、业务尖子主要集中在学科教研组内，他们最懂教学，最熟悉教学一线情况，最了解教学一线问题。对教学一线存在的问题，他们最有发言权，最有可能解决。因此，对于教学中存在的带有普遍性、代表性的问题，校长要能够用好他们的力量，组织他们协同攻关，比如要求学校科研部门列出教学问题清单和编写课题指南，然后指定、指导某某学科教研组主持研究等等；或者把校外的专家请进来指导教研组开展活动；或者将校内的教师派出去学习考察；或者主动承接上级部门的重大教研活动，让学科教师在承接过程中得到历练等，都是发挥教研组作用的很好的活动形式。

第三，要指导教学组织，还要指导教研组开展教学研究。教研组的教学研究主要分常规教研和特色教研两种。对常规教研，如理论学习、集体备课、开设公开课、组织命题测试等，要抓扎实，抓出成效，不能走形式，走过场；对特色教研，如邀请校外专家进校讲座，承接高端的学科教研活动，举行校内校外联合教研活动等，要抓出个性和创意，抓出效率和吸引力。

第四，要指导教学组织，校长还要带头参与教研组教研活动。校长只有始终保持对教学的关注度，才有可能敏锐地察觉教学问题，及时地解决教学问题。校长保持对教学关注度的办法很多，其中最常态、最应该做到做好的是，保证带头参加教研组的教研活动，而非经常地缺席教研组的教研活动；不独如此，校长还应该每个学年或每个学期地蹲到不同的学科组去，尽力熟知不同学科的教学情况。

（五）监控教学过程的策略

校长是官吗？校长是商人吗？校长是社会活动家吗？我曾经接触到名校的一位校长，他多次询问过这几个问题。校长不是官，不是商人，也不是社会活动家，校长应该是学术带头人、文明传播者、教学质量监控人和教师的引领人。

大家只要稍加注意，就会发现一些教师做了校长之后，便开始逐渐脱离教学了，要么不兼课了，要么不兼自己的专业课，也基本不巡堂了，不进入教室听课了，不参加教研组的教研活动了，整天的活动安排不是外出开会，就是外出参观考察。总之是，教学工作已经不在其重要工作安排之中，而更多的是把自己当作一校之官，一校之商，一校之社会活动家。与此相反，我还接触到另外一类校长，无论事务性工作多么繁忙，也总能在繁忙的事务性工作中挤出时间监控教学。这样的校长是可敬的，是值得我们学习的。广州市属某中学校长，数十年来至今教授一个高中班的化学课，从未离开过教学岗位。他不忙吗？一样很忙，但是他能凭借坚韧的意志坚持带课。还有一位市属中学的女校长，本来是教语文的，为了不脱离教学，不能全面兼课了，就专门开设全校作文指导课，一周讲授一次专题，看起来比上一位校长做得差那么一点点，但也始终没有离开教学岗位。还有一位区属国家级示范性普通高中的校长，则做得更好。他为了监控教学，只要没有出差，每天进入校园的第一件事就是到办公室拿起凳子到教室听课，几乎是雷打不动地听完每天的第一节课后再去处理日常校务工作。我在湖北黄冈中学做教师时，上课时最怕的一件事就是遇上校长巡堂，如果校长路过教室进入你的课室坚持听了15分钟，那就说明你的讲课基本得到他的认可。如果他站在后门听课5分钟就走了，你课后就会被他请到办公室，进一步交流如何提升课堂教学质量，这种交流自然少不了对讲课的指导和批评。

以上校长监控教学过程的做法，很值得我们学习和借鉴。概括起来讲，监控教学过程主要应做到如下几点。

一是合理调整行为结构。让自己的行为服务教学领导的需要，而非教学领导服务于自己的工作安排。**二是高度关注课堂教学**。就是把对课堂教学的关注始终放在所有工作的首位或重要地位上。这里需要强调的是，校长如何听课是要讲究策略和方法的，不能为了听课而听课，而应该在规律性听课之外，尽量灵活安排听课时间，让教师把握不了规律；要确定阶段听课主题，听课是为了了解什么情况，解决什么问题；要明确阶段听课重点，比如集中听某某学科或某某个人的课；要坚持多种形式监控课堂，除现场巡堂、推门听课之外，还可以利用校内闭路监控系统了解教师的上课，通过抽查教师的教案学案了解教师的课堂，通过抽检学生的作业情况了解教学效益，通过与师生聊天了解教师的教学状况等等。**三是掌握分析考试数据**。对于学校举行的期中期末大型考试，校长要主动索要考试数据，并进行分析，最低的限度是要掌握全校各年级的考试概况，绝对不能以其昏昏使人昭昭。对于小学毕业考和中考高考前的大型考试，以及学校每年的中考、高考成绩，校长更要十分熟悉，不可轻视忽视，以为只要分管教学的副校长掌握了就可以了。**四是开展中段教学评价**。结果不理想，往往要查找过程原因；过程不到位，基本上不能保证结果理想。领导教学工作，同样不能轻视过程。如果在学期中间不能发现突出的教学问题，期末教学质量就可能出现大的纰漏，因而组织开展期中教学评价十分必要。常见的第一种方法是，组织开展期中教学评价调查，印发教学评价调查表给全校各班安排专门时间填写，回收后要求所有任课教师阅读签名，教务处抽查审阅并整理出简报供学校主要领导、分管领导和联系级组、科组领导阅示处理，如涉及问题严重，还需采取果断措施加以整改治理，绝不得过且过，听之任之。常见的第二种方法是，召开各学科、各年级的学生代表座谈会，既引导学生学会评课，学会评判教师，又让学生畅所欲言、各抒已见，讲真话，说实话，敢提意见，能提意见。**五是重视集体教学调研**。上级的集体教学调研，有的地方也称之为集体教学视导，一般由教育局的教研部门组织，有的地方会与教育局的基教科、督导室等科室联合开展，可谓同时具备教育行政管理力度和教育专业权威，参加人员大都是区域内的学科专家，专业能力较强，看问题往往敏锐深刻，能够直击问题本质，能够给学校提出合理化建议，他们在学校进行一到数天的调研后，还会撰写某某学校的调研报告，分别提供给局机关各位领导和被调研学校参阅。说是参阅，但就学校而言，我认为应该认真对待，切勿草率地一阅了之，从此束之高阁。正确的做法是，深入研读报告，认真传达学习，开展对照检查，提出整改意见，落实整改措施，反馈整改成效等等。如此这般，才对得起学科专家的诊断、指导和辛苦，才能够说认真对待了集体教学调研。

（六）分层分类教学的策略

国家禁止义务教育阶段学校以任何名义对学生进行好中差三个等级的分班，这一禁令主要是保证教育公平，防治教育腐败。但从教育规律的角度看，任何群体其实都有好中差三个层次，即使分了所谓实验班、特色班等等，这些班级依然还可细分出不同层次的学生，只是区分程度不同而已。尽管我们不能按照成绩好坏对学生划分班级，但我们完全可以按照因材施教的教育规律，在进行教学设计、课堂教学、作业布置和批改、课后线下线上辅导时，尽可能地采取分层分类教学，对资优生多加引导，对临界生多加指导，对学困生多加辅导。现实教学存在的一个普遍问题是，教学基调只针对资优生设定，而忘却占比三分之二以上的中等生和学困生；给予优秀生的教学关怀多，给予学困生的教学关怀几乎等于零。而现实的残酷就在于，如果没有学困生的改变，班级的面貌就不可能发生根本改变；同理，如果没有全校学困生的大面积改变，一所学校是不能被称为高质量发展学校的。由此看来，**实施分层分类教学的策略，本质上是因材施教的个性化教学策略，很大程度上是改善学困生学业的教学策略**。

我们知道教育理论中有一种“掌握学习教学理论”，这一理论是著名心理学家和教育学家布卢姆的研究成果。所谓“掌握学习”，就是在“所有学生都能学好”的思想指导下，为学生提供所需的个别化帮助以及所需的额外学习时间，从而使大多数学生达到课程目标所规定的掌握标准。学习能力强的学习者可以在较短的时间内达到对该内容的掌握水平，而学习能力差的学习者则要花费较长的时间才能达到同样的掌握程度。这一理论告诉我们“任何教师实际上都能帮助他的所有学生获得优异成绩”，因为影响学业达成度的主要变量不是智力差异，而是学生是否具有足够多的学习时间，以及认知的前提特征（在学习中的作用占比50%）、情感的前提特征（在学习中的作用占比25%）和教学质量（在学习中的作用占比25%）等。其中，教学质量的变量主要指班级教学的质量和教师进行个别化教学、个别化帮扶学生的程度。这一理论启示我们，只要教师针对差生付出更多的心血，差生也付出更多的时间，学困生迟早都会达到优秀生的学业水准。一般人认为，美国的教育是比较自在放任的，其实不然。我在美国考察公立中学时，询问校长如何处理学困生的学业问题，校长直言不讳地告诉我们，对没有达到州级课程标准的学困生，学校都要组织他们在暑期延长学习时间，让老师对他们进行学业补救、学业辅导、学业帮扶，直至这些学困生最终达到州政府规定的课程标准。

我觉得，“掌握学习”理论是同样适用于我们的校长对学校进行教学领导的；虽然这一理论还存在一定的局限性。

（七）促进专业发展的策略

学校的一切工作，归根结底还是靠人去做。这个“人”呢，主要是管理干部和教育教学一线教师。因此，干部的素质，就很大程度上决定了学校工作的品质，教师的能力，就基本上决定了教育教学的质量。**促进专业发展的策略，首先是作为学校管理者和师生教育者的校长的专业发展**。有道是“一位好校长就是一所好学校”，这表达了校长对学校的重要程度、对师生的巨大影响。如果校长整天追求的是吃喝玩乐、应酬应付，学校的风气自然好不到哪里去；如果校长的专业过硬，不仅领导教学是内行，是一把好手，更会对教师的职业生涯发挥重要的示范效应，产生重大的积极影响。当然，学校只有校长的个人专业发展，是远远不够的。**校长的专业发展不仅仅是要带动教师的专业发展，更要想方设法通过组织校内外的教研科研活动，促进每一位教师的专业发展，把教**

师群体打造成德业双馨的教师队伍。学校一旦造就了一支师德优良、师能优秀、师风过硬的教师队伍，校长的教学领导就有了强大依靠，教育教学质量就有了根本保证，各项事业发展就会无往而不胜。

20世纪八九十年代名噪海内外的湖北黄冈中学，论地域，地处省会城市之外的小镇；论学校条件，不会好于城市中学；论教师学历，大多数是中专生和大专生，很少有本科生；论工资待遇，在当地只能属于中等收入群体，更不要去比拼大城市和沿海发达地区了。但是，就是这样并无地域、学历、待遇和办学条件优势的黄冈中学，却创造了闻名世界的基础教育奇迹，被赞誉为“培养国手的摇篮”“全国普通中学的一面旗帜”“老百姓心中的神学院”。其奥秘何在？我认为，取决于两大因素：有懂业务和个人业务过硬的好校长，有一支虽然学历不高，但乐于奉献、看淡名利、教育教学能力优秀的名师群体。这支队伍从哪里来？何以造就而成？很简单，就是需要校长用心用情用力，去组织去调动去打造，去创建教师专业发展的制度体系，去搭建教师显山露水的平台，为教师的脱颖而出、成就事业梦想提供足够大、足够多的平台。

与此相反，我在做教研室主任时，常常会被校长邀请去参加学校的教学开放日活动。这样的活动因为要对外开放，尤其是对家长、教育同行开放，所以学校和教师往往都会精心准备、认真组织，其结果一般都会获得社会的赞誉。有一次，我去参加一所初中的教学开放日活动，由校长陪同听课。听课完毕，我就与校长聊天，问校长：“如果按照教学能力排序，刚刚讲课的教师大抵在教师队伍中能够排到什么位次？”这看似聊天，我实则在摸底。校长马上高兴地说：“您看他今天的课上得多好！他是我们教师中有名的八大金刚之一！”这一问一答，我就完全看破了校长在个人的专业发展上、在领导教学工作上、在促进教师专业发展上、在了解教师队伍上的全部底细。一个在教学开放日的教师，一位上课时依然可以单手随便支撑台面、左手随意插进裤袋、板书一律向右斜升、书写一个粉笔字就在字的右下角点顿一次的教师，居然是学校号称“八大金刚”的名师，可见校长对教师的专业要求、对教师队伍的了解程度，是多么欠缺；学校的教师教育、学校的校本教研、学校的专业发展工作，是何其苍白无力啊。

这样的情况，在那时的黄冈中学、在那时黄冈中学的常态课堂上、在那时的黄冈中学教师身上是不可能发生的！

（八）服务教学中心的策略

这一条策略并不难理解，也不需要展开来讲。服务教学中心的策略，就是校长要使全校教职工牢固树立为学校中心工作服务、为教学工作服务、为教育教学质量提升服务的观念，充分调动校内的教学辅助部门、总务后勤部门资源为教学中心工作提供优质服务，充分调动校外的一切教育教学资源为提高办学效益、办学质量提供优质服务。

各位校长，当我准备结束今天的演讲时，我再一次想到我在开讲时提及的两个案例和两个问题，如何深入分析两个案例，如何回答那些问题，就请在座的各位学员把它当作一次需要认真完成的课后作业吧。

谢谢大家！辛苦各位学员了！

（2019年11月27日，作者在河南省兰考县中小学校长广州高级研修班上的专题讲座，时任广州市增城区教育局党组成员兼增城区教师发展中心书记、主任；2020年元旦期间依据课件和录音整理。）

中小学校本教研的理论和实务

我们先来看屏幕上的两张图片，有谁认识图片上的头像是谁？没有人知道。那么，我们接着看下面的两张图片，《世界是平的——21世纪简史》《世界又热又平又挤》这两本书的作者是谁？他曾经写过关于中国基础教育的什么著名文章？都不知道，没有关系。既然都不知道，我们就暂时按下不表，留待最后揭晓。

在区域教研指导中，校本教研其实是相对薄弱的。尽管学校一线教师无时无刻不在进行教研，但从学术层面上看，大多数的校本教研可能还没有提升为学术水平。今天，我想借此机会，与大家一起交流研讨校本教研的理论和实务。所谓理论，就是要站在理论高度对校本教研有一个理性认识；所谓实务，是指开展校本教研时的具体操作方法，属于实践层面。下面，我们从四个大的方面共同探讨一下中小学校本教研的理论认识和实践操作问题。

一、校本教研的学理认识

“学理”的意思是科学原理。校本教研的学理认识，是指如何从科学原理的角度认识、界定校本教研的内涵和外延。通俗地讲，就是什么是校本教研，或者校本教研是什么。

为此，我们先要理解教研的含义。什么是“教研”？“教研”是教育研究或教学研究的简称；栾传大教授所下的定义是“一般认为，教研是教学研究的简称”，这也是通常约定俗成的狭义的“教研”之意，如“教育局教研室”等，其业务范围主要指教学研究，而非更宽泛的“教育研究”。

那么，“教学”和“研究”又是什么呢?

“教学”是教师引导学生获得基础知识与基本技能、学会学习和形成正确价值观的活动。这是大学教科书对教学的定义。随着形势的发展，我以为，现在这种定义是落后于形势发展的，应该有新的更准确的定义。可不可以定义为“教学是教师引导学生获得核心素养的活动”或者“教学是师生在教学相长过程中促进学生获得核心素养的活动”？“研究”就是运用科学的方法探求事物的真相、性质、规律等的活动过程。课题研究，就是典型的运用科学方法探求事物真相、本质和规律的活动。

初步理解了什么是教研、教学与研究后，我们可以为“校本教研”进行比较全面的界定了。不过，在界定校本教研之前，还需要弄清楚“校本”一词。很多人以为，“校本”不就是“本校”吗？其实不然，这至少是不全面、不彻底的理解。理解时，我们不能简单地把“校本”的词序调整为“本校”。“校本”的内涵有哪些呢？主要包括三层：**一是为了学校**，表明教研的目的是为了学校的发展；**二是在学校中**，指明教研的主体和空间范围，教研的主体是校内教师，活动空间是在校园内；**三是基于学校**，开展教研活动之前，要分析、诊断学校的教学现状，指出了教研活动要具有明显的针对性和实效性。这里要说明一点，所谓“在学校中”，当然也包括为了解决学校教学问题而暂时出外开展的教研活动。

现在就可以全面定义“校本教研”了。**校本教研是学校各级组织为了解决本校的教育教学实践问题，为了促进学校、教师和学生的发展，有目的、有计划地组织本校教师，并以本校教师为主体，从本校实际出发，在本校进行的教育教学研究活动**。这里要强调的是，今天所讲的教研主要指“教学研究”，解决的主要问题是“教学实践问题”，教研活动要从本校实际出发，要在本校进行，并以本校教师为主体，共同解决本校的教学实践问题。

二、校本教研的重要作用

今天选定这一讲座内容，本身就表明了校本教研的重要作用；事实正是如此，扎实、有效、优秀的校本教研，一定能够大力促进教师的专业发展、学生的全面发展和学校的长足发展。

校本教研的地位，取决于教学的地位。教学地位高，教研地位就高；反之，对教研不重视，就意味着对教学工作也不重视。教学是学校的中心工作，学校工作应该围绕教学中心展开，教研工作应该始终锚定教学质量提升。

我们可以用这么几句话肯定校本教研的重要作用。一是校本教研的广度，决定了学校教学的宽度；二是校本教研的强度，决定了学校教学的力度；三是校本教研的深度，决定了学校教学的高度；四是校本教研的品质，决定了学校教学的品位；五是科组教研的质量，决定了科组教学的质量；六是教师教研的能力，决定了教师飞翔的能力。

三、校本教研的现状分析

如果我们的校本教研已经做得比较好了，那么，我们今天的讲座则意义不大。正是学校的校本教研还存在不同程度的问题，我们才有研讨的必要。依据我的观察和调研，我认为，学校的校本教研主要存在“六不”问题。

一是主题不够明确。组织教研活动，只是为了应付学校的要求而已，并不明确本学科为何要开展教研，或者不明确学校教研的主题。

二是过程不够完整。主要表现为，开展活动有头无尾，开始轰轰烈烈，声势巨大，结果无声无息，不了了之；或虎头蛇尾，最后草草收场。总之是，没有做到善始善终，过程完整。

三是方法不够先进。教研方法陈旧落后，不能与时俱进，比如集体备课、集中听课等，一般情况是口头通知一声，碰碰头、聊几句就完事，或者提上一把凳子进教室，听完课后就走人。

四是形式不够多样。学校教研活动毫无新意，无法吸引教师；学科组教研活动也是月复一月的一个模式，缺乏创意。

五是研究不够深入。处于表层的多，停留于形式的多。最常态的教研活动，如集体备课、听课、评课等，很容易浅层化，并不作深入探讨，大体说说教学进度安排、谁主备、什么时候上公开课等，至于后续如何做，遇到问题怎么解决、难点如何突破、重点如何保证、疑点要不要解释、争议点要不要处理等，可能都还在各人的大脑中。

六是管理不够严格。比如，因为以级组为办公实体，就轻视了学科组办公；因为抓紧了年级管理，就放松了对学科组的管理。即使安排了半个月一次的学科教研活动，也是无主持、无主题、无考勤，更为严重的是，有的学校还没有为学科组备用办公地点！

凡此等等，不一而足。归因呢？主要是四个方面。

一是认识不到位。部分校长本身就不重视教学工作，因而把教研看成可有可无的工作，没有把教研摆到应有的位置上。

二是工作任务重。提倡什么都进校园，什么都是一把手负责，社会上有的校园也有，社会上要检查的校园也要检查，以至校长和教师疲于应付，无心无力钻研教学和开展教研。

三是教研条件差。学校备用的办公室不够，满足了级组办公，就不能满足科组办公，科组办公没有固定的场所，一旦科组开展教研活动，也是临时安排教研场地。

四是教研基础弱。学科教师整体水平不高，能力有限，人数太少，缺少学科带头人，“大眼瞪小眼”“大哥二哥差不多”，教研基础很薄弱，教研活动搞不起来；即使开展教研活动，也是在低水平上运行。

四、校本教研的优化策略

分析问题，是为了解决问题。既然现实中的校本教研存在这样或那样的问题，我们就应该加以改进、完善和优化。什么是策略呢？策略，是为了实现某一目标、解决某一问题而制定的若干原则、要求、方式、方法等方案的集合，包含思想认识和实践操作两个层面。

为了做好校本教研，我提出八条优化策略；不对的地方，请大家批评指正。

第一条策略——明确校本教研定位。

定位准不准，往往影响活动开展的深度、质量和成效。**一定要把校本教研定位在解决本校教学的实践问题上，教研主题要来自教学实践，教研指向要针对教学实践，教研问题应该是真实情境，教研主体应该是一线教师。**唯有把教师在教学实践中遇到的困惑和难题，上升为教研活动的中心议题或主题，才能更好地激发教师的参与热情，引起教师的深入思考，从而改进教学，促进质量提高。

这里明确校本教研定位，要把校本教研定位于立足解决教学实践问题，并不意味着在校本教研活动中要排斥教育教学理论武装和指导。恰恰相反，必要的理论点拨，对教师的专业提升将会有更大的助益，比如在课例研讨时，邀请专家学者站在教育科学理论的高度予以点评，就是很好的做法。但是，这依然是为了从更高层次上解决教学实践问题，而非解决教育理论问题。因此，我们首先要牢牢记住这一点：**校本教研的根本指向是，要尽可能地及时有效地逐步解决教学中的实践问题，努力为教师的专业发展、课堂教学的改善和教学质量的提高破冰开路。**

第二条策略——遵循校本教研原则。

原则是我们的言行所依据的法则或标准。开展校本教研同样要遵循校本教研的原则，这些原则是经过长期实践总结提炼出来的经验或合理化现象。遵循这些原则，会让我们在开展校本教研时少走弯路。

校本教研主要有目的性、计划性、系统性、实效性、民主性、示范性等六条原则。目的性原则、计划性原则和实效性原则都很好理解。系统性原则又可分为内容系统、程序系统、方法系统和管理系统，也就是开展教研活动的每一个环节与采用的方法不能是临时的零碎的，开展前就要有系统的安排与规划。民主性原则往往被我们的教育管理者所忽视，他们在制定方案时可能是一厢情愿又一往情深，结果实效性很差，参与主体并不买账，这是缺乏民主性的典型表现。正确的做法是，在确定教研主题和制定方案前，尽可能多地征求参与主体的意见和建议，力求方案切合学校实际，切中教师心理。所谓示范性原则，是指教研活动取得的成果，要能够成为教研主题的标高，成为教师学习的样板，成为可以推广应用的操作模式，具有鲜明的科学性、示范性、标杆性、推广性，大家可学可用，能学能用。

我们的校本教研，如能认真遵循以上六条原则，教研活动基本就能取得实效。而优秀的校本教研具有什么特点呢？优秀的校本教研一般具有十大特点：1. 围绕中心；2. 系统计划；3. 主题鲜明；4. 过程完整；5. 管理严格；6. 方法科学；7. 深度参与；8. 案例真实；9. 示范引领；10. 效益明显。我们可以对照这十大特点，看看自己学校的校本教研如何拓展，还需要在哪些方面进行改进、完善和优化。

第三条策略——选准校本教研主题。

如何选准校本教研主题呢?

首先是要善于发现可供教研的问题。要善于发现可供教研的问题，需要做到“三个保持”——保持对前沿信息的关注、保持对教育理论的兴趣、保持对教学问题的观察。坚持关注前沿信息，会让我们的思想保持与时代同步；坚持研修教育理论，会让我们分析问题更加深刻；坚持深入教学一线，会让我们得以及时发现教学问题。这“三个坚持”和“三个保持”，本质上是要求我们努力做到对教研问题的敏感，从敏感的教研问题中发现和提取教研主题。当然，这种敏感不是天生的，而是在长期的教学实践中自然而然形成的。因为，教研的问题常常来自一线教师的困惑，来自教师的一线教学，来自我们的调查研究，来自教师之间的交流交锋，来自教师的教学反思，有时候也会来自进行教学管理时，查阅、学习教学理论和教学资料时的顿悟。

其次是要学会甄别教研问题的真伪。如果把已经解决了的问题拿来做教研，这就是浪费人力和时间；如果把人人皆知的问题拿来做一番研究，这也是多此一举；如果把暂时不可能解决的问题拿来研究，这也是没有必要的；如果把实际不可能、不存在的问题拿来研究，则我们研究的就可能是假问题。

如何辨别真伪教研问题呢？我觉得主要从六个方面去衡量。一是看其前人是否已有研究，如果已经研究过，我们就可以直接查阅文献资料了。二是看其是否合乎改革发展方向，如果教研的问题是逆潮流而动的，则似乎也不太适合做教研主题。三是看其是否具备真实的教育教学场景，如果只是我们自身的一厢情愿、凭空想象、脱离现实的问题，则也不宜用作教研主题。四是看其是否符合教育教学的基本原理，如果很明显不符合教育规律，还能拿来做教研主题吗？五是看其是否已经求得解决方案，如果前人已经研究过，但是还没有提出解决的方案，我们则可以重点研究出解决方案来。六是看其是否具有真正的研究价值。真正的研究价值是什么呢？是创新，尤其是原始创新。创新的地方有很多，比如提供解决方案、修正前人错误、补充新证材料、发展前人思想、创建新的模式、发现新的规律等等。

而作为校本教研的主题，看其是否具有真正价值，还要看其是否有利于教师专业发展、是否有利于学生全面发展，是否有利于教学质量提高，是否有利于学校长盛发展。

最后，要选准教研主题角度。教研主题确定后，从什么角度展开教研活动就显得尤其重要。选定教研主题的角度，不一定要高大上或高精尖，就校本教研而言，我们更提倡小而实，小而短，小而新，能够解决教学的实践问题就好，能够让教研有所获就行，能够促使教师豁然开朗就好。不怕研究的问题小而实，就怕研究的问题大而空。

第四条策略——夯实校本教研基点。

校本教研的基点是什么呢？是教学实践的微观问题。注意：是微观问题，而非宏观

问题。比如，如何让早读课程化、系统化、任务化，就是很好的研究内容，它关注的是教学的早读效益问题，切入的角度是课程化等，基点属于某一段教学时间和教学实践的微观问题，而早读效益问题又常常被学科教师——语文老师或者英语老师等忽视，多数学生进班后也是拿起课本一通哇哇乱喊，老师不布置、不检查，或者有布置、无检查，整个学期的早读效益少慢差，缺乏科学合理有计划的任务驱动的系统安排，临时性、随机性很强，基本上没有将其作为课程对待。

与校本教研基点相适切的研究方法是什么呢？这里，我向学校和一线教师介绍和倡导一种草根研究——小课题研究。草根研究是一种自下而上、土生土长的研究。“草根”一词源于19世纪的美国，当时正值美国的淘金潮，相传山脉土壤表层草根茂盛的地方，下面会蕴藏大量的黄金。后来，人们把“草根”一词引入社会学研究领域，含有起于民间的研究、自下而上的研究、土生土长的研究、民间群体参与的研究等意义。小课题研究正是合乎这种特性的草根研究。其最大特点是，入口小，周期短，投入少，成本低，见效快，直指教学实践问题。

因此，我建议学校每学年组织教师聚焦一线教学实践问题，把教师提出的问题进行分类后，提出具有普遍性、代表性的研究主题，以校级小课题研究申报指南的形式推送给校内教师，以多种形式鼓励一线教师开展研究，并在一个阶段后对教师的研究成果予以表彰奖励，或者召开专题研讨、推广活动，或者将其研究成果予以结集出版，让教师具有研究的自豪感、成就感，让教师之间的研究成果得以共享。

第五条策略——聚焦校本教研重点。

校本教研要抓住重点，分清主次。校本教研的重点是什么呢？

前中国教育科学研究院副院长滕纯先生在《“说课”活动：教师工作永恒主题的新篇章》一文中，曾对中小学生的上课时间有一个统计，他说：“据统计，我国一个适龄儿童从小学到上初中乃至高中的十二年里，在学校的上课时数有13 000课时之多。其中80%是在教室里上课，列为教学计划的课外活动时间只占20%。由此可见，上课对于学生的成长发展来说多么重要。”很显然，无论是从学生学习，还是从教师教学工作看，学校影响学生学习和成长的因素主要是在课堂教学上。如果从课程结构看，同样能够表明课堂教学是学校教育教学的重中之重。所谓课程，一般分为理想课程、文本课程、实践课程、习得课程四个层级。理想课程就是我们通常所说的课程标准，代表的是国家意志；课程标准确定之后，还要有体现标准的文本，这就是文本课程，也就是根据课程标准编写的学科教材，就是我们教师日常教学时依据的课本；仅有课本当然还不够，要想让教材落地，必须在一定的时间和空间内把教材的内容变成学生的能力和素质，这就是课堂教学，通过一节又一节的课时完成教材所规定的教学任务，这一课程就叫作实践课程，也就是课堂教学，一个学生从小学到高中毕业大约要上13 000节。完成课堂教学后，是不是意味着学生就全部掌握了呢？不一定！我们还要布置作业、命题考试，以此检验教学效能，这就是习得课程了。在四级课程中，实践课程最重要，学生是否掌握了教学内容，归根结底要看课堂教学质量。

因此，**聚焦课堂教学，首先要认识到课堂教学在课程教学、师生成长、质量提升上的重要意义，我们才会把研究课堂教学作为校本教研的重点和核心。**

其次，学校要把研究课堂教学列入校本教研计划，并且要作为主体教研活动加以推进。

最后，学科组或备课组要真正落实研课的三阶段六环节。

三阶段六环节包括准备阶段的选课和备课。选课要确定主题、确定选题、确定课题、确定专题，备课要研习教材、研究学情、进行教学设计和资源利用等。实施阶段包括说课、听课和议课。说课是主讲教师要在集体备课时说教什么、怎么教、教的依据等；教师听课则要做到课前准备充分、课中集中精力、勤于记录观感，最好是能够手耳眼脑等并用；教师议课要避免居高临下、吹毛求疵、以偏概全、面面俱到、程式僵化、声音单一、片面庸俗、不疼不痒等问题，要扎扎实实静下心来，用集体的智慧把教师讲课的成败得失找准，为教师改进、优化课堂教学提供有价值的意见和建议。最后一个阶段是总结，总结的主要环节是结课，就是对前两个阶段的教研工作进行评价，为下一次研课提供经验，逐渐形成可行的操作程序和规范。

第六条策略——创新校本教研路径。

校本教研的路径很多，这里主要介绍五个“三结合”，但不展开讲。主要是教学、教研、科研三结合，实践、学习、研究三结合，预设、生成、反思三结合，个人、同伴、专家三结合，教研、师训、课改三结合。“三结合”提醒我们，校本教研不能停留于单一的研究，要调动各种资源、各种力量为教研服务，要吸纳集体的智慧，要把实践历练和理论武装紧密联系起来，要努力实现教研的高品位和高质量。

第七条策略——发挥教研主体作用。

校本教研的主体是什么呢？是教研组。校本教研说到底是在学校主导下教研组开展的教研活动，因而，校本教研的本质就是要发挥好教研组的主体作用。

首先，要重视教研组的学术地位。国家高度重视中小学教研组建设，很早就出台过专门文件，对它的基本功能进行了定位，在学校学科学术研究、学科教学质量提升上发挥了十分重要的作用，是中国特色基础教育教研制度的产物，具有鲜明的中国基础教育特色。

其次，要明确教研组的功能定位。教研组的功能与区县级以上教研机构一脉相承，中小学学科教研组是各级教研机构的基础和重要构成，是教师从事教学与学术研究的主体，是服务学科教学质量提升的组织，担负着教学、研究、培训、管理等职能。学科教研组在开展校本教研时，要在这四个方面发挥作用，要围绕学校教学中心制定学科教研计划，要善于创意设计和研制学科教研方案，要有效落实活动举措，并及时反馈总结，不断完善优化。

最后，要改变教研组的工作现状。中小学学科教研组的现状，其实很不令人乐观。为什么？因为在价值取向上，强化了组织形式，弱化了教学研究，或者说得严重一点是有组织无研究；在管理定位上，绝大多数学校实行以年级组为单位的基层办公制度，很大程度上强化了行政运作，弱化了科组建设，淡化了学术研究；在队伍培养上，强化了教师使用，窄化了教师培养，实施以年级组为单位的办公体制后，学科教研组在培训培养教师上的作用就难以发挥出来。

其主要原因是什么呢？一是认知所致，对教研组的认知存在误区，或者无视教研组作用，觉得它可有可无；或者带有偏见，认为在学校管理上发挥的作用不大；或者有一种从众心理，别的学校都是年级组办公，如果我们学校还实行教研组办公，就会显得另类，与他人格格不入。二是体制所致，以年级组为办公实体，事实上在日常教育教学管理上，使教研组在一定程度上被边缘化了。三是硬件所致，学校缺钱缺物，难以提供教研组开展教研的办公条件。四是人才所致，教研组长能力较差，科组成员素质不优，教研活动开展起来始终处于低水平运转，学校主导的教研思路不能落到实处。

对此，我们要采取相应的举措，努力改变不令人满意的现状。**一要坚持以研促教兴教为主途，筑牢持续发展路径**。要把依靠教研促进教学变革，提升教学能力作为主要途径，作为促进学校可持续发展的主要路径。**二要坚持以提升教学质量为主导，变革基层办公体制**。实行怎样的基层办公体制，关乎教学发展。尽管年级组办公和学科组办公各有优劣，但从总体上看，从历史上看，从实践效果看，如果以教师的专业发展为重，以教学质量提升为中心，则学科组办公会更优于年级组办公。问题在于，我们的校长们有没有胆量和能力在学校推行学科组办公落地，推行学科组办公后如何平衡好和协调好学科组与年级组的关系，如何发挥好两个办公实体的作用。**三要坚持以研究学科教学为主业，夯实学术研究基础**。要把学科组作为学术团队来建设，在学术研究中提高科组教师的专业修为，在学术研究中提高把握教材的能力，在学术研究中提高课堂教学质量，在学术研究中加强学科队伍建设。**四要坚持以常规特色教研为主法，深化基层学科教研**。学科教研一般分为常规教研和特色教研。常规教研是以集体备课为主的教研，旨在合作共赢、凝聚智慧；常规教研也是以观课、议课为主的教研，为的是扎根实践、反思交流；常规教研还是以业务学习为主的教研，目的在终身学习、专业发展。特色教研是什么呢？特色教研是以课例研究为主的教研，目的是通过案例剖析，聚焦关键问题；特色教研也是以课题研究为主的教研，目的是通过行动研究，增强研究能力；特色教研还是以测评诊断为主的教研，目的是加强分析诊断，关注教学评价，为教学改进提供新的方案。

在组织开展校本教研活动中，我们既要扎实做好常规教研，也要不失时机地推进特色教研，只有将两种教研一起抓，我们的校本教研才会更加深入，更加优秀，更加具有特色，更加充满活力。

第八条策略——共享校本教研成果。

这是我建议的最后一条策略。完整的校本教研过程，最终的归宿是总结经验，提炼成果，交流收获，共享成果，可以说提炼、呈现、推广是不可或缺的共享成果三部曲。**第一部曲是总结提炼教研成果**。举行成果凝练培训会，邀请专家指导成果提炼，召开专题成果研讨会，开展教研论文征集活动等等，都是进行教研成果提炼的好形式。**第二部曲是表彰呈现教研成果**。对总结提炼出来的教研成果，或学校发文通报表扬，或纳入奖励性绩效工资分配方案计算相应的报酬，或在评优评先、职称申报中加以适度倾斜，都是激励表彰的好方式；而让教师的教研成果得以呈现，则办法更多，如推荐给报刊发表，在校报校刊上登载，在学校网站上宣传，送出版社正式出版等。**第三部曲是转化推广教研成果**。常用的做法是，运用学校行政力量召开专项成果报告会、宣讲会、推广会，让教研成果惠及更多教师，激励更多同行。如此这般，校本教研才可称得上有始有终、善始善终。

各位老师，在即将结束本次讲座之际，我们将话题切换到开讲时的提问，回答开讲时的问题。《世界是平的——21世纪简史》《世界又热又平又挤》两书的作者，是美国《纽约时报》著名的专栏作家托马斯·弗里德曼，他曾写过的关于中国基础教育的一篇名文叫《上海的秘密》。他曾专程漂洋过海深入上海，探求中国孩子在国际学生测评项目（PISA）中连续取得优异成绩的秘密。通过对上海蔷薇小学的一番考察和研究后，他异常兴奋地打通越洋电话告诉妻子，并在当晚写下这篇轰动一时的文章发表在《纽约时报》上。这篇写于2013年的文章，至今仍很值得一看，在网上可以查阅到。其核心观点是，所谓上海的秘密，“其实根本就没有什么秘密”，如果真有什么秘密的话，就是：“上海成功的秘诀很简单，……老师每周有70%的时间用在教学上，30%的时间用在发展教学技能和备课上。而这个比例要比一所典型的美国学校要高得多。”

教师精力分配的七三定律，是不是中国中小学的普遍现象？能不能给我们的校本教研提供更多的思考和启迪呢？

毫无疑问，**优秀的校本教研，必定是学校教育提质、学科教学发展、教师专业成长的助推器和助飞器！**

我相信今天的讲座一定会对学校开展校本教研有所帮助，我也相信学校的教育教学质量一定会迈上一个新的台阶，这是我所期盼的，更是你们期盼的。

（2023年7月4日，作者在广州市某大学附属学校的专题演讲，时任增城区人民政府教育顾问；2023年8月3日根据课件、视频、录音整理完成。）

第五编

其他教育讲演

QITA JIAOYU JIANGYAN

黄河文明何曾衰落

有人面对奔腾咆哮的黄河哀叹：荒凉的黄土地啊，你的文明衰落了！

有人面对起伏激荡的大海欢叫：富饶的蔚蓝色海洋啊，你的文明进步了！

于是，又有人面对苍穹和大海展开臂膀呐喊——

来吧，汹涌的蔚蓝色大潮；快快来吧，取代贫瘠的黄土地，取代衰落的黄河文明！

诚然，我们居住的黄土地还不那么葱郁，免不了黄沙飞尘；然而，她的富饶可以媲美海底的矿藏。

诚然，任凭远洋航行的大海的确蔚蓝得让人炫耀；然而，附着其肌肤之上的污秽浊流，不也羞愧于东方黄色的华美与高贵吗？

尽管，蔚蓝色大潮终日不息地奔流，但他的咸涩终究无法养殖内陆河的鱼草，灌溉山地间的胡杨。

黄河亘古不移地流淌在黄土地上，哺育了一代一代的炎黄子孙，挺起了华夏高高的脊梁。

这脊梁，就是奔放不息的黄河浪，巍然而立的长城墙。她是蓬蓬勃勃的中华之魂，她是闪闪不灭的华夏之光！

是的，我们曾经有被挨打和受屈辱的历史，有贫穷和落后的记载，但我们的躯体上毕竟有奋进不已的灵魂、不屈不挠的脊梁、照耀天际的曙光，从古代到近代，从近代到现代到当代，黄河浪永远激荡着民族自信的精灵，长城墙永远镌刻着祖祖辈辈对祖国的无限眷爱。

从屈原到文天祥，从郑和到邓世昌，从林则徐到孙中山，从抗倭御日的十九路官兵身浇汽油、肩背炸弹冲向敌群的气概，从驰名中外的科学家李四光、钱学森依然冲破封锁回到祖国怀抱的赤子情怀……一桩桩，一件件，代代青年沿袭相传。

是他们，视个人安危于不顾，以国家命运和人类进步为己任；是他们，“铁肩担道义，妙手著文章”，敢为天下先；是他们，不计个人毁誉，慨然为国赴难，奋然为国分忧；是他们，把个人的价值升华为对民族的深情挚爱、对祖国的忠贞赤胆；是他们以他们的伟力推进民族的车轮滚滚向前，是他们以他们的精魂搏击黄河的波涛，是他们以他们的脊梁构筑蔚为世界奇观的巍峨长城，是他们以他们的血肉之躯铸造我们的民族傲立于世界之林的伟岸形象。

这，就是我们黄土地的黄河文明；这，就是我们走向世界、拥揽世界的铮铮脊梁。

黄河文明何曾衰落？黄河巨浪何曾停息？黄河精神何曾萎靡？黄河的精魂永远昂奋，前行！

同学们，朋友们，让我们加入黄河的奔腾，去灌溉我们可爱的黄土地，去创造我们更加辉煌灿烂的黄河文明吧！

黄河的子孙，永向前方！

（1989年9月27日，作者在湖北省黄冈中学升旗仪式上的演讲，时任初中毕业班语文教师兼班主任。）

傲立历史山巅微笑　融入黄河激流奔唱

为什么我们的母亲河——黄河，长流不息地奔向前方？

为什么华夏民族的象征——长城，依然巍峨地昂首世界？

因为，我们的长流不息的黄河啊，深信自己奔腾的力量；因为，我们的挺拔高耸的长城啊，是站在历史的崇山峻岭之上！

今天，在世纪和世纪之交，面对黄河，面对长城，我们又该作何感想，抱何姿态？

还记得，毛泽东同志在五十年前中国革命关键时刻的谆谆教导吗？还记得，那宏大的智者之声在黄河上下、长城内外的激荡回响吗？

——为了夺取胜利，建设新中国，我们“不但要懂得中国的今天，还要懂得中国的昨天和前天”。

是的，在革命的重要关头，历史会告诉人们如何面对现在。今天，在社会主义建设的关键时刻，中国的昨天和前天同样会启迪我们如何去把握未来。

同志们，青年朋友们，那就让我们做长城的一砖、黄河的一滴水吧，像巍峨的长城那样，把对远方的向往和对未来的眺望建筑于历史的崇山峻岭之上！

历史是什么？屹立群山之上的万里长城告诉我：历史不是辞典里平淡乏味的解说，历史是秦砖汉瓦的建造，是光明和黑暗、真理和谬误的厮杀，是人类前行的脚步和志士仁人的艰难跋涉，……历史啊历史，历史是一个民族不断的探索和驱云拨雾的选择。

在中华民族的历史上，春秋战国的纵横捭阖，秦始皇的争霸称雄，汉武帝的挥武扬鞭，唐太宗的贞观之治，朱元璋的南征北战，虽然使我们的国家一度繁荣过、统一过，但是，并不曾使普天的黎民百姓真正长久地沐浴到阳光。而慈禧太后的垂帘听政，袁世凯的83天掌印，蒋家王朝的20余年统治，非但没有让中国自立于世界之林，反而使国家成了外强入侵、瓜分和蹂躏的对象，使人民一次又一次地堕入灾难的地狱。

原因在哪里？

有人说，斯国之病，病在体制，倘若我们“全盘西化”，进行资本主义尝试，情形肯定大为改观。

其实，这话只说对了一半，不语的长城以其巍峨之躯告诉我们：在中国不是没有尝试，而是试而不通！

历时103天的戊戌变法不是也曾依靠改良方式进行过资本主义尝试吗？结果又怎样呢？康有为、梁启超、谭嗣同等最终只能仰天长笑，唱一曲“有心杀贼，无力回天”的历史悲歌。

可歌可泣的辛亥革命，虽然建立了中国历史上的第一个资产阶级共和国——“中华民国”，但它始终没能够改变中国半殖民地半封建的社会性质。那时的中国仍然是一个贫穷弱小的国家，贫穷弱小到连人民最起码的生活必需品，如布料、煤油、铁桶乃至几分钱一盒的火柴也要依赖进口，带上一个令国人倍感羞耻的“洋”字。

往事不堪回首，历史以其浓烈的悲剧色彩启示人们：

资本主义道路在中国，充其量是一种有悖于国情的想象而已；而中国的发展、进步和强盛之路，必须也只能别有选择！

值得人们额手相庆的是，历史没有辜负中国共产党人的苦苦求索。

十月革命的一声炮响，给我们送来了马克思列宁主义。

于是，青年李大钊、毛泽东、董必武等共产党人，开始寻找和追随马列主义的足迹。

于是，一个以人民的利益为唯一宗旨和最高理想的政党诞生了。

于是，这个政党唤醒人民、团结人民和领导人民向腐败的旧世界勇猛冲击，把南湖船上、井冈山头、遵义楼里、雪山草地上、延安窑洞前的星星之火，燃成照亮全国的燎原之光——在20世纪40年代末，在960多万平方公里的土地上，中国人民第一次以真正当家作主的雄健姿态，踏上了社会主义阳光大道！

从1949年社会主义在中国的诞生，我们的党便领导人民建设自己的家园。40多年来，我们仅用3年的时间就医治了长期战争的创伤，恢复了国民经济，被视为世界奇迹；从1953年到1989年，我们的工农业总产值以世界上少有的发展速度，增长了23.3倍，并以仅占世界7%的土地供养了占世界22%的人口。40多年来，人民的实际消费水平不仅在前30年和近10年的改革开放中分别以年均3.6%和6%的速度增长，而且健康状况、营养水平、平均寿命、成人识字率等衡量生活质量的主要指标，也已经接近、达到、有的甚至超过了中等发达国家的水平。40多年来，我们的综合国力，由1949年的第13位上升到1980年的第9位，现在又上升到世界的第6位。

同志们，青年朋友们，请想一想：为什么在短短的40年里，我们的国家有如此巨大的变化?

请再想一想：为什么美国总统布什不敢贸然停止对中国的最惠国待遇？为什么这位被称为世界经济大国的一国总统，在其国务院对发放“亚洲一号”卫星的出境许可证裁议不决的情况下，也只能无可奈何地端起茶杯，远眺东方，轻轻地然而是深深地发出感叹：“I don’t want to say sorry to all the Chinese people！（我不愿意得罪所有中国人民！）”

为什么？为什么？

这一切不是向世界表明了，中国已经告别近百年来落后贫弱而任人宰割的时代，正以巨人的姿态从东方走向世界舞台吗?

如今，还有谁会讥笑我们为“东亚病夫”？还有谁蔑视我们在国际上的地位？整个世界不是都感受到了中国的迅速发展、巨大进步和在世界事务中举足轻重的分量吗?

这一切的一切无不在明白地向世界揭示一条真理——

以先进的马列主义毛泽东思想作为指南的中国共产党，是中国革命和建设胜利发展的根本保证。中国共产党指引的社会主义道路，是中华民族获得真正解放和发展进步的强国之路，这条路是中国人民的共同选择，是历史正确而唯一的选择，历史已经证明并将继续证明这条路在中国的光明前景无可限量、越走越宽广!

同志们，青年朋友们，数千年的朝代兴衰，近百年的辛酸苦难，70年的追求探索，40年的建设成就，10年的改革开放，无不时时刻刻地昭示我们——

在由温饱奔向小康的世纪之交，我们唯有像巍峨的长城那样，以穿透过去的深邃眼光傲立于历史山巅之上，才能微笑着奋发着面对我们的现在和将来；也唯有这样，我们才能傲然化为黄河的一滴水，无悔无怨无愧无憾地奔唱着迈向21世纪!

同志们，青年朋友们，请放眼远看，世界东方，太阳正好，阳光普照!

（1991年建党70周年前夕，作者代表湖北省黄冈中学参加黄冈地区教育系统“三热爱”演讲比赛，荣获演讲比赛一等奖；时任湖北省黄冈中学高中语文教师兼班主任。）

穷人的野心和大树的种子

各位老师、各位同学，刚才我们宣读了一批先进班级和先进个人，高一新生代表也表达了他们的共同心愿。在此，我代表学校向荣获表彰的先进集体和先进个人表示诚挚的祝贺，向2012年入读我校的700名高一新生表示热烈的欢迎！

同学们、老师们，1998年法国一位叫巴拉昂的媒体大亨因病去世了。去世前，他做了两件事情：一是将自己拥有的4.6亿法郎捐献给医疗机构，用于救治病人和促进人类的健康；二是留下一份遗嘱，让人们思考和回答“穷人最缺少的是什么”。他在遗嘱中说：“我曾经是一个穷人，现在却以富人的身份走向天堂，但我不愿意把成为富人的秘诀带走；这个秘诀就锁在法兰西中央银行的我的个人保险箱里，如果谁能正确回答这个问题，谁就能得到我的奖赏——一百万法郎。”

遗嘱在《科西嘉人报》报道后，一共收到48 651份应征信函，但只有一份与巴拉昂的答案完全一致。

穷人最缺少的是什么呢？是金钱和美色吗？不是！是权势和地位吗？也不是！那么，到底是什么呢？穷人最缺少的不是金钱，不是美色，不是权势，也不是地位，而是想要成为富人的“野心”！

野心者，狂野之心也。人们通常用它来形容超越现实或难以实现的愿望，大多带有贬义；但是，在这里，巴拉昂要表达的却是一种对人生梦想的强烈追求之心！

有一首校园歌曲大家都比较熟悉，这首歌叫《小草》，歌词这样写道：“没有花香没有树高，我是一棵无人知道的小草，从不寂寞从不烦恼，我的伙伴遍及天涯海角……”唱起来抒情悠扬，细细品味又显得无奈消极，“无人知道”已经很可悲了，还要自我麻醉地“从不寂寞从不烦恼”，实在缺少气吞万里如虎的雄心豪情。对此，著名企业家、新东方创始人俞敏洪先生在央视《赢在中国》栏目上曾有一段十分精彩的励志演讲。

他说，人有两种生活方式：一种是像小草一样地活着，一种是像大树一样地成长。小草尽管活着，也在生长着，但它始终长不大，人们踩过它，不会在意它的存在和痛苦。然而，树的成长却不同，一年两年也许长不大，三年五年也许长不高，但只要有树的种子，十年二十年后一定能长成参天大树。当它长成参天大树时，人们走近它，它给我们绿色和阴凉；人们回望它，它是地平线上一道亮丽的风景。或许有一天它会倒下，但倒下后依然是栋梁之材。无论活着还是死去，大树始终有益于社会，有益于人类，这就是大树的生活方式、大树的存在价值。俞敏洪最后对在座的大学生说，大树的生活方式就是“每一个同学做人的标准和成长的标准”。

老师们、同学们，历史上的成功案例和励志演讲曾经启迪和鼓舞人们不断追寻成功的道路。其实，成功之路并没有人们想象的那么复杂，有的人对它的理解就是比较简明的“五好四人”。“五好”是指出生后遇上好父母，读书时遇上好教师，工作后遇上好领导，成家后遇上好伴侣，困难时遇上好朋友；“四人”是指有高人指点、贵人相助、他人督促，再加上个人努力。人的一生如果有这“五好四人”，他想要不成功想要不幸福都很难。

现在，我可以告诉大家，同学们在高中阶段已经遇上了人生的第二个“好”——好教师！我们学校是广州市南沙地区规模最大、条件最优、环境最美、师资最强、质量最好的学校，即将成为广州市24所广东省国家级示范性普通高中之一，今年考入大学的人数达到86%，多名学生被著名高校录取。大家可以设想，如果没有爱岗敬业的优秀教师，我们会有今天的好学校吗？如果没有业务精良的优秀教师，我们会有今天的好业绩吗？没有，一定没有！所以，同学们是幸运的，也是幸福的。对这种幸运和幸福，我们要好好珍惜和把握；珍惜了，把握了，就为自己的人生奠定了很好的基础。

那么，谁是我们同学的高人、贵人和重要他人呢？我想，教给你知识、能力、方法的各位教师就是你们生命中的高人，教你如何做人、如何学习、如何生活、如何克服困难的班主任们就是你们生命中的贵人，提醒你、帮助你、督促你，甚至批评你们的教师和同学就是你们生命中的重要他人。有了生命中的高人、贵人和重要他人，再加上自己的努力，我们的成长、成人、成才和成功，难道不能一步一步地变成美丽的现实吗？

当然，个人努力是多方面的，比如尊师好学、勤奋惜时、文明礼仪、自理自立等等。但是，我认为，在校学生首要的是要有一粒成为参天大树的种子，要有一种成为“富人”的野心！

没有这粒种子和这种野心，比尔·盖茨成就不了微软帝国，人类实现不了飞天梦想；没有这粒种子和这种野心，就没有“而今迈步从头越”的决心；没有这粒种子和这种野心，就没有“会当击水三千里”的信心，就没有“吹尽黄沙始到金”的恒心，就没有“直挂云帆济沧海”的雄心。

因此，我希望全体同学要有这粒种子和这种野心，要有一种成为品德富人、素质富人、学业富人、方法富人和能力富人的野心；同时，我也热切地期望全体老师能够以自己的爱心、诚心、恒心和智慧之心，以自己德业双馨的实际言行，成为同学们生命中的重要高人、重要贵人和重要他人。

最后，衷心祝愿全体师生身心健康，学习进步，家庭幸福，万事如意！

（2012年9月3日，作者在广州市南沙第一中学高中部开学典礼上的脱稿演讲，时任南沙第一中学党政主要负责人；根据笔录和记忆整理，后被教育部《中小学德育》刊发。）

难忘艰辛奋斗　感恩相知相助

今天，在这里讲话，我的心情很不平静。

从六月份中考前开始，一些教师就听到传言；中考之后，这种传言更盛；直到今天，我要调走的消息仍然是南沙区党政机关和教育系统热议的话题。

有的人坚决反对，包括多位区领导和教育局党政主要负责人，都通过各种方式反复做我和我家属的工作，有的劝说挽留甚至高达八九次之多。他们认为，我的离开既是南沙的损失，也是我个人的损失，现在已经是南沙最大也是最好的完全中学的党政一把手，又是南沙区的政协常委，无论是社会影响还是个人地位、人脉基础，都会令人难以割舍，个人的后续发展将难以限量。

有的人则表示坚决支持，包括各界领导和朋友。他们认为，如果有更大更好的发展空间，就应该动一动、搏一搏。

而我怎么回答呢？我说，现在是去是留，今后是好是坏，这都是我自己的选择；既然选择了，就会考虑选择后可能要承担的结果。所以，我又一个一个地去做他们的工作。

我想，无论是领导还是同事和朋友，无论是反对还是支持，虽然出发点各有不同，但都有一个共同点，这就是都往善处想，都朝好处说，都希望我的未来更好！

因此，我想借此机会，首先向所有关心爱护我的领导、同事和朋友表示衷心的感谢！

在传言得到证实的时候，在迎接国家级示范性普通高中终期督导验收最紧张的日子里，有的同事对我说："是您带领我们把学校推向了高峰！这是人生多么完美的句号！"此言不虚，但是此话又不对。

从2005年广州市教育局招聘我到南沙第二中学做校长开始，我就把自己的生命和事业紧紧地、深深地融入了这所学校。当时的学校多么简陋薄弱，当时的南沙多么荒凉艰苦，不是过来人是无法想象当时的条件的。但是，经过六年的艰难困苦，我们挺过来了；经过六年的开拓创新，我们走过来了！为了学校的发展，为了教师的安居乐业，为了学生的安全和社会稳定，我和我的同事们一起熬过通宵，一起搬过学生的床板，一起拧过学生铁床的螺丝，一起描画过学校的发展蓝图，一起讨论过学校的文化建设，一起欢笑过，也一起痛哭过。从南沙二中高速优质发展后与南沙中学合并为南沙一中，从迎接国家级示范性普通高中初期督导评估到前天通过终期督导复评，我都是学校的主要负责人。可以毫不夸张地说，学校的今天，学校的一草一木、一砖一瓦，既凝聚了历届师生员工的心血，也记录了我倾注的汗水和泪水。

我说同事的话又不对，是因为我清醒地知道，没有大家的共同努力，没有各位长期以来对我工作的大力支持，没有领导、同事和朋友们对我个人的真诚帮助，就不会有一路走过的南沙二中，也不会有作为南沙旗舰学校的南沙一中的诞生和今天；特别是在得知我即将调任天河、迎评工作诸事繁重、历史性遗留问题——教师奖励性绩效工资未予兑现的情况下，大家依然坚守岗位、无怨付出、默默支持，不仅让我深深感动、感激和感恩，也特别令我深负内疚——我不能像以往那样，无论于公于私，再也没有更多时间为师生和学校服务了！

各位领导和老师，人生的道路虽然漫长，但是能够在人生的长河中激起奔腾浪花的河段并不多，黄冈中学、南沙二中、南沙一中都是我事业长河中无法抹去的美好的记忆。

在即将赴任新的岗位之际，我还能说什么呢？

纵有千言万语，也无法表达我此时此刻的心情。

我唯一能做的，是把千言万语融为一句恒久而默默祈祷的话语：

说一声谢谢，道一句珍重，送一生祝福！

（2012年11月14日，作者在广州市南沙第一中学全校教师大会上的脱稿讲话，时任广州市南沙第一中学党政主要负责人，并已被聘任为广州市天河区教育局教研室主任；根据记忆和腹稿要点整理。）

让培训为我们插上飞翔的翅膀

今天，作为学员代表在这隆重的启动仪式上发言，我深感惶恐。

在座的学员，业绩突出、声名远播者有之，功底深厚、创新创造者有之，年龄尚轻、潜质优异者有之。而我，只是广州基础教育山地上一位普通的行走者、攀登者和守望者，并不足以代表未来的教育专家、名校长和名教师。但是，我最后还是战战兢兢地走上讲台，与大家一起分享我的经历和感悟，是因为我的事业的长河流淌着华南师大、广东二师和广州大学等高校的学术积淀。

四年前，我在填写广州市中小学优秀校长培养工程申报书时，一位同事问我：“您曾经就是全国名校的党委书记兼副校长，您还需要培养吗？”然而，我依旧选择了申报，我清楚我当时需要什么。南下广州后，我成为一所薄弱的完全中学的校长，带领全校师生员工将学校推向高速发展的轨道。

今年七月，我在申报广州市教育系统新一轮“百千万人才培养工程”教育专家培养项目时，一位朋友对我说：“你正在办理调动，教育局会推荐你和遴选你吗？”然而，我依旧选择了申报，我明白教育局是多么重视和爱惜人才，我明白我将要去向哪里。北上天河后，我将在新的岗位上开启新的事业航程。

各位学员朋友，我们如果是一条流溪，就应该选择大海；我们如果是一只飞鸟，就应该选择长空。

四年后，当我们从广州市中小学优秀校长培养工程一期学员班结业时，我们都见证了彼此的变化，培训改变了我们自身，也改变了学校面貌：二十多名学员有超过半数的培养对象成长为广州市名校长、广州市十大杰出青年、广州市各县市区副处级教育行政干部，以及特级教师、教育专家等；而华南师大基础教育培训与研究院也在成立后的短短三年里，以其独树一帜的培训模式享誉大江南北、闻名内外西东。

今天，当我们再一次选择百千万人才培养工程，再一次选择华南师大、广东二师、广州大学和广州幼儿师范专科学校时，我相信我的选择没有错，我们大家的选择都没有错！

因为，新一轮百千万人才培养工程的定位更高，平台更新，措施更具体，考核更明确和严格。

因为，学习是人生的加油站，广州市基础教育发展需要我们不断学习和培训，培训能够为我们插上飞翔的翅膀。

因为——

我们正在行走，所以需要支持；

我们正在攀登，所以需要力量；

我们还在守望，所以需要指引！

各位领导、各位嘉宾，最后请允许我和全体学员一道表达共同的心声——

珍惜培训机会、加强学习研修，明确努力方向、规划事业发展，聚焦教育难题、寻求破解路径，贡献教育智慧、实现教育梦想！

（2012年12月25日，作者在广州市基础教育系统新一轮“百千万人才培养工程”启动仪式上的演讲；时任广州市天河区教育局教研室主任，广州市基础教育系统新一轮“百千万人才培养工程”首批教育专家培养对象。）

加强教师培养　优化指导意见

在今天的这场评议会上，本来我是很想第一个发表意见的。但是，考虑到这次活动还邀请了香港、上海、北京等地的专家，所以我觉得如果我要抢先发言的话，可能会有点不太礼貌。现在看来，我让自己最后发言，应该是一种正确的选择。

前面聆听了部长的解读以及各位专家朋友的论证意见，我很受启发。我个人觉得，除了他们所说的特点外，这份《广州市新教师培养指导意见》还具备“三高”的特点——高位规划、高位指导、高位引领；同时，又具有“六大亮点”：第一是指导思想非常明确，第二是培养目标十分清晰，第三是工作安排细则分明，第四是培养模式很有特色，第五是培养结果可测可评——过去的新教师培养基本上只有培训，没有测评，这一次的指导意见特别提及要测评结果，这无疑是一种创新；第六是有思路方法等的创新、创见和创造。

当然，这项工作毕竟是教师成长的基础性工作，从某一角度看，这项基础性工作也一定程度上决定了新教师的未来发展高度。正因如此，新教师的培养不仅关乎教师个人今后发展的性向，也关乎学校发展是否后继有人。为此，为了做好这项十分重要的基础性工作，我对进一步优化《广州市新教师培养指导意见》提出四点建议。

第一点建议，要准确定位新教师的培养目标。我很认同主持人王老师刚才的意见，就是新教师经过三年的培养培训后，要达到什么高度，符合什么标准。我个人以为应该是由规范到合格到胜任，而非“骨干”。一般而言，教师的成长阶段有适应期、合格期、成长期、成熟期、发展期和创造期六个阶段；发展阶段大抵可用新手、熟手、能手、高手、神手等不同层次去区分。在三年的培养期内，一名新教师主要处于适应期，这时期新教师最主要的特征是规范、合格、胜任；如果三年内能够做到胜任，就已经很不简单了。所以，对新教师培养目标的定位，我们其实还可以再斟酌一下，而不要定位为“成为骨干老师”；可不可以这样表述更准确一点：新教师在规范、合格、胜任的基础上，为今后可持续的专业发展夯实根基？

第二点建议，要优化新教师培养的课程设计。培养目标确定之后，首要的工作就是设计好与培养目标相适应的课程。要设计怎样的课程呢？可以考虑设计出新教师培养的“三四五课程”。

这个“三”，就是“三基”：第一是教学基本功，比如“一话三字”；第二是教学基本能力，比如教材理解、课件制作、口头和书面表达能力等等；第三是教学基本规范。一所学校如果教学质量不好，涉及的因素很多，但一个重要的原因一定是学校的教学基本规范——教学常规——没有落实到位；同样，一个教师如果不能把教学常规真正落实到自己的教学过程之中，他的学科教学质量也一定不会好到哪里去。落实教学常规这一点，对新教师的初期职业发展特别重要。

这个“四”，就是“四性”。培训课程首先要体现基础性，是针对刚刚入职的新教师的适应期设计的；其次要体现内容的规范性，要在如何让新教师尽快掌握教育教学常规上设计课程；第三要体现实战性，要在讲授一定的理论课程之外，更多地向新教师传授真实教育教学情景下的问题处理方案和技巧技能技法；第四要体现专业性，这一点无须多言。总之，都要指向他们在学校教育教学实践和研究中的专业发展。

“五”是什么呢？这里是指要用五分法来设计培养培训课程。“五分”就是分学科、分类别、分层次、分学段、分年限，因为在三年为一期的培养期内，一个区域的新教师会在不同的学校、不同的年级、不同的学科，甚至不同的岗位上，从事着不同的教育教学工作。因而，我们的培训课程除了有通识内容外，还应该尽可能地顾及个性。

这是我的第二点建议。

第三点建议，就是要顾及学校教育教学的真实情境。刚才有多位专家朋友提到，为了参加培养培训，新教师常常要一周停课一到三天不等的问题，我深以为然。现实情况是，人社部门绝不会因为新教师头三年要参加培养培训，而多给教育局编制；学校也不会因新教师要参加培养培训，而将新教师参训期间的教学任务全部交给其同事。教育局被核编了，没有储备教师了，常年在外培训的新教师的教学工作量谁能承担？至于有的新教师一入校还兼任班主任、常常涉及学校的奖励性绩效工资分配等等，就更不用说了。一言以蔽之，学校教育教学真实情境中的一些问题，本质上就不是教育部门一家能够解决的事情，往往涉及财政、人社、审计局等相关部门。所以，我建议在出台这份指导意见之前，一定要顾及学校的实际情况，一定要充分征求上述部门的意见，要与他们进行必要的沟通；假如沟通后依然不能按照我们的意愿去做，那就换一条路径，换一种办法、换一种策略。

第四点建议，就是要进行量化考核的工具开发。要使指导意见能够真正在各区落地，我们需要研发出量化考核的标准。有了标准，就有执行的依据，也就比较好考核了；能够考核了，就能督促执行，就能实打实地落地。

最后，衷心感谢大家不吝赐教，真心向各位专家学习。

（2020年7月31日，作者在《广州市新教师培养指导意见（征求意见稿）》专家论证会上的发言，时任中共广州市增城区教育局党组成员兼增城区教师发展中心书记、主任；此稿经由华南师大在校硕士研究生根据录音整理出初稿，后经作者审定。）

感恩母校培育　祝福校友有成

今天，我们在这里欢聚一堂，共同参加湖北大学校友广州年会，这是入冬大雪后美丽羊城的一抹暖阳，这是广马开跑时珠江之畔的一道风景，这是辞旧迎新前粤港澳大湾区的一次集结召唤。在此，我受会长委托代表广州校友，对年会的召开表示祝贺，对母校领导和老师的莅临指导、对各位校友和兄弟校友会的大力支持，表示热烈的欢迎和衷心的感谢！

在岭南大地，在白云山下，在粤港澳大湾区社会各界，活跃着一批又一批这样的大学毕业生：

他们官至高位、造福一方者有之，

他们学富五车、著作等身者有之，

他们事业有成、闻名遐迩者有之，

他们创新创造、成果丰硕者有之，

他们艰苦奋斗、埋头苦干者有之，

他们潜质优异、还在拼命奔跑者有之，

…………

他们是谁？

他们是从湖北大学校园走出来的莘莘学子。

他们树立了一种形象，展现了一种精彩，代表了一种精神！

——这是湖大人的形象、湖大人的精彩、湖大人的精神！

他们站立在哪里，湖北大学的形象就树立在哪里；

他们行走在哪里，湖北大学的精彩就演绎在哪里；

他们攀登到哪里，湖北大学的精神高度就上升到哪里！

为此，我们要真诚地说一声——

感谢母校和母校老师的培养，感谢母校文化深远的影响！

为此，我们还要大胆地呐喊一声——

我奋斗，我是湖大人！

我骄傲，我是湖大人！

最后，让我们一起道出共同的诚挚的心声——

祝福母校，

祝福老师，
祝福校友，
愿母校长盛发展，
愿老师健康长寿，
愿校友事业有成，再上层楼！

（2019年12月8日，作者在湖北大学校友广州年会上的脱稿演讲，时任湖北大学广州校友会副会长。）

凝聚企业精神　服务教育发展

在高考之后，在6月10日这个六六大顺、十全十美的今天，我们相聚在这里，共同见证教育科技公司创立十周年庆典活动，这是令人无比开心、深受鼓舞的时刻。在此，我向教育科技公司表示热烈的祝贺和衷心的感谢！

各位来宾，十载奋进创大业，百年育人启新程。一家创业十年的教育科技公司，在迈向新的十年的征途中，到底需要怎样的企业精神呢？

企业卓越的第一种精神，就是要富有野心，要放大野心，规划未来，构建愿景。没有野心，就没有目标；没有野心，就没有方向；没有野心，就没有动力；没有野心，就没有追求；没有野心，就没有超越他人的优秀。

第二，要坚守执念。

执念是热爱、信念、信心和持久坚韧的集中体现。没有执念的人，思想容易动摇，心理容易崩溃，精神容易萎靡，脊椎容易断裂；唯有坚守执念，才能热爱企业，深爱岗位，真爱职责；唯有坚守执念，才能抱团取暖，共渡难关，同向奔赴美好愿景！

第三，要追求成才。

优秀的企业、卓越的企业、伟大的企业，一定是人才汇聚的企业，一定是人人追求成才、个个能够成才和人人独具才干的企业。人才是第一资源，创新是第一动力，科技是第一生产力。

当今社会，教育科技企业更需要大量人才。当教育科技企业把人才、科技和创新紧密结合起来时，当企业汇聚了大批人才时，当企业员工人人追求成才、人人成为人才、人人独具才干时，企业就一定能越走越远，越飞越高，越来越强大，越来越优秀和卓越。

第四，要审时度势。

审时度势是一种思维，是一种品质，是一种观察分析能力，更是一种不可或缺的高贵精神。与市场打交道，面向客户做产品，面对受众开展营销，尤其需要审时度势。

懂得新中国成立后的八次大型课程改革，就会懂得现在的高中教育改革力度有多大；知道每十年就要修订一次课程标准、课程教材，就会知道如何对标研发新的产品；知晓全国和广东省的中考改革，就会知晓如何应对新的变化，把握新的机遇；熟知核心素养如何从双基、三基和世界范围内的教育改革走来，就会熟知一线教育教学的真正需求；懂得为谁培养人、培养什么人和怎样培养人，就会懂得应该如何落实立德树人，应该如何真正为教育发展提供优质服务。

不能审时度势，就会思想僵化，方法落后，产品陈旧；不能审时度势，就会故步自封，盲人摸象，心慌意乱；不能审时度势，就会违背规律，举步维艰，困难重重。只有审时度势，才能与时俱进，见微知著；只有审时度势，才能敏锐思维，灵活变通；也只有审时度势，才能生存发展、创新发展，才能先人一步、快人半步，才能做到使自己的企业总是被模仿、从未被超越！

各位来宾，我深信并衷心祝愿，走向新的十年的教育科技公司，一定能够凝聚起高贵的企业精神，在基础教育领域中独步天下，阔步向前，创造新的教育科技奇迹！

（2023年6月10日，作者在广州市某教育科技公司创立十周年庆典大会上的致辞，时任广州市增城区人民政府教育顾问。）

附录1

我区聘任徐海元为区政府教育顾问

2022年6月2日，我区举行区政府教育顾问聘任仪式，聘任徐海元同志为区政府教育顾问，充分发挥其丰富的教育教学管理工作经验及其在教育界的影响力和资源优势，进一步推动我区基础教育高质量发展迈入新阶段。区委副书记罗干政、常务副区长林怡辉参加了聘任仪式。

聘任仪式上，罗干政为徐海元颁发了聘任证书。罗干政强调，要深入学习贯彻习近平总书记关于教育的重要论述，全面贯彻落实人才强区战略部署，高度重视教育人才的引进及培养，充分发挥徐海元同志教育人才的专业优势、理论优势和实践经验优势，进一步加强我区师资队伍建设、提高我区教育核心竞争力。要深刻认识聘请教育顾问的意义，发挥教育人才优势，建设高素质高水平教师队伍，推进教育工作见实效，推动增城教育工作健康发展。

据了解，徐海元于2017年作为特殊人才引入增城区，是广州市中小学首批优秀校长、广州市首批教育专家，于2022年4月到龄退休，现被聘任为区政府教育顾问，聘期两年。

近年来，我区基础教育质量获得持续、稳健而明显的提升，连续四年高考成绩超过广州市平均提升幅度，考入双一流大学和本科院校的学生人数大幅增加，增城区成为广州市高考加工能力最强的三个区之一，也是连续四年双一流大学和本科院校同升幅度最大的城区。“同道者同谋，同谋者同心，同心者同路，同路者同行，同行者同向。我愿意并努力不辜负区委区政府的期望和厚爱，认真履行好教育顾问的职责，当好参谋，做好助手，与大家一道，为推进增城区基础教育高质量发展再尽绵薄之力。”徐海元说。

（该文原发于2022年6月3日《增城日报》和2022年6月6日《增城教育之窗》；作者为增城区融媒体中心记者梁文薏、黄汇、张理石。）

附录 2

教海逐浪摘蚌珠

2012年的一天，我惊喜地接到一本装帧精美的教育文集——《教海探航》，作者是“徐海元”先生。

先生之谓，一半出自本然，一半源于景仰。

从21岁湖北大学中文系本科师范毕业，光阴荏苒近三十春秋，中学教师是他的正宗，即便后来做书记、当校长，兼任政府督学、师大教授，也还是师者之师。他是改革开放后中学语文早期教改实验的试航员，是湖北省第一个破格晋升为中学高级职称的全国最年轻的中学高级教师，既见证了名校黄冈中学的鼎盛辉煌，又亲历了薄弱学校图强变优的艰辛探索。

但先生之谓，又不足以概其全貌，他还是政协常委、文联委员、作家协会和书法美术家协会理事等。

一、专业历练话成长

徐老师1983年大学毕业后去的第一间学校是日后享誉全国的湖北黄冈中学，称得上一开始就处在一个较好的成长环境中，又站在一个较高的平台上——参加人教社中语室编写的全国六年制重点中学分编型初中语文教材在黄冈中学的实验。

所谓分编型初中语文教材，就是按照新的语文教学理念、新的语文教学结构体系把每学期一本的全国统编语文教材分编成两本——《阅读》和《作文·汉语》，其厚度、容量和难度都远超全国统编教材，却没有相配的教学参考书。这给执教者提出了严峻的挑战！

一次，他讲授名家作品《紫云英》后，信心满满地准备接受肯定和表扬，可等来的是同事们对他老旧的课堂套路、沉闷的课堂气氛、低质的课堂效果提出的善意的批评，以及对所谓名家作品在构思、遣词、语法等方面的研讨和批判。

这是一次让他倍受震撼和洗礼的评课。

他深知自己的差距所在。

为了能够胜任教改实验工作，他要求自己“善教、广学、深研、精思、苦练”。善教是目的，广学、深研、精思、苦练是途径和过程。教而广学，学以养教，方能教学相长；教而深研，研以助教，方能教研共进；教而精思，思以善教，方能知行合一；教而苦练，练以为教，方能熟能生巧。

为此，他攻读别人很少涉及的专著《文章学》，自学五十年代的汉语语法教材，对问题的研思几近考据；他主动承担试验课、公开课的讲课任务，努力创新教学方法，反复修改教案；他跟随学校富有专长的名师苦练演讲和硬笔书法，不断尝试各种文体的写作；等等。

教改实验促进了他的成长，他的成长又浸润着教改实验所需汲取的养分。

1986年，他以自己数年的教改实验为例，对中学语文教学提出富有创见的思考，在全国十大畅销期刊之首的《演讲与口才》上发表了关于中学说话教学教改的实验论文《以说为主 兼练听、读、写》，认为中学语文教学要高度重视说话训练，要把学生的口头表达能力列入考评内容，要以培养学生的说话能力为主带动学生听、读、写能力的提高，刊物主编邵守义先生因此发表《中学语文教学应该从说入手》一文，阐述自己对中学语文教学的深入思考。

1992年，其11万字长篇报告文学专著《国际数学奥林匹克之光》经黑龙江少年儿童出版社印行1.5万册单行本后，被多家报媒推介评论为“采用散点式透视手法，用引人入胜、饱蘸真情的文学笔触，揭示了（黄冈中学国际数学奥赛选手）林强、王崧、库超的成功之路，揭示了一所普通中学为什么五年之内连续四次登上国际数学奥林匹克金牌领奖台之谜，从更深层次上对中等教育提出了一些发人深思的问题……是经验的抽象，更是人生的足迹；是谜底的破射，更是人生的窥探；是抽象的思维，更是形象的诱导；是文学海洋中的浪花，更是启迪智慧的金钥匙”。

1994年，湖北省教科研课题湖北省中学选修教材《实用交际常识》一书荣获湖北省教科研成果一等奖，作为三位主要参研人员之一的徐老师独立完成了第二章“现代中学生交际口才”近5万字的编研任务。

与此同时，他多次参加校内外演讲和书法比赛，也频频获奖，其新闻通讯等各类文章也不断在各级报刊登载，被同事们戏称为黄冈中学“一支笔”。

教研夯实了他的教学根基，教改激发了他的教学创新，写作、演讲和书法为他增添了多彩的教学元素。他的优质课多次荣获市内外青年教师业务比赛一等奖第一名。他的课堂教学严谨、灵动、实效，氤氲着激情、创新的活性因子，成为下课铃敲响时学生最不愿意结束的课程之一，其《景泰蓝的制作》《与朱元思书》《想象与作文》等阅读和写作教学，更成为学校语文学科对外交流的名片。

1987年，徐老师荣获湖北省教研室评定的“在教学研究和改革中作出显著成绩的教学工作者”称号。1992年、1993年，徐老师第一个蝉联黄冈中学青年教师最高奖——教坛新秀奖。1995年，徐老师成为湖北省第一个破格晋升为中学高级职称的青年。1996年以后，他历任教务处副主任、党政办公室主任、副校长，2004年担任黄冈中学党委书记兼副校长。

每每谈及在黄冈中学的成长，徐老师总是十分感慨。

他说，教师头十年或者说35岁以前的专业状态，基本上为其奠定了此后的事业基础，自己后来能够走上学校管理和领导岗位，多半与这十多年的专业历练有关。青年教师要不怕压担子，要能够挑重担、吃大苦、练真功。

他又说，人生之幸有“五好”，一个人如果出生后遇上好父母，读书时遇上好老师，成家后遇上好伴侣，工作后遇上好领导好同事，困难时遇上好朋友，想要不成功都很难。自己如果不是遇上了像曹衍清校长那样的著名教育家，如果不是得到了黄冈中学名师群体的帮教濡染，个人的努力都将是微不足道的；名师们崇高的敬业境界、严谨的治学态度、创新的思维品质、开阔的眼界视野、求真的批判精神，对自己都是一辈子受用的财富。

诚哉斯言！

二、治校办学开新天

徐海元是一个勇敢面对挑战、锐意创新创造的人。

2005年，他响应改革开放前沿地区的召唤，毅然参加了广州市教育局面向全国公选校长的招聘考试；2006年，他走马上任广州市南沙第二中学校长。

此时的二中可以说是一间薄弱学校，全校18个初中教学班不足一千名学生，57名教师中只有1名从外地引进的教师具有高级职称。

来自黄冈中学的徐校长感觉从山顶走到了谷底。但他没有退缩，决意要在这块当时还犹似孤岛的滨海之域开办高中，开创新的教育天地。为此，徐校长和全体师生战胜了新区开发初期的各种困难，付出了令人刻骨铭心的艰辛探索。

2006年，他笃定学生宿舍不能在秋季开学时如期竣工，于是和班子成员提前谋划，预案在先，打破常规地把高一新生军训安排在开学第一周。2007年，高一新生已经入校，宿舍床架还在运送途中，他一面组织教师安顿守护新生，一面带领老师连夜安装直至翌日凌晨。2008年已近八月，课室改造扩建工程仍然无人进场，他将潜在危险上报，引起区委区政府高度重视。三年三次度过高中开学的危险期，可谓步步惊心。

他们在薄弱初中的基础上开办高中，在开办高中的同时扩大初中，到2009年秋季，学校净增24个高中教学班、6个初中教学班共1500多名在校学生，一跃而为南沙地区发展最快、规模最大的完全中学。

在发展中战胜困难，在战胜困难中推进发展，徐校长和他的团队不断创造着南沙教育的第一：首届高考夺得个人总分全区第一、中考第三次摘取个人总分全区第一，第一个召开全省全市校园青春健身操推广现场会，第一个代表广州市参加校园环保酷派行动全国总决赛，第一个荣获广州市首届中小学师德辩论赛金奖，中国学校体育科学大会论文一等奖，第一个成为中美基础教育领导力学习与交流基地学校、中国西部教育顾问单位等成绩。

2010年底，南沙进行教育资源整合，将南沙二中与南沙中学组建成一中，共同创建南沙区第一间广东省国家级示范性普通高中。徐校长紧紧抓住新的发展机遇，带领他的团队日夜奋战在迎检现场，以缜密、高效、卓越的工作顺利通过了初期督导评估验收。

一所拥有两个校区共5000名师生的广州市南沙第一中学，开始以南沙教育航母的崭新形象驶向新的航程。

一所名校的党委书记兼副校长，放弃原有的地位和优越条件，毅然投身艰苦的新区开发建设，使一所薄弱初中在短短五年内发生惊人的嬗变，这是一种什么精神支撑他的教育人生？又是一种什么管理具有如此力量？

徐校长坦然道，是创业创新、图变图强的精神，是文化管理的力量！

2009年，在一次高端培训的案例研讨中，徐校长对弱校如何变强变优的策略方法进行了高度概括，深得教授和学员肯定。

他说，第一要科学定位，思想引领，重视精神激励；第二要分析现状，施以对策，重视正向引导；第三要发掘优势，寻找突破，走出特色之路；第四要搭建平台，真诚服务，为师生和学校的共同发展提供一切可能。

显然，徐校长在很大程度上归纳总结了自己的办学实践。

他接任后的第一件大事是抓思想引领、精神激励，在策略方法上尽量避免新任校长或空降校长的习惯做法而实行正向引导，让原有矛盾和问题在正向推进中逐渐自行消解。

他依据学校现状和发展趋势，带领班子成员和全体教职工共同制定学校发展愿景，研讨交流办学思想，抓住契机塑造学校精神、引导价值取向、倡导言行规范。为此，他在全区首创高品位校报（曾获全国中小学最佳校报校刊一等奖），首办盛大的高中毕业典礼，首编并出版本校师生读本。他在二中工作的数年，竭尽所能地为老师提供服务。

对各级干部，以真诚和耐心加以引导，多人被上级部门用为周边学校的校级领导或当家人；对青年教师，为他们每学期举行综合素质大赛，以此发现新秀，培养新人；对青年女教师，为她们每人赠送名著《发现母亲》，让其体悟为母与为师之道；对新进教师，为他们解决了近百人的过渡住房，协助调动或安置了17位家属，直接办理户籍迁移和公费医疗手续64人次。

老师们说："徐校长和我们一起走过、累过，也一起哭过、笑过，他最了解我们的困难，也最懂得我们的需要。与他共事，我们真有家的感觉，没有克服不了的困难！他是一位能够用情义和才识深深打动我们的校长！"

这是一种什么样的管理呢？

徐校长微微一笑说："从总体发展上考量，学校无疑是落实了'文化育人强校'的办学理念，也实现了五至十年达到"区一流、市知名"的办学目标，就管理而言，这一愿望得以实现，乃是学校文化管理的力量。”

现代学校的文化管理，虽然不乏威权管理、经验管理和科学管理的成分，但有别于传统管理模式，既是对传统管理模式的整合，更是对它的超越，是学校管理科学发展的新天地，其核心是以人为本，重视师生在管理中的主体地位，强调对师生的思想引领、价值激励、精神成长，除此之外的所谓方法措施都只是技术层面的话题。

一所学校的成长发展史，其实就是师生的精神发育史。南沙二中开办高中意味着二次创业，二次创业要有二次创业的目标和精神，因此，他们首先描绘了发展愿景，确立了办学理念，提炼了学校精神的核心价值——勇攀高峰的卓越抱负、艰苦奋斗的创业精神、创新发展的开拓意识、竭心尽力的奉献品质。教师人数激增——三年引进110名教师，几乎是高中开办前教师总数的两倍，来自5个民族16个省份68间中学55所大专院校，更加需要一种主流文化、主流价值来融合和引领教师队伍，于是他们又加入了“兼容并包的宽广胸怀、优势互补的团队境界”，并开辟多种渠道、搭建多种平台、运用多种载体、采取多种措施予以不断强化甚至固化。

徐校长感叹道：“文化管理的思想引领、价值激励、精神成长往往是隐性的，做起来很艰辛，也不易为外人所见；但历史启迪我们，思想的力量终究要穿透刀与火的武器，精神的威力强于方法举措。如果不是这样，我们就很难度过当年的艰难困苦，也无法解释和想象怎么能够一边吹号集合、一边整队冲锋地实现跨越发展”。

2009年，徐海元校长被南沙区教育局推荐、广州市教育局遴选为首期广州市中小学20名优秀校长（名校长）培养对象；同年赴美研修ELLE（教育领导力），取得美国范德堡大学皮博迪教育与人类发展学院毕业证书。2010年前后，其长篇论文《面向全体与因材施教》《美国基础教育的八个“W”》在国家级报刊发表后，被上海教育科学研究院转载，被多家大型权威网站列为高影响力论文。2012年，徐校长被聘请为南沙区人民政府督学、华南师大基础教育培训与研究院和广东省中小学校长培训中心特聘客座教授。

有的语文教师也许对学生讲授了无数遍怎样写作，但自己未必能写出几篇像样的文章，徐老师却诗文兼善，哲思隽永；有的校长或许可以说出足可自豪的办学案例，但自己未必能形诸笔端，示之世人，徐校长却能把自己对教育的思考、探索和守望写成厚实的篇章。

合上这部厚达48万字的教育文集，回想书香间海蚌摘珠般的图文，我依然难抑心中的敬重和思索。

（该文原载广东教育杂志社《师道》2012年第9期“走进名师”栏目，作者为萧海夫。）

附录3

化而致成　成就师生

——与广州市增城区教师发展中心徐海元主任的访谈

【访谈背景】

三十多年来，在中学语文教育之路上，增城区教师发展中心徐海元主任坚持学习中华优秀传统文化，认真梳理中华传统语文教育历史，深入比较中外母语教育状况，深度分析当代语文教育思想和多种流派，自觉进行中学语文教育理论研究和实践探索，从而生成、提炼和创立了“化成语文教育”，在语文教育界发出了独特的声音，表达了明确而独立的教学主张。

编者：徐主任，您好！您的“化成语文教育”很有影响力，先后被中国教师报、中国教育新闻网等国家级官媒推介，并被诸多著名网站和中学网站转载，请您介绍一下。

徐海元主任：化成语文教育，是我从自己长期的中学语文教育实践探索和中学语文教育理论研究中，生成、提炼和创立的一种教学主张。它是以中华优秀传统文化为本源，以中华传统语文教育为流变，以现代当代母语教育理念为基石，以立德树人、致成师生为目标任务，以古今教化之道、化成之术为主要手段，以语文实践应用和人文人格教育交融相通为本质特征的一种学科教育教学活动。

在化成语文教育语境中，化是教化，是“上施下效”“上教下化”，是一种性质或形态向另一种性质或形态发展的过程；成是致成，是使其成功，是经历某种发展过程后的一种结果状态。在化成语文教育语境中，化成是化而致成，是主体对客体进行施与、示范和引领的过程和结果；化是过程，是状态，是关键；成是方向，是目的，是结果。在化成语文教育语境中，化成教育既具有独特的中国气派，又显示了自身的母语教育特质。在化成语文教育语境中，德行教化、人文教育、致人成才为其道，听说读写、能力实践、学以致用为其术，道术兼善、文道融通、师生相长为其心。不过，化成语文教育在理论建构、教学建模等方面还需要完善。

在各种教学流派和教学主张精彩纷呈的当下，化成语文教育首先是以《语文教育的“化与成”》为题在《中国教师报》刊发的。令人欣慰的是，见报当周就迅即被中国教育新闻网、中国教研网、中华高校网、百度文库等国家级官媒和著名网站转载，一些重点中学的网站和个人博客也纷纷全文转发；河南高校网则显示，其一个月内对该文的点击阅读量就超过了数十万次；如果再加上其他大型网站的点击阅读量，其总的阅读人次应该相当可观。这在一定程度上说明了化成语文教育的影响力和读者对它的认可度。

编者：“化成语文教育”是您独创的教学主张，备受大家关注，它经历了怎样的历史变化?

徐海元主任：化成语文教育是我从学科教育的角度去追溯中华优秀传统文化的源头和中华传统语文教育的历史而得到的启示。我在查阅了大量的历史文献后发现，中国传统语文教育的发展，如果以是否进行了学科设置为划分依据，则大体上可以以1904年为分水岭，将其划分为三个大的历史时期：中国古代语文教育、中国近现代语文教育和中国当代语文教育。经多方查证，中国传统语文教育已经具备了化成教育的雏形，已经呈现了内容的综合性、文化的传承性、人格的教育性、能力的致成性等特征。

1904年《奏定学堂章程》的颁行，开启了中国近代语文教育独立设科的历史，名曰中国文学，它进一步承继并发展了中国古代语文的化成教育传统。1949年以后，中国语文教育又先后经历了八次课改，但语文教育的行走姿态基本没有变化：实践实用的本体功能和文化德化的教化作用，构成了助力语文教育不断前行的强劲臂膀。一以贯之的课程向度愈来愈明确：立德树人是实现育人目标的根本任务，工具属性和人文属性是语文教育的基本特性。我们现在正在进行的、2016年明确提出的中国学生发展学科核心素养，不是对传统和近现代语文教育的否定、替代和覆盖，而是对传统的历史的延伸、拓展和超越；不独如此，中国当下新的语文课程改革还借鉴和吸收了当代各国的母语教育理念和经验。

在古人先贤为我们留下的极其宝贵的教育遗产的基础上，我提炼出化成语文教育理念，这个理念从历史的优秀文化传统和教育传统深处走来，又在近现代和当代的教育潮涌中强健了自己的筋骨，丰富了自己的内涵。

编者：“化成语文教育”源自传统，却又与近现代和当代语文教育紧密相连，那它自身具有怎样的特征呢?

徐海元主任：从对各个时期的中国文化、中国教育和中国语文教育发展历史的梳理，以及对国外21世纪主要发达国家母语教育现状的盘点，我认为化成语文教育既具有源自传统的一些底色——课程目标取向学以致成、基本特性取向实践实用和人文教化、课程标准取向四大维度、化成之道取向多元多样，更具有自身的五大特征。

一是化成理念蕴含了兼容并包的思想。中华优秀传统文化和中国古代传统教育是其源头活水，中国传统语文教育和现当代母语课程理论是其沃土根基。化成理念是有源之水、有本之木。

二是化成理念体现了守正创新的思维。化成语文教育源于但不限于传统文化和传统教育，它吸纳了先进的母语教育思想，融入了时代的鲜活血脉，在当今语文教育界独树一帜，体现了鲜明的创新精神，阐释了鲜明的创新理念。

三是化成理念遵循了母语教育的规律。自古至今，汉语教育就有文以载道的传统，从来没有放弃过对德行教化、人文教育、致人成才的追求，也没有停止过落实听说读写、能力实践、学以致用的技能要求，而一以贯之的正是道术兼善、文道融通、师生共振相长，这是具有中国气派的汉语教育特质和规律。

四是化成理念展示了新派语文的品性。化成语文教育，其姿所以亭亭玉立，乃因植根文化沃土；其态所以品性独特，实为取向有异。在课程目标上，大异于致成仁智兼通的儒家君子和圣人，而取向培养全面发展的社会主义建设者和接班人；在课程任务上，有别于以儒家伦理为主、以生活技能为辅的德行教化，而取向工具和人文的互渗互透、能力和品格的相生相存；在课程维度上，不同于以仁义礼智信为要的儒学教义和缺乏科学系统的文选章法，而取向语言建构与运用、思维发展与提升、审美鉴赏与创造、文化传承与理解。

五是化成理念坚守了独具个性的芳华。化成语文教育受到过其他语文教学流派的影响，如以情见长的情感派、以导为主的导读派、以科学民主管理为特点的管理派、以创新思维训练为特征的思维派等等，但在教学追求、风格生成上又自成一格：化以育人、致成师生。

编者：我注意到，在化成语文教育语境中，化成理念既是对优秀传统语文教育的传承和创新，又是对现当代母语教育思想的追寻和借鉴，它既是语文学科教育理论的一种创新建构，又是语文学科教育实践的一种探索途径和方法。那么，化成语文教育的实现路径有哪些?

徐海元主任：从20世纪80年代大学毕业至今，在30余年的中学语文教学实践和研究中，我不曾停止过对化成语文教育的探索。不同的是，我在任教中学语文学科时，更多地侧重于对化成教育的实践尝试和思考，并未明确提出化成教育主张；及至从事教研科研管理，则将身心更多地投向对化成语文教育的理论研究和建构。化成语文教育的主要途径和方式有四方面。

一是以人化人，不教之教。是指语文教师通过不教之教的途径，将自身的业务能力、德行修为作用于学生，从而实现师生的同频共振和互促互进。此“化”为感化、同化，主要表现为教师主体对学生受体的示范引领和迁移同化作用。这种不教之教的“诗外功夫”，强调教师要注重自身的内功修炼和内驱追求，以不言无声的师表形象正向引导学生的学业发展和人生成长。正所谓“不言之教，无为之益，天下希及之”。

二是以文化人，浸润涵养。是指语文教师以浸润滋养之法，将典文美篇赋能于学生，用文化元素滋润其心田，从而不断增强其母语感受能力和强化其中华文化自信。此“文”为文章、文化；此“化”为润化、强化。其主要特征是用典文美篇和文化元素熏染涵养学生。课堂之内，要善于采用诵读润化、以读强化、以诵触悟之法，让学生在反复多样的诵读中悦享母语文化的美感，体悟选文名篇的佳构，开阔正道人生的胸襟；课堂之外，则要充分用好语文教育素材，以指导群文阅读和整本书阅读、组织读书交流报告会、开展主题阅读研讨等方式，营造氤氲熏染的学习氛围和环境，使学生如花如稻如鱼如濯足地浸润其中。

三是以道化人，启思赋能。是指教师要用循循善诱的方法，不断启发学生的求知欲望，培养其良好的向学志趣和思维品质，进而使其逐步增强探究问题、追究真相的意识，逐步养成穿透现象发现本质、归纳总结掌握规律的能力。这里的“道”，一则为道义、道德、道衷之道，即教育性话题，一则为门道、道理、道行之道，即规律、方法、技巧等；这里的“化”，是深化、内化。以道化人的关键在教师，教师首先要以立德树人的视角深研教材，善于从文本中挖掘教育性话题；其次要有教育科研的自觉，能够对语文学习中的重点难点问题展开专题研究和突破，并将提炼的语文学习规律运用于教学；再次是在课堂教学和课外辅导中，要做到启发有序，诱导得法。

四是以言化人，触抵灵魂。是指语文教师要高度重视学生的口才训练，将其口才提高作为综合能力提升的抓手，以说话训练为切入口，探求以说为主、兼练听读写、兼育身心的途径和方法，从而不断优化大语文教育和班级德育管理工作。这里的“言”是指语文听说读写中的“说”，即口头表达；这里的“化”是净化、点化之“化”。做好以言化人，一是要把说话训练纳入对学生语文能力的综合考评中；二是要制定实施细则和评分标准作为学生的基本遵循；三是要选准说话主题和素材，体现时代性、生活性、应用性，适切学生需求，激发思维火花，发挥学生自我教育、相互教育的功能；四是训练内容要有渐进性、综合性、开放性和教育性，既谨慎保护其积极性，使其不断体验成功，又具备一定的难度，使其受到多种训练和教育；五是训练方式要提倡多点位、多样态、小型化，方便组织开展，尽量避免摊大饼、大规模；六是要坚持训导结合、练评结合、听说读写结合、育品与赋能结合、课内与课外结合。

化而致成，成就师生。化成语文教育是一种守正创新的教育，是一种立德树人、发展素养的教育，是一种化己立人、化己达人的教育，是一种以人化人、以文化人、以道化人、以言化人的教育，是一种感化、同化，润化、强化，深化、内化，净化、点化的教育，是一种春风化雨、醒志励学、涵泳熏染、循序渐进、静待花开的教育，是“一棵树摇动另一棵树，一朵云推动另一朵云，一个灵魂唤醒另一个灵魂”的教育。

编者：化而致成，成就师生，这是一种博大的教育情怀！您的化成语文教育一定取得了丰硕的成果吧？请您就这一方面谈一谈。

徐海元主任：化成语文教育的核心理念是，化而致成，成就师生——成就自我、成就学子、成就同行，成就能力、成就品格、成就人生。三十多年来，从初中到高中，从一线科任教师、班主任到学校管理和领导干部，从湖北省黄冈市到广东省广州市，从学校老师到教研室、教师发展中心主任和教育局党组成员，无论岗位、职位和单位、地域如何变化，我作为语文教师或者语文教研员的本色没有变，坚守或指导一线语文教育的初心没有变，探索和建构化成语文教育的追求没有变，示范和引领青年教师专业成长的情怀没有变。

化人先化己，成人先成身。三十多年来，我尽可能地全方位修炼自己，研读过周振甫的专著《文章学》、五十年代的语法教材，拜师学习过书法，多次参加过演讲比赛，练写过几乎各种文体，自学了部编硕士学位研究生课程，等等。我始终坚定地行走在学思并重、教研同步、研写结合之路上，主持和参加省级、国家级课题研究各2项；出版个人著作2部计60万字，出版参研的省级教材1部、担任总审定的省级教材1种4册，承担撰稿任务的全国教材1部2册、忝列编委的全国通用教材或国家级课题研究核心成果图书2种48册。迄今发表各类论著超过百篇，语文专业论文30余篇；获奖研究成果8项，专题讲座课题16项。其中，最具原创性的成果是首创的“化成语文教育”。

在我所教过的学生中，有的在全国全省征文或演讲比赛中荣获大奖，或习作被选入公开出版的优秀作文集、教师教学参考书，或在中考、高考中斩获语文学科高分；有的在全国全省高中学科奥赛中取得优异成绩，最终入选奥林匹克国家冬令营或国家集训队；有的考入或被保送到清华大学、北京大学等著名高校。一大批当年的学生如今已成为各行各业的栋梁人才，多名学生成为享誉国内外的青年科学家。

一个人的力量和影响总是有限的，唯有更多的同行一起向前行走，才能最大限度地化成万千学子。为此，我努力让自己成为重要的他人，在入校听课评课上、在教育科研指导中、在担任实践导师时，总是不遗余力地为同行服务、为青年教师服务、为教师的专业发展服务，不仅指导数十人获得过省市级以上教育教学能力大赛和教育教学成果评选大奖，还先后在十数座大中城市一百多所大中小学举办专题报告一百多场次。

编者：我们了解到，徐主任您不仅是语文教育方面的专家，同时也是学校教育教学和区域教研科研管理方面的行家。记得您说过“只有首先提高了教科研人员的专业发展水平，教科研机构才能不断满足引领全区教师专业发展的需求”。近年来，增城区的教育教学质量加快提升，这与教研室发挥的重要作用密不可分。为了更好地引领全区教育教学质量向前发展，您是如何定位新近成立的增城区教师发展中心的呢?

徐海元主任：增城区的教育教学质量，近三年得到了很大提升，2020年全国普通高考，增城区高优率和纯文理本科率分别比三年前提升了四个百分点和十个百分点；中考也越来越接近广州市总均分，提升幅度更大；高考和中考成绩均达到历史峰值，呈现出双峰并峙的喜人气象。当然，这个成绩是全区上下共同努力的结果。

我觉得新成立的增城区教师发展中心，要努力**实现三大转变，具备四型特征，构成五位一体格局，成为六大区域中心**。

三大转变是：研究对象，要从比较单一的学科教研和教育科研转向全面落实立德树人根本任务的育人全要素研究；研究范围，要从以公民办普通中小学教学研究为主转向兼及全学段、全门类、全业务的中、小、幼、职、特相结合、相关联的研究；研究方式，要从以基于经验和感觉为主的研究转向以基于实证、数据和信息技术的线上线下混合式研究。

四型特征，是指区域教师发展中心要具有研究型、学术型、综合型、服务型特征。**五位一体格局**，是指要将中心建设为教科研训评（教育教学管理、教育科学研究、学科教学研究、教师专业发展培训、教育教学质量测评）五位一体的机构。**六大区域中心**，是指教师发展中心要努力成为区级教育教学研究中心、区级教育科研管理中心、区级教师专业发展培训中心、区级教育教学质量测评中心、区级教育信息技术应用中心、区级教育行政决策服务中心。

需要说明的是，“三四五六”是我们的目标愿景，中心上下正凝心聚力地朝这个方向努力。

编者：非常感谢徐主任，相信你们的愿景一定能够实现！您在语文教育方面独有建树，您的化成语文教育必将引领更多同行一道前行；您在教育教学、教研科研、教师发展等方面的管理智慧，也必将为增城的教育发展作出新的重要贡献。祝愿增城教育再创新的辉煌！

（原文刊发于广州市特级教师协会会刊《广州师训》2020年第6期“名师风采”栏目，责任编辑杨穗福。）

附录 4

做勤于笔耕和哲思的教育实践者

与徐海元校长相识，要从华南师范大学与美国范德堡大学的合作说起。

“教育领导力发展学习与交流”（Educational Leadership Learning Exchange，简称ELLE）是中美中小学校长培训的双向交流项目，由华南师范大学与范德堡大学皮博迪教育与人类发展学院主办，并得到两所高校所在的广州市教育局和田纳西州纳什维尔市公立学校系统的大力支持。如今，ELLE已成为两地基础教育领导力培训的核心课程。

徐海元校长是2009年参加ELLE项目的广州市中小学首期20名优秀校长（名校长)培养对象之一。2010年1月8日，我随我院教育领导力和政策系系主任、教育领导力专家Ellen Goldring教授参加了徐校长就任学校广州市南沙第二中学承办的第四期ELLE国际化论坛。临别之际，徐校长诚恳地邀请我为他即将出版的新书作序，我欣然应允。

徐校长告诉我，他的写作爱好始于中学时代，发表作品始于大学时代。虽然工作的需要渐渐改变了他的人生轨迹，但从《为教师塑像》《那年那月》《国际数学奥林匹克之光》等诗文中能看出他对文学艺术的热情和追求。一些写作者往往会专注于某一文体，但徐校长的写作能因工作需要而不断尝试新的文体，能够如影随形地与工作紧密结合在一起——编入书中的文章包括关于教育教学管理的所有论文、报告等。

徐校长的写作饱含对教育的思索。以教带研，以研促教，边教边研，研教结合，这应该是教师在岗专业发展的追求。徐校长的语文教学研究文章，或许不是严格意义上的科研论文，但都源于教学、高于教学、服务于教学，是对生动丰富的教学实践的反思和总结。

听说他的课堂教学倍受学生欢迎，常常被推荐为对外开放的示范课，多次在市内外荣获一等奖第一名；他是国内最早参加国家级中学语文分编型教材教改实验的教师：是当时在十大畅销期刊之首的《演讲与口才》上首位发表中学说话教学研究文章（《以说为主兼练听读写》）的教师；是第一个把高考评卷工作以日记体教研通讯方式通过传媒告知读者的评卷人；是黄冈中学第一个蝉联校内青年教师最高奖的优秀教师；是湖北省第一个破格晋升为中学高级职称的全国最年轻的中学高级教师。我相信这一切都与他对教学研究的自觉和实践不无关系。

徐校长的作品能让我感受到他对教育理想的追求和探索。追梦的教育者，首先应该是教育的守望者，其次应该是教育的思想者和探航者。没有对教育的执着守望，就不会有对教育的深度思考和创新探索。

徐校长的守望或许有过动摇（《我所认识的编辑老师》），但是，当决意坚守教育这亩方塘时，他拒绝了诱人的新的职业选择，继续他的教育探索。在一个基础教育薄弱的正在开发建设的区域，在整个社会几乎都不得不急功近利的背景下，他的这种思考和追梦，显得既有雄心又充满矛盾（《面向全体与因材施教》以及有关新学校建设发展的文章）。在新的环境下，其教育探索尽管遭遇坎坷，但他依然坚韧地破冰前行，这十分可贵而令人肃然起敬。

教育家苏霍姆林斯基说过："领导学校，首先是教育思想的领导，其次才是行政上的领导。"在我接触过的多个国家的校长朋友中，不乏忙于烦琐事务的校长，也不乏长于社会活动的校长，但我们的学校和教育需要更多的能够沉静地思考教育、并以自己的教育哲学进行学校领导的校长。

在世界各地的教育改革都面临诸多挑战的时候，我向读者推介这本著作，热切期望在追求教育真谛的航行中，徐海元校长和他的同行能够有新的发现，能够写出新的篇章！

（本文原为美国范德堡大学皮博迪教育与人类发展学院副院长陈粤秀教授于2010年9月10日为徐海元的教育文集《教海探航》所写的序言，编入本书时改为现名。）

附录 5

多姿多彩的教育航行

——初读徐海元校长新著《教海探航》

年前我收到一个包裹，沉甸甸的，细看邮寄地址，是“广州市南沙第二中学”。我赶紧放下手头的活儿，迫不及待地小心取出宝物来。

呈现在眼前的是装帧精美的徐海元著《教海探航》。是啊，几年不见，海元兄在学术上又有了新成果，还不忘与故人分享他的喜悦呢！我平息了一下激动的心情，赶紧给他发个短信：“祝贺海元兄新著面世，一定秉烛拜读！”

《教海探航》由广州出版社于2010年9月出版，美国范德堡大学皮博迪教育与人类发展学院国际交流副院长Dr.Xiu Cravens博士为其作序。全书47万多字，共分为“教育教学管理篇”“语文教学研究篇”“新闻通讯报道篇”“长篇报告文学篇”“诗文小说评论篇”等五个部分，合100余篇文章。这部著作可以说是徐海元校长20多年在基础教育领域勇于探索、全心思考的结晶，是他在教海航行中乘风破浪摘取的璀璨明珠。

徐海元校长勤于观察、善于总结，具有记者锐利的目光、灵敏的嗅觉、缜密的思考。

“新闻通讯报道篇”有短消息32则、现场短新闻4篇、人物通讯5篇、长篇特稿4篇，这40多篇文章都是他在平时工作中一点一滴积累的。特别是32则短消息、4篇现场短新闻，都分别发表在当年的《黄冈日报》《鄂东晚报》上，都是对学校工作动态的及时报道；人物通讯和长篇特稿记录了黄冈中学师生，特别记录了王崧、库超、林强、傅丹、杨诗武等学生的成长，无不饱含着师长对学生的爱和对学生成为奥赛得主的喜悦。

黄冈中学从1986年至1991年，先后4次培养出获得国际数学奥林匹克金牌的校友——林强、库超、王崧，因此引起了人们的长久探寻和普遍思索：黄冈中学何以能人才辈出？

徐校长的长篇报告文学《国际数学奥林匹克之光》，用引人入胜、饱含真情的文学笔触向人们揭开了谜底，“揭示了林强、库超、王崧的成功之路，揭示了一所普通中学为什么五年之内连续四次登上国际数学奥林匹克金牌领奖台之谜；同时，从更深层次上对基础教育提出了一些发人深思的问题：应该怎样为青少年学生创造更有利的成长环境？社会应该做什么？家长应该做什么？学校应该做什么？青少年学生自己应该做什么？教师——借助家长和社会的教育，通过学生的成长去体现自己的人生价值；家长——依靠教师的无私奉献和孩子的勤奋去完成自己对孩子的心愿；学生——依靠教师的精心培育和父母的深情厚爱，把自己的追求变为现实。”（晓途书评《敢问路在何方？》）

徐海元校长具有诗人的气质和情怀，抒发对教育、教师的热爱，对美好人生的追求。

《教海探航》“诗文小说评论篇”分别收录了徐校长的诗歌、散文、散文诗、解说词、演讲词、小说、书评、影评、时评等30多篇，可见徐校长是一位涉猎广泛、多才多艺的人，用一句时髦的话说，就是“太有才了！”

他为教师塑像：“您是不着戎装的将军，您是不拿指挥棒的乐队指挥。一挥手，便集合了所有的勇士骁将；一振臂，便奏响了奔腾热烈的校园大合唱。”他描绘《人生四季》；他赞美《秋的馈赠》《雪暖校园》；他《千里情牵》，介绍《我所认识的编辑老师》，抒发《书之恋》；他从《那年那月》看《一方盆景》；他感慨《黄河文明何曾衰落》，《唱响中国海》；他解说《金秋情》《兄弟俩》《为了造就更多“辩才”》，种下《美的种子》。

总之，不一而足，令人着实振奋、敬佩。

徐海元校长是优秀的语文教师，更是不可多得的学者、教育专家。

徐校长少年英发，17岁考入湖北大学，21岁以优异成绩毕业。

他分配到黄冈中学工作后，开始在初中任教语文学科，和学生一起成长，连年取得优异成绩并升入高中部。他勤于钻研、勇于探索、不断创新，教育教学业绩显著，33岁就破格晋升为中学高级教师，逐渐走上学校管理和领导岗位，先后担任黄冈中学教务处副主任、办公室主任、副校长、党委书记兼副校长。

2005年，徐校长经广州市教育局和南沙经济开发区建设指挥部联合公选，作为特殊人才调任广州市南沙第二中学校长；2009年入选广州市首批中小学优秀校长培养对象，是一位名副其实的教育英才。

《教海探航》“语文教学研究篇”和“教育教学管理篇”收录的40多篇文章，既有其语文教学研究心得，更有其对教育教学管理的思考和探索，从而为教育工作者提供了大量值得借鉴的经验。如语文教研方面《以说为主 兼练听读写》《现代中学生交际口才》等，都是首开先河的好文章；教育管理方面《新班主任的“第一把火”》《师德与教书育人》《加强德育管理 增强德育实效》《教师人力资源开发的“四个必须”》等，都是难得的第一手办学经验。

厚重的《教海探航》，让我们强烈感受到徐海元校长对教育理想的执着追求和探索。正如Dr.Xiu Cravens博士所说，“追梦的教育者，首先应该是教育的守望者，其次应该是教育的思想者和探航者。没有对教育的执着守望，不会有对教育的深度思考和创新探索。”

徐校长就是思想者和探航者，就是教育的“赶海人”。同为教育的追梦者，我在鉴赏这部佳作时，犹如把玩一颗璀璨的明珠，徐校长多姿多彩的教育航行让人赞叹，令人品味，给人启迪！

（该文原题为《海蚌摘珠》，曾发表于黄冈日报，编入本书时改为现题；作者周烈祥，时任湖北省黄冈实验小学副校长。）

附录 6

写给在粤黄冈籍教育专家徐海元先生

您在从北到南的岁月里
驰骋策马
您在教书育人的天地中
桃李满天下

您心系教育
抱负远大
您一身正气
品如莲花
您以义气之心处友
以慈悲之心待他
您有君临天下的豪迈
也有与人为善的豁达
您在青春逐梦的校园里
将才华恣意挥洒
您在培桃育李的田野上
以实绩丈量芳华
您在守望教育的旅程中
让粉丝聚拜麾下

春风十里拂过你的青丝
深秋几度浸染你的霜发
您尽管不曾享受富贵
但常与家人共话桑麻
你虽然已经年过花甲
但依然可以当歌纵马

愿您不改年少初心
始终正茂风华
愿您豪情万丈
奔走在奋斗的当下
愿您倾尽余热
潇洒走华夏

（原诗刊用于2022年9月12日广东省湖北商会“惟楚有才”栏目。作者为著名诗人南风，湖北省作家协会会员。）

后　记

键盘敲击至此，终于有一种如释重负的快感了。

不仅仅因为可以向出版社交付稿件，还因为大抵可以不辜负关心过、支持过、帮助过和期盼过作者的重要他人了！

在一程复一程的教育行旅中，从大别山麓、扬子江畔到白云山下、珠水河边，从红色土地、文教名城到岭南佳域、千年商都，从国手摇篮、人才辈出的全国名校，到开放包容、繁荣兴盛的珠江两岸，我经历过风雨，也沐浴了彩虹；煎熬过至暗时刻，也拥抱过灿烂黎明。但是，无论身处何种际遇，面临何种环境，我都不曾动摇对教育的执念，不曾懈怠对教育的守望，不曾遗忘一路相伴相随的贵人和高人、亲人和友人等。

在此，我要由衷地道一声：

“谢谢您！谢谢您的指引，谢谢您给予的力量和希望！”

在此，我还要诚挚地邀约：

“请您接续同行，请您与我携手相期于新的教育航程！”

作者

2024年2月8日